《临唐人南无观世音菩萨》
1944 年作
111cm × 50cm

《秋壑鸣泉》
1948 年作
212.5cm × 97.2cm

《春困图》
1950 年作
130cm × 61cm

张大千画过的一张现代仕女图，
据说此画曾引起过争议

《红拂图》
1954 年作
129cm × 66cm

张大千送给徐伯郊的《临江堤晚景图》，上题有"伯郊吾兄……"等句，下为杨仁恺先生四十几年后的感言

《孽海花》

1956 年作

52cm×39cm

张大千在巴西时为张心海出版《孽海花》（美国版）所精心绘制的封面。该画以徐雯波为模特，可算他工笔人物的代表作之一

《张翰秋思图》
1964 年作
144.3cm×93.4cm

《幽谷图》
1965 年作
269cm×90cm

《丹枫飞瀑》
1966 年作
80.7cm×57.8cm

《庐山图》
1981 年 7 月 7 日至 1983 年 1 月作
180cm×1080cm

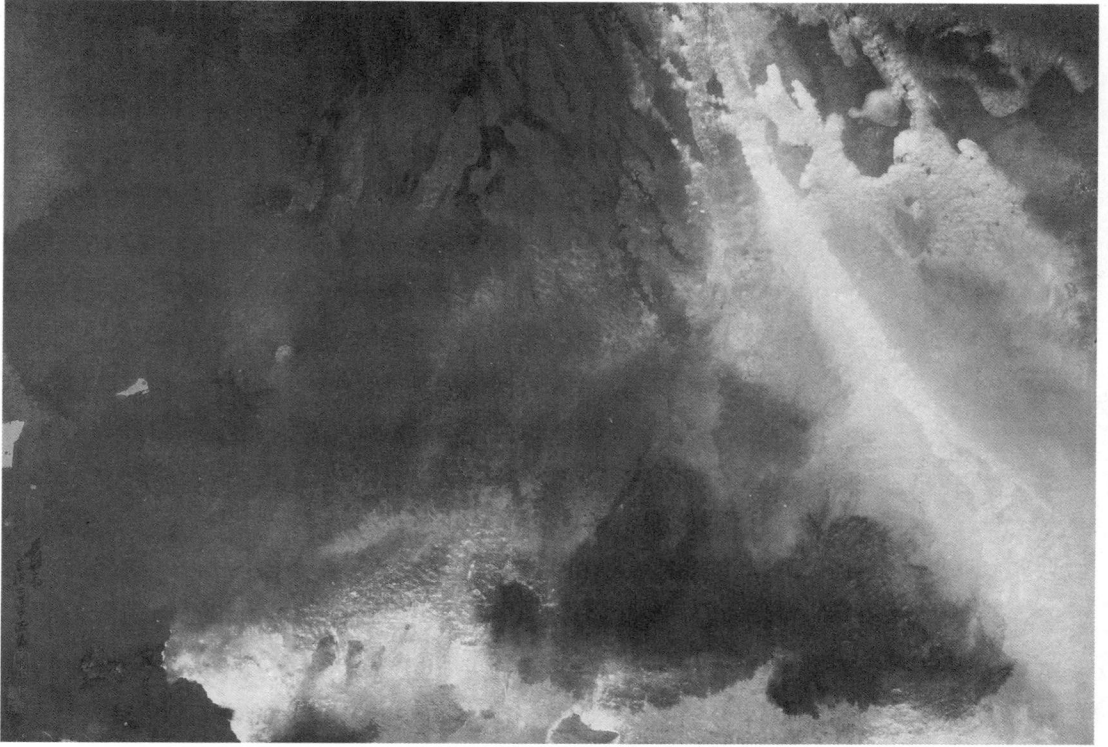

《瑞士雪山》
1967 年作
67cm×92cm

《泼彩荷花》
1978 年作
134.6cm×68.6cm

《峨嵋三顶》
1979 年作
100cm×92cm

文欢 / 著

行走的画帝

——张大千传

二十一世纪出版社
21 Century Publishing House
全国百佳出版社

图书在版编目（CIP）数据

行走的画帝：张大千传 / 文欢著 . –– 南昌：二十一世纪出版社，2013.10

ISBN 978–7–5391–8537–8

Ⅰ . ①行… Ⅱ . ①文… Ⅲ . ①传记文学 – 中国 – 当代 Ⅳ . ① I25

中国版本图书馆 CIP 数据核字 (2013) 第 073842 号

新浪微博：@ 二十一世纪出版社官方

行走的画帝 ：张大千传

文　欢 / 著

策　　划	张　明
责任编辑	刘　刚
出版发行	二十一世纪出版社
	（江西省南昌市子安路 75 号　　330009）
	www.21cccc.com　　cc21@163.net
出 版 人	张秋林
经　　销	新华书店
印　　刷	天津兴湘印务有限公司
版　　次	2019 年 4 月第 1 版第 2 次印刷
开　　本	720mm × 1000mm　1/16
印　　张	18.5
字　　数	265 千
书　　号	ISBN 978–7–5391–8537–8
定　　价	49.80 元

赣版权登字 – 04 – 2013 – 515

如发现印装质量问题，请寄本社图书发行公司调换 0791-86524997

目　录

未了愁缘·摩耶室主人

别时容易·一生江海客

1949 年香港，为毛泽东画《荷花图》

　　1949 年的中国，宛如洪水退后又露出的殷实土地。伴随着毛泽东"宜将剩勇追穷寇，不可沽名学霸王"的铿锵诗句，解放军于 4 月 23 日一举攻克南京，从而结束了国民党 22 年的统治。与历史上每次的改朝换代一样，在充满喧嚣和激情的同时，也伴有迷失、无奈和惶恐。政治风云的剧变，颠覆性的重大社会变革，让很多人都不得不小心翼翼地在新旧政权之间周旋，虽然此时多数国人已不再怀疑共产党人在军事上的能力，但对他们能否掌管好国家还在拭目以待。毕竟适应并融入一个新的社会，除了需要时间，也需要勇气。

　　尤其是颇具"城府"的知识阶层，与翻身做主的劳苦大众们相比，他们显得内敛和谨慎了许多。审时度势、以静制动，历来是改朝换代之际知识分子们所特有的心态。特别是充当喉舌的文艺界，因其肩负着舆论导向作用，更是重中之重。为此在新旧政权交替的特殊形势下，优秀的知识界精英们，成了国共两党都极力争取的对象。

　　一时间，有的不远万里海外归来，有的权衡种种利弊之后只好无奈远离。知识分子的流动成了新中国刚成立时一道抢眼的风景线。当然，无论是归来还是离去，必有其各自所遵循和捍卫的人生宗旨，本也无可厚非。

刚打下天下的共产党在新中国还没正式宣布建国前，就先把部分知名的作家和艺术家请到北平聚会，为新中国的诞生献力献策。但在"全国文艺工作者代表大会"的筹备委员会上，郭沫若也旗帜鲜明地宣布：出席大会的代表必须是"反对帝国主义、反对封建主义、反对官僚资本主义的文学艺术工作各方面的代表人物"。显然，所欢迎的对象是那些能将政治和艺术紧密地结合在一起的文艺家们，只有这样的艺术家才能被新中国吸收和接纳。

1949年7月，随着第一次全国文艺工作者代表大会的正式召开，毛泽东在延安文艺座谈会上曾提出的"文艺为工农兵服务"的口号，被确定为新中国文艺运动的总方针。并根据当时的形势需要，将这个"总方针"上升为无产阶级的"文艺必须为政治服务"。因当时的新中国还处在襁褓阶段，力量还显稚嫩和薄弱，加上国际上孤立、国内斗争形势复杂而微妙等因素，所以"文艺为工农兵服务"、"文艺必须为政治服务"的提法，还可以被当时的文艺家们所理解。历史也证明，文化艺术无论是内容还是表现形式，都不可能完全脱离政治。但同时，过度的强调政治也必定会背离文艺自身的发展规律。怎样才能把握好这个度，真是一件比"文化艺术"本身还艺术的事儿。

这个文艺方针的确立，让那些来自国统区或海外归来的文艺家们隐隐感到了不安。他们本来就对自己复杂的政治背景极为敏感，在这个与政治紧密挂钩的文艺方针下，他们的底气显得虚弱。而对于那些以前一直主张文艺应独立于政治之外的艺术家们来说，则更是在这股越来越汹涌的政治波浪中，感受到了强大的压力和迷茫。随着新时代的突然降临，带给他们的是新的人际关系和新的创作要求，这让他们一时难以适应，与那些来自延安和解放区的左翼文艺工作者相比，他们感到手足无措，甚至有芒刺在背之感。

1949年的文艺战线，不管是来自国统区正自觉地"脱胎换骨，以浪子回头的心情力图补上革命这一课"（作家萧乾语）的那些艺术家；还是来自于革命老区，在胜利的兴奋中，仍要"把握革命脉搏，继续前进"

的左翼文艺代表们；无疑都试图在新政权领导下的体制中立足，为达目的，难免会以牺牲艺术的本身作为代价。

这让那些本来就不理解人民革命，或曾坚持过"反共立场"，直接担任过国民党军政要职的文艺家们；或是家庭出身生活背景复杂的文艺家们，在紧张的政治气氛中已隐隐预感到自己将是新时代中被改造的对象。于是在这种带有生命个体体温的彷徨与恐惧中，很多人开始选择逃避。

1949 年，成为所有文艺家们是去是留的最终分水岭。所谓最终，是因为对于想离开的人来说，这是最后的机会。而对决定留下的人来说，也是新生活的开始。无论"走"或"留"，个人命运都将由此转折，或漂泊孤寂，或坎坷磨难。

国画大师张大千漂泊的后半生，便由此展开，在决定离开的群体中，他算是备受关注和颇具争议的一位了。

1949 年，张大千正好 50 岁，中国古话有"五十知天命"的说法。

50 岁的张大千在中国当代的画坛上，可谓已达无人匹敌的宗师地位，以至三十几岁便被著名画家徐悲鸿誉为"五百年来第一人"。四十几岁去敦煌的历练，更让其艺术达到一个新顶峰。在离开大陆海外生活的三十几年中，又因汲取西方的一些绘画元素，使之与中国传统的泼墨相融会，创造出中国国画的泼墨泼彩之神奇效果，而为中国画在世界画坛上的发扬光大做出了杰出的贡献。

历史的道路从来都不是平坦和笔直的，对于这些本身就有着太多传奇的艺术家们来说，更在他们身上折射出分外耀眼的闪光点。

1949 年的 2 月，香港已暖意融融。

张大千偕夫人徐雯波住在九龙地段的一幢公寓楼里。

此时的四川还被国民党军队所把持，成都一片混乱景象，物价乱涨，各种"学潮"、"工潮"不断，让张大千痛感"西南之大，已容不下一张画桌"。正好此时接到香港画界的邀请，遂于 1948 年秋天时来到香港举办画展，其间又去澳门好友蔡昌鸾家小住一阵，不觉已过去数月。

比起大陆新中国筹建工作如火如荼地展开，香港显得平静许多，是个暂时可潜心作画的地方。香港虽然幅员不大，但因其殖民地自由港的特殊性，使之带有明显的信息网密布之特征，因此成为大小政治派系和各种势力较量胜负未决时的暂居地和避风港。这也是张大千多年来一直把香港作为一个中转地的原因。

此次的"张大千画展"展出的多是临摹敦煌的壁画。从1943年6月离开面壁钻研近三年的敦煌后，张大千先是把敦煌摹画在兰州首展，接着又在成都、重庆、西安、上海等地展出，所到之处无不如惊雷满地，引起强烈反响。古老璀璨的敦煌艺术经张大千的挖掘和大力弘扬，不仅震动了中国的文化艺术界，也使他的名气在中国画坛上达登峰造极之位。

著名学者陈寅恪曾说，张大千敦煌之行的创举，是为"吾民族艺术上，另辟一新境界，虽是临摹之本，兼有创造之功，实为敦煌学领域中不朽之盛举"。因此，从张大千的临摹作品中，也让更多的中国人充分领略到，中国文化有着多么丰富博大的瑰宝。

画展获得了巨大的成功，让第一次见识到敦煌艺术的香港人大为惊叹，也引起香港文化界的格外瞩目。每天到寓所里拜访的客人络绎不绝。好在张大千是个喜欢热闹的人，不管在哪儿，身边都少不了朋友的围簇。一边作画一边摆龙门阵，"独乐乐不如众乐乐"是他常挂在嘴边上的话。

2月23日的这天早上，张大千照例早起，只是没像往常那样出去散步，而是坐在椅子

神采飞扬的张大千

上若有所思。

外面开始下起了雨，雨量并不大，丝丝缠缠的那种。突然张大千自言自语地说："这雨要下得时间长哩！"

夫人徐雯波此时也已梳妆完毕。没办法，她的作息时间总是得配合着张大千，以便随时照顾他。

虽然是很成熟的打扮，还烫了发，但从徐雯波那双灵秀的眼睛里仍透出些单纯和稚气，毕竟只有 22 岁的年纪。她原本是张大千大女儿心瑞的同学，因崇拜张大千的画，常去张家以找心瑞为由看他作画，并一度想拜张大千为师，却不料被他婉拒。

"收了学生，我就没了四太太了。"多年后张大千终于道出真相。就这样徐雯波戏剧化地从同学的好友身份，变成了心瑞的长辈。

那是 1946 年的事儿，徐雯波当时住在成都的姑母家，平时就很喜欢画画，当得知同学张心瑞的父亲便是大名鼎鼎的画家张大千时，不禁喜出望外，马上便来求张心瑞带自己前去拜访。把张心瑞催得笑了，说："看来你能做最虔诚和用功的学生了。"

当时张大千正因二太太黄凝素经常打麻将而不顾家所心烦，这一天见女儿领着一位娴雅的少女走进画室，一刹那间满胸的气恼仿佛消散了一大半。这个女孩子身上有一种强烈的沉稳气质，美而不艳、清秀脱俗。第一次见面便给张大千留下了美好的印象。

张大千和徐雯波在赏梅

张大千心情登时愉快起来，他不但当场作画给徐雯波看，还把自己的其他作品拿给她欣赏和讲解，让徐雯波欣喜得虽然不敢直接惊呼起来，但从那越来越发亮的眼神中，让张大千觉察到了女孩子对他的敬慕之情。

从那以后，徐雯波便成了张府里的常客，她虽然话语不多，但却心细温柔，和她在一起让人觉得非常舒服，不像很多女孩子会自恃美丽而流露出骄娇之态。

张大千越来越被她吸引，她也越来越不自觉地充当起了称职助手的角色。

此时二太太黄凝素不但麻将越打越凶，和另一位男人的情感也愈演愈烈，让张大千烦恼不已。虽然黄凝素提出过好几次离婚的要求，但张大千考虑到她为自己生育了那么多孩子，已一同走过二十几年的岁月，便怎么也不忍心真与她分手。可她不但无心料理家庭，还给家里凭空添乱，让这种进退两难的现状持续了好几年的时间，又着实让他再难以忍受下去。

一天，张大千和徐雯波正在画室里谈论书画，忽然警报拉响，日机又来空袭了。张大千连忙拉着徐雯波向屋外跑去，可张府中并没有防空洞。张大千正迟疑该去哪儿躲之际，徐雯波焦急地说："去我姑母家吧，她家里有个很大的防空洞。"

于是两人快速向徐雯波的姑母家跑去，这样徐的姑母也认识了张大千。

徐的姑母知道张大千是个很有名气的大画家，很希望看到他亲笔作画，极善于处理人际关系的张大千，便索性在徐家设置了一张画案，不但时常过去作画，还时常帮徐家做些事情，使徐的姑母对他很有好感。

不久黄凝素便以张大千总是私入徐家为把柄，再次要求离婚，张大千深感情难再留，便只好答应了黄。同时也正式和徐雯波挑明了爱意，想要她做第四位太太。徐雯波早就深爱上了张大千，遂惊喜地应允下来。

但两人的婚事却遭到了徐雯波姑母的强烈反对，无奈之下，徐雯波满面羞红地对姑母说已怀有身孕，这才让姑母答应了婚事。

　　徐雯波温柔、善解人意的性格及端秀的模样，让张大千格外喜欢，又因她喜欢画也懂些画，所以侍候张大千作画时也特别能称他的心。但徐雯波真的做了张大千的太太，方知辛苦和不容易。有时候他的创作灵感来了，深夜起身便要作画，身边的太太便只好跟着起来为他准备纸墨，并且这种情况是经常性的，几年都难得睡上几个安稳觉。所以张大千无论住在哪儿，都必须要"卧室通着画室，大睡床挨着大画桌"。

　　看着张大千窗前发呆，徐雯波知道他为何心神不宁。就在几天前的傍晚，一个模样干练的小伙子来到寓所，交给张大千一封信函，张大千打开后，不禁喜悦地说了句："有贵客要来哩！"

　　徐雯波好奇地问："是谁要来啊？让你这么高兴！"

　　张大千有些激动地说："是何香凝何大姐，好几年没见哩！"

　　张大千拿着信，一边看着上面何香凝亲笔写的娟秀中透出几分刚毅的字迹，一边陷入往事的回忆中。

　　20世纪20年代的上海，是中国接触外来思潮最快也最具国际化的大都市，也因此云集了全国的各界精英。何香凝和张大千的二哥张善子都是一个叫"寒之友社"的书画社团的成员。该社成员也都是当时书画界的名流，其中有于右任、李叔同、黄宾虹、叶圣陶、丰子恺、潘天寿、方介堪、郑曼青以及张大千等。

　　张大千那时在画坛已崭露头角，因二哥张善子的关系，结识了很多画坛高手，正是踌躇满志之时。

　　与张大千对政治从不过问的个性相反，二哥张善子是个有着强烈爱国精神的革命志士，早年还曾因参加辛亥革命被抓捕过。张大千的大哥早夭，所以张善子是张大千最挚爱的兄长，也是中国著名的绘虎大师。抗战期间，曾多次奔走国外举办画展筹集抗战资金。在美国期间，罗斯福总统非常欣赏他的爱国精神，特在白宫设宴招待。其画作《中国怒吼了》曾引起广大军民的强烈反响。这幅画还被印成宣传画，和大批宣传品一起送到前线以鼓舞士气。

　　在国画画家中，用作品来宣传抗日，并收到了很好的宣传效果，张

张善子像

张善子擅画狮子和老虎，抗战期间，他曾去欧洲办画展筹集抗日经费，并受到时任美国总统罗斯福的接见。图为在美国示范中国画法

善子是为数不多的几位之一。

大概是志趣相投，何香凝和张善子两家的关系非同一般，何香凝的儿子廖承志被国民党特务秘密抓去时，张善子曾积极帮忙营救。

何香凝是个极不平凡的女性，她不仅是著名的国画家，还有其特殊的革命者身份。她是孙中山最信赖的同志、国民党元老廖仲恺的遗孀。廖仲恺和蒋介石同为孙中山手下的得力干将，但孙中山去世后，国民党内部出现了严重的分裂，左右两派一时水火难容，廖仲恺惨遭党内右翼分子的杀害。何香凝一直怀疑此事是蒋介石幕后指使的，但苦于没有证据。原本渊源颇深的廖蒋两家从此产生芥蒂。但为了顾全大局，团结国民党中的民主力量，以促进和中国共产党的合作，何香凝只能不动声色，表面上两家关系依然如故，但实际上已恩怨难解。

本来就存着心结的何香凝对蒋介石独裁、挑起内战等丑恶面目更加失望透顶，于是内战刚一打响，她便积极参与组建国民党革命委员会，并为新中国在北平 1949 年 9 月 21 日成功召开第一届人民政治协商会议，做了大量工作。

张大千是格外敬重何香凝的。此时香港虽表面平静，但来自内地的一些民主人士和文化界名流，却在不露声色地暗中准备着，回大陆去或远走海外。张大千思忖着何香凝此时来港会面绝不是普通造访！

雨虽还下着，但贵客却应时而至。

何香凝时已72岁高龄，但却身体硬朗，尤其是目光中的坚毅与热诚，让人为之一振。

张大千握住何香凝瘦削却温暖的手，感慨地道了一声："大姐好！"何香凝深情地看着张大千，然后笑着说："大千，祝贺你，你的画展这么成功。"

张大千点点头，高兴地说："是呀，只是几年没看见大姐，心里着实惦念啊！"

两人落座，随即便亲热地攀谈起来，尤其在回忆起当年上海的画坛往事和张善子的音容笑貌时，都不禁感慨万端。

何香凝伤感地说："善子一生嫉恶如仇，时刻关心国家和民族的命运，如果今日还活着，看到北平的解放，该多么高兴啊！"

张大千点头道："是啊，我听说北平已经被共产党接收，悲鸿兄还邀我回去当北平艺术学校的教授哩！"

何香凝接过话，关切地问："那你愿不愿意呢？"

张大千略微顿了顿，然后很直率地说："我倒还真没想过，我以前就对悲鸿说过我不会教书，只会画画。"

何香凝笑了："可学生们说你不仅博古通今课讲得好，而且改画改得尤其好，让他们一下子就能顿悟和理解。可你这个堂堂的张大千教授竟自己偷偷'溜'走了，再也不回来了……"

说到这儿两人都笑了起来，徐雯波也抿嘴乐了。

那还是1933年到1937年全面抗战爆发前，张大千和张善子住在风景如画的苏州网师园期间的事儿。兄弟俩一边勤奋作画，一边在各名山大川中游历，借以增加见识。过的完全是前清大画家石涛的那种"搜尽奇峰打草稿"的逍遥日子。

那几年正是张大千潜心钻研中国传统技法历代之精粹的"师古"、"仿古"阶段，并因仿石涛的画，几乎已达以假乱真之地步，在中国画坛上声名大噪，令人称奇不已。

石涛是明朝画家，其山水画造诣被人奉为"海内第一人"，也是当时中国画坛最被追捧的一位画家，许多大收藏家都以收藏到石涛的作品为最大幸事。

与石涛同期的另一位极受欢迎的画家是八大山人（朱耷）。两人都是明朝宗室身份，也是清初著名的"四僧"之一。明朝灭亡时石涛年龄尚小，长大后隐蔽为僧以防身份泄露遭至不测。八大山人当时则已十九岁，遭遇国破家亡之痛后，一怒之下竟装哑不语，随即削发为僧，发誓绝不与清王朝合作。此后一生在悲愤和忧郁中度过，笔下所画均是残山剩水、尽显苍茫凄楚之意境，以表达"零碎山河颠倒树，不成图画更伤心"的身世情怀。

石涛和八大山人的画作既有相同之处，又有各自鲜明的个性，八大山人的花鸟画意境清奇幽冷，无论是构图还是用笔都已摆脱了其形式上的束缚，简洁到了让人称奇的地步，使水墨花鸟画达到了一种空前的水平，对后世画坛的影响相当深远。

与八大山人蕴含凝聚的内敛风格不同，石涛则是尽情挥洒、用墨淋漓酣畅。应该说，八大山人善于用笔，石涛则善于用墨。最初时，八大山人名气高于石涛，但乾隆以后，石涛之名则已高于八大山人了。

两人的特殊身世，使他们的画不被宫内收藏，因而得以大量散入民间。

张大千也深深迷恋上了石涛的山水世界，只要有机会看到原作便会忘我地加以临摹和学习，为此曾花巨资先后购买收藏石涛原迹达五百多幅。可以毫不夸张地说，他是见过并收藏石涛作品最多的画家和收藏家，并且也不可能再有人会超过他了。

在临摹和悉心揣摩的过程中，他的精神似乎已和石涛融为了一体，临摹得惟妙惟肖，连当时鉴定石涛作品最权威的大鉴定家们如著名画家黄宾虹、陈半丁、罗振玉等人都无法分辨出真假，屡屡看走了眼。他也因此在当时画坛上名声大噪，甚至有人惊叹他如"腕中有鬼"。以至这些仿画在几十年后已流传到世界各大博物馆和美术馆，都根本无法辨认，很多次都是张大千自己揭穿谜底，不然的话，恐怕永远都不会被人发现。

其实张大千最初的仿画目的很简单，一是为了提高自己技艺；二是因当时没有名气，所以有些名画家没看重他，为了赌气才格外张扬。多少有些少年狡狯的游戏心理。

虽然有人对他做假画存有疑义，认为他此举搅乱了中国美术史，但不可否认的是张大千在临摹中确实领悟到了中国画的精髓所在，才得以进一步提高和创新，使画艺达鬼斧神工般精湛。因为中国画的基础奠基就是由临摹入手的。

他还根据仿石涛画的经验，深刻体会到：

"要学画，首先应从临摹入手。临摹有了深厚的根基，才能谈到创作。

"临摹，就是将古人的笔法、墨法、用色、构图等等深入内心，达到可以背的程度，使自己对古人的技法运用自如。

"临摹前人的作品时，一定不要重复，要临到能默得出，背得熟，能以假乱真，叫人看不出是赝品。只有这样，才能学到笔墨真谛，学到前人的神髓与长处。"

而对于他毕生所推崇，与他仿佛神灵共通般的石涛作品特点，他则以简短的几句话便将几十年所累积的体验精髓道出："石涛之画，不可有法，有法则失之泥；不可无法，无法则失之犷。无法之法，乃石涛法。石谷画圣，石涛益画中之佛也！……"

此感悟，似已道出了中国画之神妙高超、不可言说的绘画精神。

1936 年 1 月，时任南京中央大学艺术系主任的徐悲鸿，和中央大学校长的罗家伦前往网师园"三顾茅庐"，

张大千在香港期间友人从新加坡为他带回一只黑猿

石涛原画。上题有"自云荆关一只眼"

二十几岁的张大千将"自云荆关一只眼"仿在自己临石涛的画上，使大画家黄宾虹看走眼，把其当作石涛真迹。张也从此扬名上海画坛

力请他去中央大学教国画。他实在推辞不掉便提出三个条件：一是要坐着讲课，不能站着，站着那种演讲式的讲法他不习惯。他从来不会当众讲演的。二是要给他准备一间画室，里面摆张大画桌，还得有一张睡椅，画累了他可以躺下睡觉。三是让同学们到这个画室里上课，边画边讲。

徐悲鸿听后不由哈哈大笑起来，说："真是奇人怪要求啊！好吧，只要你同意授课，这些条件都答应你。"

张大千知道怎么也推托不了，只好乖乖地去上课了，没想到这别出心裁的讲课方式，却赢得学生们的热烈欢迎。这些学生早就有关于他的各种传奇的耳闻。什么当过土匪、做过和尚、仿画可以做到以假乱真、在网师园中和二哥饲养老虎、几乎去过中国的所有名山、包括异国恋情等等。

这位中国画坛上的传奇人物，教起课来果然与众不同，渊博的学识，不仅只表现在绘画方面，中国的古典文化包括书法、诗文等无不精通，造诣之高，让学生们佩服得五体投地。张大千告诉学生们："作画如欲脱俗气、洗浮气、除匠气，第一是读书，第二是多读书，第三是有系统有选择地多读书。"

张大千自己也的确是这么做的。不但在家里朝夕读书，就是在旅途的车中船上，也都手不释卷。他认为"一个成功而伟大的艺术家，自当具有高尚的人格，要有开朗的胸怀及丰富的常识，不能局限于一个范围内，这种修养的养成，则完全需要靠多读书才能达成，而且不局限于哪一类的书，古时伟大的艺术家，全是重气节之士，人品高了，作品的气质自然也不同于流俗，所以任何种类的书全要看"。

他的记忆力惊人，加上读书态度专心致志，因此看过书后对有价值的内容几乎过目成诵，里面诗文挥笔就来，实在是让人望尘莫及。

有一次好友薛慧山托他带书，回来后到薛慧山家中送书，便把路上看完的此书内容讲给薛慧山听，让薛大为吃惊。因为此书是一本绘画以外的学术论著，但张大千却能把书中的学说思想深深领会到他的艺术见解中。

张大千认为画画并不是教出来的，光说出来不如动手示范出来的效果更好，于是他往往在学生们的画上改动几笔后，便达事半功倍和画龙点睛之作用。但最后他还是因受不了按时上课这种时间刻板的教师义务，只好偷挂教鞭，一溜了之。

何香凝的旧事重提让他自己也觉好笑，可如果还让他当教授去授课，他是说什么也不想的。

何香凝话锋一转，说："不教也罢，就当一个职业画家，多画一些画也挺好。大千啊，国内情况想必你也听说一些，北平已经解放了，不久全国就都要解放，现在共产党正筹备召开第一届的政治协商代表大会，已有不少人从香港先回去准备了，我过不久也得回去，所以今天来你这儿，是请你画一幅画，送给一个很重要的朋友。不知你肯不肯帮大姐这个忙呀？"

何香凝终于言归正传说明了来意，张大千心中一动，果然自己猜得没错，但不知求画者是谁，能劳何香凝大驾？

他当然是义不容辞，马上答应下来，然后诚恳地说："大姐言重了，其实您今天冒雨前来我已猜到会有很重要的事情找我，小弟哪有拒绝之理！"

何香凝笑眯眯地点了点头，说："我就知道你是会给大姐这个面子的！"

张大千和夫人徐雯波在台北摩耶精舍观赏荷花

他们来到画室，徐雯波早已在宽大的画桌上铺好了画纸，笔墨也都预备好了。

何香凝会心地笑了，说："看来大千是早知我来意啊！"

张大千也笑了，问："大姐，您看画什么呢？"

何香凝说："当然是画你拿手的荷花了！"

于是张大千爽快地提起了笔。

何香凝和徐雯波凝神看张大千挥笔作画，她们都知道在所有的花卉中，张大千最喜欢荷花。荷花的美和高洁品格，历来为世人所共识。"出淤泥而不染"让古往今来多少文人墨客，都不惜把笔墨用在荷花上，而张大千的画荷技艺之高，早已成为绘画史上有数的几位画荷大家之一。此等画荷之功真乃用心揣摩、日积月累才凝结所成。从他的学生刘力上的文章中可见一斑——

"他把荷花的千姿百态铭记在脑海之中，荷花的浴日、舞风、过雨、傲霜等种种姿态，使他在作画时，信笔挥洒即能得池塘情趣。他画荷方法很多，有时画初开的，有时画将残的，他的残荷花瓣虽已脱落，但仍画有三五花瓣于梗端，似雨后新荷被风雨侵袭，残中有俏，别有新裁。"

张大千在教导学生时，也曾说过："中国画重在笔墨，而画荷是用笔用墨的基本功。"可见他观赏荷花时，有多么细腻。

此刻又一幅绝妙的荷花画好了，张大千放下笔，抬起头对何香凝说："请大姐过目一下，可否满意？"

其实何香凝从张大千画第一笔起，便被他纯熟的画功所深深折服，待到画完收笔后，她才长出一口气，赞叹道："悲鸿说你是五百年来第一人，真真是当之无愧啊！"

只见画上近景是两片卓然飘逸的巨型荷叶，仿佛在傲然地随风舒展，而荷影中一朵洁白的荷花正灿然而放，那种超凡脱俗的美丽不禁令人肃然起敬。整幅画面似乎在散发着阵阵清爽的荷香，一种生机盎然、气象万千之势让人为之大振！

全画构图饱满而疏落有致，用笔气魄豪放又清新灵动，真是一幅栩栩如生的荷花图。

张大千又问："那么题给谁呢？"

看着张大千沉稳中却透露出机智的微笑，何香凝不禁又微笑了，两人颇有点儿心照不宣的默契。何香凝沉吟着说："就题润之先生吧。"

张大千心中立即翻滚过一波重重的浪潮，他心里虽有准备，但万没想到会是新中国的主席毛泽东。但表面上他却依然平和，他拿起了笔，"好吧，润、之、先、生。"他用他特有的融

张大千给毛泽东画的荷花图

各派之长的"张大千体"在画的左上角题下一行字：

"润之先生法家雅正。己丑二月大千张爰。"

何香凝满意地点点头，说："我代这位朋友谢谢你。"

张大千连忙说："大姐别和我客气，对您我当然得唯命是从……"

临别时已是下午接近黄昏时分，雨不知何时已停，天空一片湛蓝。

何香凝紧紧握住张大千的一只手，郑重地说："大千，我知道你一向是个不关心政治的人，这一点你和家兄善子不同，如果家兄还在的话，他一定会和我一起去北平的……"

张大千的眼睛有些湿润，他一向重感情，尤其是对二哥张善子更是情深意笃。17岁的年龄之差使张善子如父如师，对张大千从小到大，直到走上艺术之路可谓殷殷教诲，倾注了自己全部的心血。于是他又将另一只手紧紧地扣在何香凝的手上，安慰说："大姐不要伤感，我……"

他忽然停下，但还是把话说了下去："我今后无论去哪儿，都会记住自己永远是个中国人！"

何香凝闻听此言不禁一怔，有些诧异地看着张大千，她已隐约感到眼前这个小她二十几岁，却身怀绝技的中年人日后定成大器，一旦走出去，纵横天下山水定能狂收笔下。只好让他去吧，她虽有些伤感和不舍，却无力也不想挽回他。

何香凝眼睛潮湿了，凝视大千许久，没再说什么，只是握张大千的两只手有些微微颤抖，似充满着期待与留恋。持续了好一会儿，这才上了汽车离开。

看着汽车渐渐驶远，张大千的心情怅惘且复杂。从个人情感来说，他非常喜欢并敬佩这些有政治信仰的朋友们，但他自己却以"远离政治"为终生的做人原则，因此决定了他与部分朋友们的若即若离。

他虽然给许多政要们画过画，但前提是对方也一定要懂、至少是喜欢画，张大千一直是秉着以画会友的原则与他们交往的，基本上还是属于艺术上的相互欣赏罢了。如果这种交往回赠给他的结果会使他的艺术道路更加畅达，那么他也会十分乐意并欣然接受的。

前不久他在大陆期间，徐悲鸿还特意请他帮忙，为国民党"代总统"李宗仁画了一张巨幅荷花。因为徐悲鸿出任北平艺术专科学校校长后，感到原有校舍太小，便一直向政府申请，请求政府另拨一处宽敞的地段重建校舍。当时李宗仁兼任北京行辕主任，算是顶头上司。李是个开明之人且喜附风雅，对办教自然尽力帮忙，很快为北平艺专特拨了一处场地，也就是今天的中央美术学院所在地。

为感谢李宗仁，徐悲鸿亲自出面为李宗仁求画，同时自己也精心绘制了一幅奔马图一并相送。张大千的这幅荷花图高3尺、长6尺，非常精美，难怪李宗仁得到这两幅精品后高兴极了，一段时间里逢人便说他得到了两件国宝。

像这种为朋友解难、为探索艺术铺路而尽力，张大千认为是义不容辞的。但与一个他并不十分了解甚至还有误解的政党打交道，给他们的领袖作画，还是让他有些心惊肉跳。有幸为新中国的"元首"作画自然是件值得荣幸的事情，可张大千在兴奋之余却又隐隐有些担忧，他预感到这幅画也许会或多或少影响到他今后的命运。

事实上，这一直觉相当准确，果然在他日后想去台湾定居时，被国民党政府以"亲共人士"为由而婉拒，"罪名"就是"曾为毛泽东献画"。人生的命运实在是难以预料，艺术作品为所有人所喜爱，而艺术家则要承担艺术作品之外的种种莫测命运。

几天之后，也就是1949年的三八节前，何香凝特意派人到张大千寓所送来了一幅她精心绘制的《梅菊图》。画作本身倒没什么，因为画梅画菊一向是何香凝所喜爱和擅长的题材，她还喜欢画松、狮子和老虎等物，皆因这些东西能体现出高雅的气节，能借以抒情明志。倒是画上写的一首七绝诗："先开早具冲天志，后故犹存傲雪心。独向天涯寻画本，不知人世几升沉。"是颇耐人寻味又不言而喻的，可以说是很直接地劝大千要审时度势，安排好自己的归宿。题款为："大千大法家雅教，三十八年三八妇女节，香凝诗、画，命醒女书之。"

几天之后，何香凝便离开香港回到北平，参加中国人民政治协商会议第一届全体会议，同时也把张大千的《荷花图》送给了毛泽东。据说毛泽东非常欣赏这幅画，并把它挂在了自己居住的中南海房间内珍藏。后来，又被人民美术出版社出版的《毛泽东故居藏书画家赠品集》所收录。

1949年的4月，张大千也偕徐雯波回到了成都西郊金牛坝老家。

· 17 ·

人生自古伤离别

1949 年 4 月的成都更像一座危城，此时中国的大部分地区都已相继解放，西南这片山水虽仍属国民党的势力范围，但形势已十分明了，共产党解放这座城市已近在咫尺；这里不过是国民党退兵的一个中转站，国民党大批的败军正从这里向台湾撤退。

张大千接到徐悲鸿从北平来的信，得知徐悲鸿继续担任北平艺专的校长，并将与郭沫若、翦伯赞、郑振铎等人一起，去布拉格参加第一届保卫世界和平大会，同时还将参加全国文艺工作者代表大会的筹备工作。信中还邀请张大千最好也能去北平，一起参与筹备工作。

张大千虽很被老友的一番诚意所打动，但眼下却又实在走不开。

他在成都西郊的金牛坝买下的一座宅院刚刚建好，起名为"税牛庵"。在庭院里种了很多奇花异草，还养了几只白猿。一大家人此时分为两处居住，他和徐雯波及男弟子们住在"税牛庵"，大夫人曾正蓉和三夫人杨宛君则领女弟子们住在南部的沙河堡。

这是张大千第一次置办产业，由于常年在外奔波游历，他一直是以旅居、借居或合居的形式四处栖身。刚在画坛崭露头角的 1929 ~ 1931 年间，他住在浙江嘉善陈氏的"来青堂"，这里交通便利，既离上海很近，又能避开大城市里的喧嚣；1932 ~ 1937 年间住在苏州的"网师园"；抗战期间则来往于北京颐和园中的"听鹂馆"、青城山上的著名道观"上清宫"；接着是近三年的敦煌莫高窟等。

张大千是个异常讲究生活环境的艺术家，所选择的住处无不清幽雅丽，精致不凡。当然也所费不菲。

房子总算安置下来，但最要紧的仍是得考虑继续挣钱以维持家用。这也是古往今来职业画家们的生活方式：鬻画为生嘛！

恰在此时又有两个邀请办画展的请帖寄来，分别是印度和台湾。

这两个地方都是他一直想去的地方，尤其是印度，他在敦煌时，便一直对史学家们所持的一种观点不能认同：他们认为敦煌壁画应该属于佛教艺术，而佛教是从印度传到中国的，因此敦煌艺术应算做印度艺术的传入，敦煌壁画是模仿的印度壁画。

但张大千通过对敦煌壁画的分析研究，则认为佛教虽然是从印度传来，但这些壁画则是中国人自己的艺术，绝不是模仿而来。为此他常常和那些专家学者争论，那时他便暗下决心，一定要亲自去印度看一看。他坚信如此伟大的敦煌艺术，就是中国历代的艺术家们的心血之作。

此次画展的邀请函是以印度国家美术学会名义发来的，但最主要的筹划者却是张大千的好友、国民党驻印度大使罗家伦。

虽然此时的成都局势不稳，秩序一派混乱，但张大千还是关起门来，竭力避开喧扰，集中精力开始作画，为两个画展筹备新作品。

与此同时，北京及其他解放地区，已开始有条不紊地进行筹建工作。

1949 年 7 月，全国文艺工作者代表大会在北京召开，同时成立全国美术工作者协会。在会上，徐悲鸿当选为美协主席，江丰、叶浅予当选为美协副主席。

1949 年 9 月 21 日，第一届中国人民政治协商会议也在中南海怀仁堂隆重举行。与会各方代表六百余位。

徐悲鸿再次来信邀请张大千去北平艺专当教授，并许以月薪三千斤小米。北平艺专即为现在中央美术学院的前身，是中国美术界的最高学府，这个月薪也是当时北平艺专教授的最高供给。但即使已是这样的高月薪，对张大千来说，也根本是杯水车薪罢了，远不够养活一大家人的。初建时新中国的贫瘠和困难可见一斑。对共产党平均主义分配原则和"各尽所能，按需分配"的政策，他觉得无法适应。此时的张大千已另有打算，只要有一线希望，他也会按自己的生活方式去生活。

1949 年 11 月，"张大千画展"如期在台北隆重举行，除少数敦煌摹画外，多为近期力作。这是张大千第一次到台湾，宝岛绚丽的热带风光让他非常喜欢，并流连忘返。一边开画展，一边和同去的香港画商高岭梅等人游览台湾名胜。

此时二百多万从大陆撤退下来的国民党军队及家属使岛上人口剧增，几乎人满为患，给生活方面造成了极大的危机与困难。台湾的广播、报纸等各种传媒被国民党迅速垄断，开始大造反共、防共、恐共的舆论。这让张大千的心不禁悬了起来，他担心着家人的情况，同时也在反复权衡和考虑自己的去向。可以说现在是已到了抉择时候了。毕竟是从旧时代走过来，与国民党许多高层政要还算有些交情并可以依靠，而对共产党可说是毫无了解。但真要委身于国民党统辖下的地盘，张大千也不情愿。如果能游离开两个政权之外，另辟一处相对自由些的"世外桃源"就好了。

11月29日，国民党元老、监察院院长于右任撤回到台北，他是张大千的老朋友，在上海时和张善子、张大千同是"寒之友会"的社友，关系非同一般。此次从重庆飞回台湾，因离开得匆忙，连家人都没能带出来，局势紧张到何种地步已显而易见。随即第二天，也就是11月30日，重庆即宣告"撤守"。

张大千闻讯急忙前去拜见，于右任见张大千此时在台北，不禁大吃一惊，连忙告诉他说四川马上就要被共产党占领，赶快回去接家人吧！

张大千顿时心急如焚起来。12月1日，台湾省主席兼东南军政长官陈诚邀请张大千吃饭。心事重重的张大千哪里有心情赴宴，加上他并不认识陈诚，于是便想回绝。但同去的香港画商高岭梅却极力劝说他去赴宴，以了解些时局消息。

张大千只好忧心忡忡地前去赴宴，谁知竟在宴席上看见了老友溥心畬，这不禁让他喜出望外。原来陈诚正是因为仰慕这两位在中国被称为"南张北溥"的两大画坛巨擘，才趁两位大师都在台湾之际，想结识一下他们。在座相陪的是台湾书画界的著名人士。

这种艺术家们在一起的聚会是张大千所喜欢的。没想到陈诚还是个十分热心的人，当他在席间听说张大千只身一人在台，想回成都接家眷时，便马上答应给张大千负责来往的机票，并说："亏得你现在说，不然过几天就来不及了。"

溥心畬也替老友担忧着，此时他已决定定居台湾了。

事不宜迟，张大千第二天便搭乘军机飞回了成都。

回到家后，便马上抓紧收拾东西，让他犯愁的是他这些画怎样才能多带走一些。因为印度的画展已定在1950年的年初，而现在已经12月份了。

印度的画展是老友罗家伦为他筹划的，原计划是定在1951年举办；但罗家伦想到此时国内的局势不稳，并且印度政府已在考虑承认中共政府，而他此时的身分是国民党的驻印度大使，所以便力主把画展提前一年举办。

分离在即，家里被一片忧伤的气氛所笼罩。

虽然张大千是个常年在外游历漂泊的人，可这次收拾行囊却让家人强烈地预感到这一走可能就再也回不来了。连一向憨讷沉静的大太太曾正蓉也忍不住几次大哭起来。而三太太杨宛君虽强忍着不哭出声来，但一双泪眼却紧随着张大千的身影移动，更让张大千心如刀绞。

他最不敢面对最牵挂的也正是这位三太太，如果再多一张机票，他都会毫不犹豫地把她带走。可这样做徐雯波恐怕会不高兴。三张机票中，除他和徐雯波，另一张机票是带走一个小孩用的，因徐雯波素来对二太太黄凝素所生的这个三岁小女孩儿心沛特别喜爱，所以决定带走心沛。而自己亲生的一双儿女，三岁多的女儿心碧，还不足两岁的儿子心健，却都留在了大陆。

徐雯波此举至今令人费解，可能她当时还是太年轻，不谙世事，对时局还抱有希望和寄托，以为只是躲过一阵风头，随后便可以回来。但她怎么也没想到此次分离竟成为永别。多年以后，当她辗转得知女儿心碧在她走后不久便生病而死，儿子心健在"文革"中因受张大千"破坏敦煌文物"罪名的牵连，不堪忍辱竟卧轨自杀时，徐雯波肝肠欲断。

世间事唯一个情字难以说清，没娶徐雯波时是杨宛君时刻跟随着张大千四处游走，不离左右，甚至一直跟到敦煌吃了那么多苦。而后来张大千身边又有了徐雯波，便不再用她照顾，十几年的恩爱由浓变淡，这种爱情的过程无疑是最令女人悲哀和无奈的。在情感中有时候过于大度可能成全了别人，却苦了自己。更何况要求一个大画家的爱情专一简直是太难了。因为他的眼睛时刻在追逐着美，而各种事物的美中，人的美则因更生动也更易打动心扉，所以爱上一个艺术家是幸与不幸，只有甘苦自知了。

张大千正式娶过四位太太，大太太曾正蓉（1901 年生）是他 20 岁出家 100 天时被二哥张善子强"抓"回老家后，由张大千的母亲曾友贞做主定的亲。曾正蓉是母亲曾氏家族里的一个女孩儿，长得白白胖胖，性格温柔和善，完全是旧式女人的思想，对张大千只知一味顺从。但与张大千并无太多共同语言，又因是母亲包办的，所以感情一般，加上结婚两年，曾正蓉都未生育，因此1922年春张大千又娶了二太太黄凝素。

黄凝素也是内江人，生于1909年，容貌清秀身材苗条，精明干练。她很聪明并略懂些画，因此在张大千的四哥张文修先生所撰的《张氏家谱》中记载：黄凝素"善伺公意，甚得公欢。虽不善理家庭，而侍公书画，俾公点墨不遗"。

比起大太太曾正蓉的温顺性格，黄凝素显得泼辣许多，颇有些敢想敢做的女丈夫气概。张大千的性格表面上看起来潇洒而随和，对待外人都很客气和宽容，从不摆架子。可在自己的家里却完全是一副旧式的唯我独尊的家长作风，对待子女和门生管教甚严，要求也很高，绝对是保守古风。逢年过节必要行跪拜大礼，并一直将这个古老习俗沿用到国外，所以有人称他为"今之古人"倒很贴切。黄凝素爱说爱笑爱玩儿，但有打麻将的嗜好，这让张大千很是生气。他最恨好赌之人，为此两人经常拌嘴。黄凝素有时不满张大千的暴君脾气，便时常找机会和张大千争辩理论以泄怨气。

抗战期间张大千一家为避战火，暂居青城山上清宫时，脾气急躁的黄凝素因琐事和邻居发生冲突，回到家后仍觉自己有理便不依不饶地说个没完没了。这使张大千非常恼火，一气之下便冲过去推打她，气头上的黄凝素也回击着，两人拉扯之间黄凝素拿起画桌上镇纸的铜尺敲到了

张大千的三夫人杨宛君（1917–1987）。右图为其晚年在北京寓所中

张大千手上。张大千一怒之下拂袖而去，从下午直到晚上也没有回家。

山间夜里危险，几位太太都着急了起来，于是找人帮忙一起去寻找，连上清宫的道士们也惊动起来跟着。每人举起一支火把，在山间四处察看。青城山山势斜陡，夜里更难行路，亏得几十支火把照得满山通红，连树木的青色叶子也映成了紫色。几乎找了一夜，直到天色大亮，才在天狮洞附近的一个山洞里看见了闭目瞑坐、俨然已入定修身的张大千。

黄凝素立刻哭了起来，说："老爷子何苦躲到这里哟！害得我们好找。"

张大千却镇定地说："做啥子这样大惊小怪，你们不是嫌我脾气不好吗？我一个人躲在这里你们又要来找我。"

黄凝素只好跪了下来认错，请求张大千原谅，张大千这才站起身来跟着众人回家，总算结束了一场虚惊。

但黄凝素不安分的个性还是导致她容易过激和出轨，她为张大千生育最多，操劳也最多。平日我行我素快言快语，往往这种女人都刚强有余而温柔不足。因打麻将、唠叨、耍小性子，张大千和她的争吵越来越严重。直到张大千娶了三太太杨宛君，领着杨宛君出入各种社交场所，才没时间再和她计较了。

说起张大千娶三太太杨宛君，不得不提之前发生的另一段浪漫故事。这一切都是发生在1934年一年中的事儿，这一年的春天和秋天，张大千

张大千的大夫人曾正蓉
（1901–1961）

张大千的二夫人黄凝素
（1907–1981）

分别认识了两个如花似玉的姑娘。春天时是一位叫怀玉的艺人，秋天时则是艺名"花绣舫"的唱京韵大鼓的杨宛君。

怀玉姑娘不仅长得美，还有一双柔美的纤手。那双手最让张大千陶醉而心仪，觉得她真是个难找的仕女模特。张大千很想娶这位怀玉姑娘，但家里人却因怀玉的艺人身分坚决反对，张大千是个孝子，惟父母之命必从，只好放弃了。而后来看见杨宛君时，张大千则不由惊呼上天真是怜他，杨宛君竟也有双凝脂如玉的手，他不由看呆了。而时常在他身边研讨书画的挚友于非闇便由此写下那篇《八爷与美人》的著名文章，详细地叙述了这两件恋情的经过。

于非闇是上世纪30年代张大千在北平时的好朋友，是一位博学多才的专栏作家，也是我国著名的工笔花鸟名家。他在习画上得益于张大千很多，而他的一支生花妙笔也因经常跟踪点评张大千的画，并且由于评论准确而中肯，所以和张大千非常知交。当时的北平画坛上，皇室贵胄出身的溥心畬是名气最大的画家，于是于非闇便第一次提出了"南张北溥"的说法，从此"南张北溥"也就传遍大江南北。

溥心畬生于1896年，比张大千大三岁，是前清恭忠亲王奕欣的孙子，幼年在恭王府邸度过。据说5岁时他被慈禧太后抱在膝上，把慈禧太后出的一副对子对答如流，令慈禧太后大喜，特赐给他四件珍宝，说本朝的灵情都钟于此幼童身上，日后必以文才传世。

果然，溥心畬日后学识广博，1922年，曾在德国柏林大学获得天文学和生物学两个博士学位，并因皇室显贵的出身，从小便见过宫廷里珍藏的大量艺术精品，所以起点远高于常人，加上天资聪颖，勤奋过人，终成一代著名绘画大师。

溥心畬是一位典型的诗、书、画三绝的文人画家，他的画风没有师承，完全是因见识精品太多、太广，在临摹中自己体悟学成的。

于非闇在《南张北溥》一文中把两人的个性描写得非常到位："自有才艺的人们，他的个性特别强，所以表现他这特强的个性，除去他那特有的学问艺术之外，他的面貌……乃至于他的装束，都可以表现他那特强的个性。……张八爷（张大千排行第八）是写状野逸的，溥二爷（溥心畬行二）是图绘华贵的。论入手，二爷高于八爷；论风流，八爷未必不如二爷。南张北溥，在晚近的画坛上，似乎比南陈北崔，南汤北戴还要高一点儿。不知二爷、八爷以为如何？"

文中的"南陈北崔"指的是明末大画家陈老莲与崔北海，"南汤北戴"指的是清代大画家汤贻汾与戴熙。这几位画家都是当时画坛上的杰出人物，张大千也临摹过许多他们的作品并从中受益。如今"南张北溥"已有过之而无不及了。

于非闇还在"八爷与美人"一文中既披露了张大千与怀玉姑娘的情事，也对张大千画仕女的高超技法加以赞誉："他画的美人儿，少女是少女，少妇是少妇，而且少女美与少妇美，都有显然的区别。他对于女性，观察得很精密，能用妙女拈花的笔法，曲曲传出女儿的心声，这一点是他的艺术微妙，也是他在女性上曾下了一番工夫的收获。"

的确，张大千自己也曾谦虚地说过：他不敢说自己最能欣赏女人的美，他只是在观察、欣赏美丽的女人以搜求画稿时，比别人更仔细、更留心罢了。

他的仕女画之所以能雅俗共赏，成为他绘画题材中大受欢迎的一类，与他对美人的"美"刻画得淋漓尽致、神髓逸出，密不可分。

他眼中的美人标准可要比常人苛刻得太多，不仅要长得美，而且气质要"娴静娟好，有林下风度，遗世而独立之姿，一涉轻荡，便为下乘"。因此能入他画中的美女，当真是绝对美极了的。

著名的京剧大师梅兰芳上妆后的脸谱及身段被张大千认为"浑身都是画稿子"。因为这种脸谱和身段凝结了唐宋以来古人们审美的全部精华。如美人的脸要"三白脸"才好看，也就是额头、鼻子和下颚是白的，这样才能衬托出脸颊的红润和健康。这种认知很符合自然美的原则，颜色的深浅会突出脸形的轮廓，中国人的轮廓大都显得扁平，而"三白脸"正好表现出了线条轮廓的对比度，当然就显得美。因此戏妆便尤其突显出这个特点来。

对于外国人认为中国女人凤眼好看的审美认识，张大千自有一番见解："其实大家都弄错了，凤眼并不是像我们四川人所说的'丝毛绸子上拉了一道口子'那样的细长，所谓凤眼是指女人的眼神要温柔，不要瞪大眼睛，显得一副凶相。"

可能只有大师才能如此入木三分地透过狭义上的"凤眼"形状，以眼神的种种流盼说出真正的"凤眼"含义。

五官之外便是人的身材，一个美人的高矮胖瘦该如何定下标准呢？张大千认为以中国人的审美习惯来看，并没有特别的偏爱"胖子"或"瘦子"。所谓"环肥燕瘦"的典故强调的其实是"骨肉匀停"，匀称就是美。

国画中的美人穿的都是古装，飘逸轻盈，因为古代女人的衣服有彩带、有水袖、有流畅的线条美，因此入画。而时装本身总在变，所以时装的美都是暂时的，便有过时之说，因此不容易入画。

张大千说衣服穿得一臃肿，人就不美了。所以棉袄是入不得画的。

20世纪30年代在北平时，张大千和梅兰芳是相互欣赏的好友，梅兰芳曾请教大千教他如何画美人，大千当即回答："你自己就是一个最标准的美人，你只要把你戏台上的各种样子画下来就行了，千万不用再参照别的样子了。"

梅兰芳也是个对美精益求精的人，在他的练功房里四壁都镶满了镜子，每一举手投足都力求达到最美的效果，甚至连唱时都要研究怎样才不影响嘴形的美。

除了脸和身材外，手是仅次于眼睛的传递情感最重要的工具。中国画中有"画人难画手，画树难画柳，画兽难画狗"的说法，道出了画手的难度。

张大千在敦煌临摹壁画时，看到唐朝人画女人时，不论丫头、小姐还是太太，都把手画得细腻传神，绝不偷懒。

古人的治艺严谨，让张大千钦佩之余更深感须要鞭策自己，因此也练就了画手的绝活。

香港著名影星林黛不仅长得美丽，还生就一双纤细柔美的手，但一般人只注意到她的美丽面容而把那双美手忽略了。张大千便在画给林黛的肖像画上着意画出那只手的百转柔情来，让林黛自己都大为喜爱，还因此特地去照相馆拍了张突出手指线条的照片。可惜美人命运多舛，后来因情自杀，让远在国外的张大千很是震惊与惋惜。

张大千自己的手不太好看，手指又粗又短，皮肤也稍黑些，但就是这样一双像经常人的手，却画出了无数美轮美奂的作品。而跟随张大千的女人们则无一例外都有一双漂亮的纤手。杨宛君的手尤其美，令张大千心动。

张大千把和杨宛君的恋情禀告父母后，希望他们这次能够同意，父母十分清楚儿子的心迹，知道同意是早晚的事，便答应下来。因为黄凝素生育太多，孩子的拖累让她不能经常跟随张大千外出照顾其起居，而大太太曾正蓉除了料理家务还要帮着照看小孩、侍奉公婆，张大千身边的确是该有个人随身照料和应酬。于是1934年的年底，张大千又添了第三个太太。

娶了杨宛君后，张大千画了不少以她为模特的仕女图，张大千去哪儿游历都喜欢带着她，她的个性中很有些落落大方的男孩儿气，婚后她把两条长辫剪成短发，有时故意穿男子的长衫，与张大千并肩走，后面的人猛一看真以为是个男子呢！惹得她和张大千开心地大笑。

张大千第一次去敦煌时带着杨宛君，可过了一段时间，她却提出要回成都。张大千奇怪地问："你不是说嫁给了我，讨饭也要跟着我吗？"杨宛君说："我不是怕吃苦，只是你太专注那些洞窟里的壁画，根本顾不了我，四周又全是男人，我连个说话的人都没有，闷死了！"张大千此时恍然大悟，这才突然发现杨宛君的面庞是那么苍白和瘦削，张大千充满歉意地说："对不起，宛君，这里的确太荒凉了，真是委屈你了。"于是第二次赴敦煌时，把二太太黄凝素也带了出来，两个太太一起陪伴他在敦煌的大漠中。

从敦煌回四川后，张大千与三太太杨宛君忙着安排日常生活和对外应酬，整日地出双入对、如胶似漆。

黄凝素渐渐有些失落，想找个听自己发牢骚的人都没有，便愈加在麻将桌上沉迷。直到在牌桌上认识了一个年纪比她小很多的男人，让黄凝素不可救药地陷在了不该发生的情感中。那个男人是个小职员，很务实功利的一个男人。他明白黄凝素落寞的心态，便投其所好，耐心地听她倾诉，用温柔的态度去安慰她，让黄凝素内心很是温暖。开始他是看中了黄身为大画家的太太，身份高贵，也一定有些财产。时间长了，这个男人也渐渐对她产生了感情，于是在他的鼓动下，黄凝素向张大千要了一笔数目不小的钱财后，便与张离婚了。

　　这件事令张大千十分痛心，毕竟是二十几年的夫妻，并且黄凝素为他生育的子女也最多、最辛苦。如果不是他常年游历在外，身边又多有红颜相伴，也许不会有这样的结果。后来黄凝素又为那个男人生了个孩子，但最终仍以分手了却。

　　可以说，几位太太都对他情深意切，让他割舍哪一个人他都会舍不得，可现实又没办法其乐融融地团聚在一起，只能怨这个世道无常，天意难违啊！

　　苏东坡不早就感叹过"人有悲欢离合，月有阴晴圆缺，此事古难全"吗？

　　苏东坡是张大千最欣赏的一位诗人，也是张大千除了本人的自画像外画得最多的一个男性形象。在张大千的人物画里，多以画女性居多，一个重要原因是张大千认为男人不如女人"美"，不如女人"入画"。在他眼里看来，这世上够得上"奇"的男人实在太少，所以他有"眼中恨少奇男子，腕底偏多美妇人"之句。他自认他自己肯定该算得上一个奇男子，而另一个便是苏东坡了，所以他画得最多的男性是自己和苏东坡。他一生为自己画的自画像有100幅以上，大概是古今中外画家中画过自己肖像最多的一位。

张大千的两位夫人在四川灌县岷江边。左为杨宛君，右为黄凝素

从中可看出他对自己是充分自信甚至自傲的。可能是他本人也知道自己是个太罕见的天纵之才，所以也会不由自主地"自恋"吧！

12月的成都，夜凉如水。张大千的心里也漫过一浪接一浪的疼痛的潮水。

张大千情不自禁地来到杨宛君的卧室，只见杨宛君正呆坐在床上，两只美丽的大眼睛因为哀伤而显得楚楚可怜。

张大千轻轻地拿过她的手在自己掌间爱怜地摩挲着，然后故作轻松地说："哭成这个样子做啥哩，我少则一年半载，多则两三年就会回来的。"

杨宛君深深地叹口气，幽幽地说："我是不能再照顾你了，今后就全由雯波在你身边了，你可要多保重啊！"一边说一边已流下两行热泪，张大千也不禁流下泪来。

可能经历过九死一生和曲折经历的人，是不太相信宿命的，当被命运的绳索束缚时，他不会束手就擒、坐以待毙，而是想方设法去挣脱、去反抗。

张大千在17岁那年，曾被土匪绑票在山中待了整整100天，在那100天里有过好几次命系弦上一触即发的危机，最后又神奇般地化险为夷。这次劫难使他对人生有了速成式的成熟认识，让他痛彻心肺般领悟到人生的无常和命运的多变。而在这个无常的人生大海里，真正能驾驭自己命运的舵手也只有靠自己。可是面对"情"字，又怎能不使英雄泪满衣襟啊！

他安慰着杨宛君说："要不，我明天求岳军兄再要一张机票？"话一出口他自己倒先摇头了。"唉，不可能了！岳军兄已经是尽最大的力了……"

杨宛君也无奈地摇了摇头，却更加泪水不止。

张大千一时找不出更好的理由去安慰，他只能使劲儿握了握杨宛君的手，说："放心吧，等我安顿好，就来接你们。"

杨宛君擦了擦泪，突然十分惆怅地问："为什么一定要走呢？我嫁给你这么多年，好像一直都在随你四处漂泊，那一年你被日本人软禁在北平一年多，逃出来后我们先是去青城山，然后去敦煌，现在总算买下房子要安家了，你却又要走了……"

张大千哽咽半天，过了好一会儿才深深地叹了一口气，说："我已是年过半百之人，一生为画画游历漂泊于山水之间，古人常说读万卷书行万里路，这也是一个画家注定的命运……只是连累你们跟我受苦，委实让我心中过意不去啊！"

杨宛君深情地看着张大千，说："不，我一点儿也不后悔，这是我的福分。我只能等着你来接我了，大千，你可一定要回来啊！我等着你……"

杨宛君抽泣着，再也说不出话来，只是把头深深地埋在张大千的怀里，感觉到张大千的胡子正轻柔地摩挲着自己的面颊。这种温存的感觉可真好，可是却可能永远不会再有了。她更加伤心得无法抑制，眼泪把胡子都濡湿了。她听到张大千喃喃地安慰她："这里是我的家啊，我哪能不回来呢？……"

求助张群飞离大陆

位于市郊的成都军校里，此时早已是一片兵败如山倒的狼藉景象。这是国民党政权即将撤离大陆的最后几天，时任西南军政长官的张群，神情严肃得有些僵硬，忙碌得几乎不会笑了。看见张大千进来，眼珠才梦醒般转动得灵活亲切了些。

张大千勉强地笑了一下算打过招呼，随即便不由愁眉紧锁了起来，开门见山地说："岳军兄，我知道你现在公事繁忙，你的副官已把机票给我了，但你在机票上写的'特准携带行李八十公斤'恐怕不够带哩！"

张群忙说："大千，这已经是最大的限度了，实在不行就得另想办法吧！"

张大千焦急地说："那怎么办？这种时候还是得你岳军兄才有办法。我哪里有啥子办法哟！"

张群背过手在屋子里踱了好几圈，思忖了半天，才果断地说："看来只好托别人帮你带走了。你放心吧，这事包在我身上。"

张大千知道张群是个说到做到的人，既已答应，肯定是心里已有谱了。这才放心地与张群告辞，赶回家里。

对于张群的慨然相帮，张大千的心里充满了深深的感激，并且这种感激已不是语言所能详尽表达的。从20世纪二、三十年代末两人认识至今已近十年，张群已经帮过张大千很多次忙了。可以毫不夸张地说如果没有张群，张大千的命运可能会另有变数，所以有人说他是张大千后半生遇到的贵人，这话毫不为过。

张群也是四川人，比张大千大10岁，是国民党元老之一，同蒋介石私交甚笃，并深为蒋所器重。曾任湖北省主席、上海市长和四川省主席等要职。他酷爱收藏，尤其喜欢石涛、八大山人的画。上世纪20年代后期，听说上海有个能把石涛仿得惟妙惟肖的画坛高手叫做张大千的，便托朋友向张求购一幅山水扇面，张大千何等聪明，知道此人的来历后便以石涛的笔意画了一幅山水，张群甚是喜爱。之后又欲求购一幅花卉的扇面，张大千亦有高山流水遇知音之感，索性将精心所绘明代金冬心仿笔相送。从此两人结下了书画缘。

几年后张群调任上海市长，张大千正好蛰居上海，便登门拜访了这位既为同乡又是知音的父母官。随着日后交往渐深，张大千便深有感触

张大千和张群在
台北摩耶精舍共赏梅花

地说："岳军先生从政，我对他政治上的成就倒不是最佩服，但他的为人真了不起！"

而张群对张大千的评价之高则更是出自真情实感。有一次张群在成都宴请张大千和另一位画家董寿平，另有几位国民党军政大员陪坐。席间，当一位官员恭维张群所得政绩可名垂青史时，张群却直率地说："你过奖了，从古以来政坛上的人物辅弼领袖，除非有功于生民，如管仲、诸葛亮可名垂青史，其他人几乎全被遗忘了。可是名画家和名写家如张大千、董寿平，如王羲之、赵孟頫，他们的成就使人百世难忘，我怎能与张董二君相比呢？"

张群因爱慕张大千的过人才华，故以高官身份在权限内尽力帮助张大千。张大千在几次最为棘手的人生关卡时，都是靠张群出面才得以解围。

张大千的另一旧友，曾跟随张群多年并在其麾下担任要职的蔡孟坚，在回忆二张的文章中也写道："岳公与大千以同乡同宗关系结识，当然远在五十年以前，但我只能自民国三十年在兰州与大千相识后（1941年张大千去敦煌时，蔡当时是兰州市市长，并多方关照），就所知而予

张群（左一）等人在张大千临摹的敦煌壁画前细细观赏

述及。当南京武汉弃守，政府迁渝期间，因交通关系，大千无法离开北平，一度被日本宪兵队押讯，岳公在政务百忙中，多方筹计，促其脱险来渝。迨大千利用上海谣传他遇害，友好举行'大千遗作展览'机会，化装逃出北平……"

1943 年 5 月，张大千携带敦煌的临摹作品从西北返川时，归途中又是因为有张群与何应钦的电令手谕，才免遭层层关卡检查，使临摹作品得以完好地保存，否则后果真是不能想象。而刚刚建好的成都西郊的"税牛庵"，也是张群委托自己的弟弟代为选定的。两人友情真同手足般莫逆。

翌日清晨，也就是 1949 年 12 月 6 日，张群派车来接张大千去成都郊区的新津机场。张群把张大千安排在撤退人员专用的军机上，同时携带允许的八十公斤重量的书画行李。而张大千托张群运走的另几大包古书画，则由张群分别托请蒋介石的机要秘书曹圣芳和空军武官夏功权两人，当作他们自己必带的公文运走，所搭乘的飞机竟是蒋介石的专机。

这批古书画都是张大千几十年来倾其所有用无数巨资收购得来，尽属"大风堂"名号下。"大风堂"是他和张善子所起并共享的堂号，由汉高祖刘邦的那句"大风起兮云飞扬"得来。另外明朝有个大画家张大风，是张大千非常欣赏和喜爱的画家，巧的是他的名字中也有"大风"两个字。

"富可敌国，贫无立锥"是张大千好友冯若飞描述张大千书画收藏的两句话。而张大千自己则在此又加上两句："一身是债，满架皆宝。"来说明"家有藏宝我不贫"的收藏喜好。

张大千的收藏目的与一般藏家不同，他并不是一味地为收藏而收藏，而是"玩物而不溺于物者"。每得一名画，他都会悉心研究并仔细临摹，从而在古人墨迹中吸收绘画精髓，将古人画迹作为自己"借古开今"的工具，以完成"不负古人告后人"的使命。比如张大千创作的仿道君皇帝《鹰犬图》、《听琴图》等，真正达到了收藏是为创作的目的，也因此练就一双慧眼。更为典型的是《江堤晚景》这幅画，他至少临摹过四次，仅这张画的前景林木部分，就临摹不下 30 次，可见其超人的勤奋功夫。

"大风堂"的藏品数量多而且精，"前前后后，总有一千件以上"。

所付出的金钱代价更是不计其数，当然藏品也价值连城。这些藏品每一件都有其不平凡的来历，一向被张大千视为生命，以至于"东西南北总相随"。

1944年，张大千在成都举办过一次《大风堂藏古书画展览》，展出所收藏的170件唐、宋、元、明、清等历代名贵书画，同时还出版了《大风堂书画录》，共记载介绍了196件由唐至清的历代名书画，一时令收藏界啧啧惊叹，传为佳话。

张大千既是一代书画大师，同时也是一位大收藏家和大鉴定家，这一点鲜为人知。而就其收藏和鉴定的成就，拿他自己的话说："世尝推吾画为五百年所无。抑知吾之精鉴，足使墨林推诚，清标却步，仪周敛手，虚斋降心，五百年间，又岂有第二人哉！"

这里的墨林是明朝的大收藏家，清标是明末清初的大收藏家，仪周是朝鲜人，大盐商兼收藏家，虚斋是清末至民国的上海著名收藏家。这四人乃是中国最赫赫有名的收藏大家，而一向在画艺上非常自谦的张大千，却认为自己的鉴赏水平能使他们"推诚、却步、敛手、降心"，真乃大家豪情，当仁不让，胜在必得呀！

1959年，台湾出版了一本《故宫名画三百种》，是由台湾行政院政务委员兼外交部部长王世杰从中央、故宫两大博物院的藏品中精选出来的。出版之后非常轰动，被各方公认为是故宫从大陆迁到台湾后最精美、最权威的一本收藏大书。

这本书在日本印刷，当时张大千也正好路过日本，为了先睹为快，急忙从印厂调出来一本。细细翻阅后，张大千特意写了一篇三千多字的书评，对书中所选作品的准确性给予充分的肯定，但同时也指出有十八件作品在年代和作者情况上"小有问题"。为此，让王世杰很是不服气，并写文对张大千的鉴赏水平做了不客气的批评。但他在文章中又不得不承认："……可是尽管如此，大千实亦往往能看出他人所不能看出之点，故得失亦尽可相赏。"

身为收藏家，每件藏品自是来之不易，所以收藏家们也自会将藏品视为生命，走到哪里都不能不带着它们。但同时这些宝贝也会在危难之时帮他们渡过难关。也正是这批古书画，才使张大千日后漂泊海外三十年里得以安家置业，试想，如果这批宝贝真的运不出来的话，那么张大千日后会生活得怎样。难怪有人开玩笑说张大千漂泊的资本是张群给的。如没张群的帮助（指托运国宝出境）张大千早就回来了。真是"成也萧何，败也萧何"！每逢此时，张群总是含笑不语。

总之，张大千和张群一生情同手足，这次解危便可证明。张大千晚年常说："多亏了岳军先生的照顾，否则真不堪想象。"

而张群也时常对别人说："有人以为大千欠我很多人情，其实不确；谁让我是他的同宗长兄。坦率说，我和大千的确情逾骨肉，我对大千的关照、喜爱，超过对自己的亲兄弟。"

这种大海般宽阔无私的胸怀、归根结底是他被张大千的卓越才情所深深地折服，因而才让这段友情超越一切阻隔，愈久弥坚。

飞机伴着巨大的轰鸣声升空了，越飞越高，也越飞越远。

张大千疲惫地坐在飞机里，脑子里乱糟糟的，思绪一片混浊。

他闭上眼睛，想让意识清晰一些，可眼前却掠过一幕一幕景象，想停也停不住。乱世中的离别，人生的悲欢离合酸甜苦辣，他已记不清经历过多少次了，但似乎哪一

为鉴定书画意见不同而几乎翻脸的一对老友。张大千与王世杰（右）

次都没此时这样令他惧怕和担忧。

万千思绪中，他的眼前突然闪过一只孤雁凌空飞翔的影子。天空是苍茫的，云层很厚重，那只孤雁虽显得单薄却仍不停歇地向前飞去，似乎要飞跃这片厚重的云层。

是的，就是那只受伤的大雁，在敦煌时，曾用凌厉的叫声挽留过他……

那还是在敦煌临摹壁画接近尾声的时候，一天黄昏，他沿着河边散步。沙漠中的黄昏晚霞绮丽，既壮观又优美。河边还有一群大雁在水边休憩戏水，样子优闲自在。张大千的情绪也被它们的怡然自得所感染，于是他饶有兴致地盯着它们在水边的芦苇里穿梭，或停下来自得地舞动翅膀。这样过了好一阵儿，天色渐渐暗了下来，那群大雁才翩翩离去。

张大千看着大雁们飞走，也转身想离开，这时却瞥见芦苇丛里竟还蜷缩着一只大雁。咦？他好生奇怪，便轻轻向那只大雁走过去。而那只大雁竟一点儿也不躲闪他，反倒向他发出求助似的痛苦的低低哀叫。

他明白那只大雁是受伤了。

于是他走到近前轻轻抱起了大雁，像抱一个小婴孩儿似的体贴而细腻。原来大雁的一只翅膀受伤了，并且伤得还挺重，血迹斑斑点点地黏在羽毛上。

他把大雁抱回住处后，每天细心地给它涂抹云南白药，并喂它青菜和面饼，这样过了二十几天，大雁的伤不但全好了，并且比以前更健壮了。

张大千重又把它放回水边，亲眼看着那只大雁又回归到雁群中去。

他依旧每天散步，有时隔几天还会遇见雁群和那只伤雁，那只伤雁看到他便会主动飞进他怀里，或在他的肩膀上伫立一会儿。

天气渐渐凉了，离张大千南归回家的日子也不远了。在敦煌的近三年的时光里，应该说是收获甚丰、满载而归了。

张大千的车队因驮载的东西太多而显得沉甸甸的，但却更显得浩浩荡荡，在归途中沉稳而坚实地行驶着。

行驶两日即将出关，远远地，天边急速掠过一只雁影，冲张大千扑面飞来。只见那只大雁异常亲热地用它的长喙啄着张大千的胡须，啄了一遍又一遍，这样过了好一会儿，大雁才像恋恋不舍似的飞离张大千的怀里，向天空奋力飞去。不料在天空中盘旋一会儿后又飞扑下来，然后又再离开。这样反复几次后，才终于挥舞翅膀，哀叫一阵，向远处飞去了！

沙漠依旧苍茫辽阔，平静得似乎从未出现过任何踪影。只有张大千的心像被那只大雁的翅膀拖住，沉沉地下坠着，令他万分惆怅，百感交集。

后来当地人告诉他，大雁此举乃为"长别离"，喻示着此情一别再难重叙！

此刻坐在飞机上的张大千心里仿佛又被那双翅膀拖得下坠，痛得他如万箭钻心。

敦煌可能再也没机会回去了。为寻艺术之梦耗资无数几乎倾家荡产，直到几十年后才还清所欠债务的敦煌之行，谁知最后竟落得个被小人诬蔑"破坏敦煌文物"导致甘肃省政府勒令"限期离开"的罪名和后果。并且背着这个罪名长达几十年，直到现在还被很多不明真相的人误解着、歪曲着。

可以说，敦煌之行是张大千人生乐章中最具华彩和最为激昂的重要一节，对张大千日后的艺术创作也起到了极其关键的作用。对弘扬敦煌艺术及"敦煌学"的发展更做出了极不平凡的贡献。

至今仍有人对张大千当年是如何去的敦煌及临摹背后的真相而疑惑，甚至连张大千好友叶浅予也对此迷惑不解。因为敦煌那个地方太过遥远和太过艰苦。生活之不便连普通人都难以适应，更何况生活讲究酷爱美食的张大千了。但张大千却偏偏似朝圣艺术的信徒般愣是在敦煌扎下根来，并且一待就是两年零七个月，此举实在是令世人有理由除了敬佩外也会有其他的质疑和担心。

解密敦煌往事

位于河西走廊西端的敦煌是中国古代"丝绸之路"的咽喉之地，也是进出中国的第一道关卡。敦煌石窟实际上是敦煌一带石窟的总称，包括敦煌的艺术中心莫高窟、西千佛洞、安西榆林窟、东千佛洞及肃北蒙古族自治县五个庙的石窟等。

莫高窟开凿于前秦建元二年（公元366年），历经北魏、西魏、北周、隋、唐、五代、宋、西夏、元各代，至唐时已有一千多个窟龛，内有壁画和彩塑的洞窟约 492 个，其中彩塑有 2455 身，壁画有四万五千多平方米，还有唐宋所建的木构窟檐五座。是我国现存规模最大，集绘画、雕塑、建筑等为一体的宏伟的艺术宝窟。每个洞窟里的壁画都从天花板到墙角，从北魏时期一直到元朝，一代一代的画法嬗变，清晰可辨，可以说简直是一部生动、详尽的中国美术史，和一座最大的绘画博物馆。敦煌艺术水平之高可想而知。

张大千自己评价敦煌时曾这样说过："在艺术方面的价值，我们可以这样说，敦煌壁画是集东方中古美术之大成，敦煌壁画代表了北魏至元一千年来我们中国美术的发展史。换言之，也可以说是佛教文明的最高峰……我们的敦煌壁画早于欧洲的文艺复兴约有一千年，而现代发现尚属相当的完整，这也可说是人类文化的奇迹……我认为其历史考证之价值，重过艺术之欣赏！盖敦煌文化，不令为中国文化，且为世界文化！"

张大千最早是从曾农髯、李瑞清两位老师那里知道敦煌的，说那里有难得一见的佛经和唐像等，并告诉张大千有机会一定去那里见识一下。那时大家还不知道敦煌有那么多更有价值、更加炫目的壁画。所以张大千向往敦煌已久。在苏州网师园居住期间，他与著名美术教育家叶恭绰住前后院，几年间与叶交往成为挚友，叶也常常对张提起敦煌。他的理论是："一个治学的人必须知道中国的文化，是发源于黄河两岸，一个人如不沿河静观，不到西北那边去走走，胸襟就不会扩大，学问也不得成功。总待在江南是不行的。"

他神色郑重地对张大千说："从明朝到清朝这五百年间，我国的人物画在衰退。我国人物画的顶峰是在唐朝，宋朝时还有李龙眠，到了元朝有赵子昂，明朝有唐伯虎、仇十州等人，明朝末年还出了一个陈老莲，而到了清朝就后继无人了。所以你应该好好研究一下唐宋六朝人的画。"

张大千就问："我也曾听曾、李两位恩师说过这个道理，只是这唐宋六朝人的画，该去哪里找呢？"

叶恭绰沉吟片刻说："所以我刚才劝你应把黄河走完，看看中原的伟大，那些地方一定会有许多建筑、雕塑等，会对你有益。不管你是坐车、骑马还是走路，都一定要沿着黄河走一趟，有困难我们这些朋友会帮你。你不要以为在绘画上古人是英雄，我们就不是。只要你肯用功，你就是英雄。并不是只有天生的异人才能当英雄，你也可以做。并且我相信以你的才华将来必有不可限量甚至超越古人的那一天！"

张大千听后深受鼓舞，应该说曾农髯、李瑞清、叶恭绰这三位前辈的话，对他下决心去敦煌起了很大的作用。而他对叶恭绰的为人尤其敬重，因为他们之间还发生过一个感人的故事，让张大千深感叶恭绰的真诚和重义，并且这个故事也在画坛上传为佳话。

原来张大千二十多岁初来上海时，曾喜欢玩一种在文人间很盛行的赌博游戏，即"诗钟博戏"，也就是打诗谜、打诗条。年轻的大千深深地迷陷其中，不仅赌输了很多钱，甚至还把家里祖传的一件碑帖《王右军曹娥碑》给输掉了。这可是件极其珍贵的碑帖啊，尤其是 20 世纪 20 年代的民国时期碑帖非常走俏，因此也索价颇高。这件祖传的珍品输掉后，张大千难过极了，也就突然顿悟并从此戒赌了。这件令他伤心和万分后悔的往事随着他的戒赌而渐渐被淡忘，转眼过去了十年光景。这一年张太夫人曾友贞病危，张大千日夜守候在母亲的身旁。

偏巧有一天老人家忽然向张大千问起曹娥碑来，并说要看一看。张大千登时惊起一身冷汗，谎称把碑放在网师园里了。于是曾老太叮嘱他一定回苏州取回来让她看一眼，否则她心里惦念，会走得不安心的。

回到网师园后，他一筹莫展，二哥张善子早就为赌博输碑之事责备过他多次，此时也无计可施，只有相对叹气。正在这时叶恭绰来访。

叶恭绰以前曾先后任过北洋政府的交通总长和孙中山的大本营财政部长，但由于为人清正，不喜欢政务活动，所以 40 岁之后干脆弃政从文，专心从事文化艺术教育工作，闲来喜欢画画，尤其画竹很拿手。张氏昆仲能搬来网师园居住，还得益于他的帮忙哩！

叶恭绰进得门来，看见兄弟俩愁眉苦脸，似有非常苦恼的心事，不禁问其究竟。谁知听后他竟指指自己的鼻尖说："这件事嘛，好办！因为这件宝贝就在区区这里。"

张大千一听惊喜得眼泪当即流了出来，赶紧说："我知道誉虎（叶的字号）先生一向视文物为珍藏，是不会再卖的，小弟我只想借来让病榻上的老母看一眼就行，然后即刻归还，不知可否？"

与二哥张善子在网师园内赏画

张大千和子侄张心智、张心玉与当地喇嘛摄于敦煌莫高窟第44窟前。其中喇嘛受张大千聘雇制作颜料，这是藏传画师特有的一种工艺

谁知叶恭绰听后朗声说："这是什么话，我虽一生爱好珍藏，却从不巧取豪夺，玩物而丧志。既是你祖传之物，太夫人又病危之中想看一眼，我理当完璧归赵，哪有要钱之理！"随后取来曹娥碑交给张大千，把兄弟俩感动得双双跪下，叩头致谢。拿回去给太夫人看过之后，太夫人这才安然逝去。

话说回来，如果不是抗战的爆发，张大千可能会更早些时间去敦煌。但去敦煌又谈何容易，交通不便且又物资奇缺，除了成都到兰州这一小段路途可以搭乘飞机外，再往西行，就得全靠货运卡车之类交通工具来行走漫漫长路，路过沙漠地带就只能骑马或骆驼风餐露宿了。沿途的治安也很危险，常有土匪强盗出没。并且河西走廊这一带属马家军马步青部队管辖，不经他的许可，谁都休想踏入敦煌一步。

最后又是得助于张群的关照。张群出面命其部下鲁大昌、蔡孟坚等人帮忙，蔡孟坚时任兰州市市长，而兰州当时是国民党第八战区东陆总指挥鲁大昌的辖区。

"准备赴敦煌的用具和行李就有五百斤。从成都飞到兰州，兰州再进去，自永登起就是马家军的防区了，地方情况特殊，由鲁大昌先生代我致电马步青旅长，说明我要去敦煌的目的，敦煌附近常有哈萨克流寇出没劫杀行旅，请求马旅长保护。马

旅长回电欢迎我去凉州住，由鲁大昌派车护送过去，再由马步青派骑兵一连护送我入敦煌。"（引自张大千的《我与敦煌》一文）

有趣的是，当风尘仆仆的张大千出现在前来迎接的马步青面前时，让马步青大为惊讶与愕然。大名鼎鼎的张大千原来就是这样一位身材矮小、胡子邋遢、穿着一件土里土气的驼毛大袍的小老头。马步青当时就不禁乐了，甚至很粗鲁地和张大千开起玩笑，戏称张就像是他老家合州东乡卖鸡蛋的农夫。马步青的傲慢气势登时把张大千的自尊心刺伤了，张大千二话不说，当即叫马步青的副官取出纸墨，在地上飞快写出一首诗来送给了马步青。马步青先一见纸上的字便立刻肃然起敬起来，再一看写的那首诗："野服裁成驼褐新，阔袍大袖成闲身，无端更被将军笑，唤做东乡卖蛋人。"

马步青立刻惭愧地拱手道歉。当时在旁的还有蔡孟坚，这一幕给蔡留下了极为深刻的印象，从此也对大千的才华和为人终生仰慕和敬佩。

待到进入莫高窟内一看，张大千登时惊呆，他万没想到这里有这么多的壁画，于是，原订两三个月的计划不得不延长，带的学生助手也明显不够，画具也得重新大大补充。当然最重要的是经费，必须重新筹措！但所有的困难在瑰丽璀璨的敦煌壁画面前，都显得那么渺小，张大千一阵狂喜后，暗下决心一定留下大干一场，并在所不惜。

张大千对跟随的儿子心智感叹道："怪不得古人说：'一出嘉峪关，两眼泪不干。前看戈壁滩，后望鬼门关。'可我们的先辈们竟在这么荒凉的戈壁荒滩上修建出这么雄伟壮观的建筑，创造出这么令人称奇的壁画，这里的每一件作品都可以称得上是世界独一无二的艺术瑰宝，这里简直是个奇迹！可以想象古人们比我们花费的心血要多得多，他们才是最了不起的无名英雄啊！我们要像唐僧取经一样，好好在这里向先人们学习，磨炼意志，老待在家里不吃苦是不能成大器的，更何况我们吃的苦比起唐僧师徒来还差得远哩！比起这些画壁画的古人们更差得远哩！"

由于要完全按原壁画的尺寸丝毫不差地临摹下来，所以画布必须得重新拼接缝制。这种缝制画布可不是普通的缝法，是青海寺庙里的高僧们秘不外传的一种特殊技法。

经马步青介绍，张大千赶去青海拜会马步青的兄弟、青海省政府主席马步芳。因青海省有规定，本地喇嘛是不准许出省的。经马步芳的特批，张大千从西宁的塔尔寺特聘请五位喇嘛、也是著名的藏族画师，然后返回敦煌帮助缝制画布和调配颜料。

这种缝布技艺工序繁琐精细，要用羊毛、生石膏、鹅卵石等材料熬胶，缝好之后，还要加工打磨，正面缝六次、反面磨三次，缝好之后的画布才能保证永不脱落变形。这种技法据说是从唐朝时流传下来，但现在只有这些喇嘛才会，内地早已失传。

在塔尔寺和其他寺院里，张大千还购买了数以百斤的石青、石绿、朱砂等矿质颜料。每斤约三十至四十银元，价格虽昂贵些，但这些矿质颜料的色泽会经年不褪。

所有的工作都准备完毕后，艰苦卓绝的临摹工作开始了：

首先是要用蜡纸把图案勾描下来，但又不能黏到壁画上去描，以免破坏到这些壁画表面，于是只好两个学生站在架子上悬空提纸，再由张大千去描。稿子描下来后要拓到画布上，然后再对着壁画看一笔画一笔。一张小画可以几天完成，而一张大尺寸的壁画临摹下来，就得花一两个月时间。

随行的张大千之子心智在回忆那段日子时曾感慨地写道："特别是临摹巨大整幅壁画的上面部分时，一手要提着煤油马灯，一手要拿着画笔爬在梯子上，上下仔细观看着壁画，看清一点，就在画布上画一点。一天上下得爬多少次梯子，就很难统计了。我当时胆子小，每当爬到最高处时（距地面 3 米左右或更高一点），两条腿不由得就发抖……而当临摹到壁画的底部时，还得铺着羊毛毡或油布趴在地上勾线、着色，不到一个小时，脖子和手臂就酸得抬不起来，只得站起来休息片刻再继续临摹。"

张大千的学生刘力上也记录道："每日清晨入洞，从事勾摹、藉暮始归，书有未完，夜以继之。工作姿态不一，或立、或坐、或居梯上、或卧地下，因地制宜。惟仰勾极苦，隆冬之际，勾不行时，气喘汗出，头目晕眩，手足摇颤。力不能支，犹不敢告退，因吾师工作，较吾辈尤为勤苦，尚孜孜探讨，不厌不倦，洵足为我辈轨范。"

张大千在石窟内临摹壁画

　　的确，比起学生和助手们的工作，张大千的工作和劳累强度当然更大，但即使是在如此艰苦恶劣的工作条件和生活环境中，大家却心甘情愿、无怨无悔。因为在敦煌奇丽伟大的艺术世界里，受此"徒刑"是值得的，它会给每个人回赠以巨大的收获。

　　乐观的张大千很善于苦中作乐，有时会把留声机搬到洞口给大家听，以解疲乏。他是个戏迷，几乎什么戏曲都喜欢，但最爱的是京剧。为此他带来许多京剧名角的唱片，梅兰芳、程砚秋、马连良、谭鑫培、孟小冬等。又因敦煌地处沙漠地带，缺乏蔬菜，有时他会一边散步一边留心哪儿会生有野菜、野蘑菇。后来他在一片杨树根下居然找到了一种野生蘑菇，并在7月份这一个月中，每天都可采摘到一盘，味道还不错，给大家在枯燥的日子中增添了一些乐趣。

　　临离开敦煌时，张大千还特意画了一幅野蘑菇生长地点的"秘密地图"，送给后来任敦煌艺术研究所所长的常书鸿。在地图上，张大千详细地标明了这些野蘑菇的采摘路线和采摘时间，还注明哪一处的野蘑菇长得最好和最好吃，让常书鸿非常感动："这张图无疑是'雪中送炭'，

敦煌临摹壁画期间，张大千（中）身着民族服装与当地人合影

可以说是张大千留给敦煌工作人员的另一个'宝'。"

常书鸿是在 1943 年夏天张大千已要离开敦煌时前来到任的，这个早年留法的油画家，怀着执着的开拓精神在敦煌一扎根便是几十年，为敦煌学的发展和研究倾注了毕生的精力和心血。而这个"敦煌艺术研究所"的创立又与张大千的呼吁和努力有着直接关联。

原来张大千来到敦煌后，深感敦煌这样一座举世难觅的艺术宝窟被长期埋没在沙漠中，由于不被政府重视和保护，已导致大量瑰宝被外寇盗走和流失。如再不采取措施妥善管理的话，势必一座宝窟除了壁画无法盗走外，其他能拿走的都会因洗劫一空而变成空壳。如果不把这些壁画好好修复一下，几千年来凝结成的艺术精华也将被逐渐消退和毁灭。于是趁他的好友、国民党监察院院长于右任来西北视察、特来敦煌看望他之际，他像一位熟练的"导游"，一边领着于右任在各个洞窟里参观，一边用他丰厚的学识向于右任讲解着敦煌的历史与现状，以及应该怎样着手保护的相关措施。

当于右任看到张大千艰苦的临摹工作状况和知道来此工作全是张大千自费时，不禁由衷地感动和震撼了。一路上他不住地点着头，不住地重复说着几句话："做得好，做得好，功德无量啊！大千，你真是太了不起了，你做的是一件利国利民利子孙万代的大好事。政府是应该出些钱修缮敦煌的。"

张大千则无奈地摇了摇头说："多谢您的美意，我到敦煌是自愿的，临摹这些壁画和宣传它们是我作为画家的责任。现在是抗战期间，哪有伸手管政府要钱的道理。我二哥善子为了国家命运，出洋去宣传抗战；自己省吃俭用把筹来的二十多万美金全捐给国家，自己却积劳成疾过世……"他的眼圈红了，停了片刻，又接着说："右老，我个人无所求，只希望政府能把敦煌好好修缮一下，否则这样一座世界上独一无二的伟大宝窟要是再不被重视，真要愧对子孙万代了！"

于是就如何维修、保护和研究等工作，张大千向于右任细致地提出了自己的建议，而当务之急就是得成立一个专门机构，使莫高窟先得到妥善的管理。

于右任听后非常激动，大声说："好哇，你的建议太好了，设计得也非常周到。按你说的把管理、保护、研究和教学联系在一体，我看应该叫'敦煌艺术学院'，你看如何？而这个院长职务我看也非你莫属了。"

张大千连忙摇头推辞，说："右老您不是不了解我，我是四海漂泊之人，哪里能坐得住？还是另请高明罢！"

于是在张大千、于右任等一批关注敦煌的有识之士们奋力呼吁下，国民党政府成立了敦煌艺术研究所，并由教育部委派常书鸿出任所长。常书鸿来到敦煌后，亲眼目睹了张大千的工作和生活状况，深受感动和鼓舞。在如何保护敦煌的许多问题上，他都虚心向张大千请教，并都能达成一致，因此也和张结成好友。

张大千离开敦煌时，把近三年来研究调查的资料成果送给常书鸿，这些资料成为敦煌艺术研究所的重要研究基础。

那么，既然张大千在敦煌的工作和为其所做的贡献如此之巨大，不但有目共睹，而且感召了一大批因看过张大千的临摹壁画，而被敦煌艺术所吸引并投奔而来的艺术人才，使敦煌艺术被广泛地认知和了解；为什么几十年来他还会被很多世人误解，担负了"破坏敦煌"的恶名呢？

原来古人建窟目的本是为了表达自己对宗教的信仰和虔诚，因此在洞窟内作画以传达供养许愿者之心声。但建窟并非几日可成，而是要花费十几年，甚至几十年时间才能修建完成。因此就有人投机取巧，干脆把先人建好的洞窟据为己有，把原有壁画毁掉后，在表面涂抹上一层新的泥壁，再在其新壁上重新绘画，题上自己的名字和心愿，以达到向佛祖许愿的目的。

这样几百年过去，就形成一个洞窟里的壁画竟有了好几层。张大千在一次无意中发现了这个秘密，因为外层的坏泥皮早已脱落得斑驳不堪，要想看见里面的精美壁画，必得先把外层剥落。于是，在陪于右任参观时，一行人一起把外层表皮给清除掉了。对于发现画内有画和清除外层露出内里，张大千是欣喜万分，他觉得这是一个前所未有的重大发现，是对敦煌艺术的研究又做了一个贡献。

当时被张大千召去也在敦煌参与临摹工作的画家谢稚柳后来也说："要是你当时也在敦煌，你也会同意打掉的。既然外层是已经剥落得无貌可辨，又肯定内层还有壁画，为什么不把外层打掉了，来揭出内层的精华呢？！"甚至当时刚刚成立的敦煌研究所也曾采用此法，在几个壁画残损的石窟内，剥出了数幅唐代壁画精品。

但意想不到的是，"适有外来之游客，欲求大千画未得，遂向兰州某通讯，指称大千先生有任意剥落壁画，挖掘古画之嫌，一时人言啧啧，是非莫辨……"（引自时任敦煌艺术研究所副所长的窦景椿在《张大千先生与敦煌》一文）

公正地说，这种做法如果发生在现在，的确是毁坏了一些外层的壁画。但在当时还不具备相应的科学技术来保存和整理的情况下，这些遗憾在所难免。

著名学者余秋雨很客观地阐释说："张大千剥损壁画的行为，恐怕和当时缺乏文物保护意识有关。因此，对一个人的评价不能脱离具体的时代环境。"

但让张大千惹出是非的真正原因却是因得罪小人而起，真是应了中国的那句古话：一口唾沫也能淹死人。原来张大千在敦煌的几年间，蒙当地各方照顾，出于感谢，白天辛苦工作一天后，晚上为了给求画者作画只有牺牲休息时间挑灯夜战，对所有的求画者都是尽力有求必应。

有一次路过酒泉时，一位曹姓专员因嫌张大千的赠画篇幅太小，第二天竟又拿给张大千让再"多添几笔"。画上原是一只小鸟伫立在一块秀丽的石头上，本是很有情致的，曹某的要求分明是不懂艺术的外行，索画不是附风雅，就是出于其他目的，因此张大千没加理会。哪知曹某继续纠缠，气得张大千索性一把将画撕毁。这下可得罪了这个曹大专员，他依仗自己是时任甘肃省主席谷正伦的门生，叫嚣着一定把张大千"这个画画的"赶出敦煌。

果然好几个罪名便在以后的日子中接踵而至，什么"敦煌盗宝、破坏壁画"等等。真可谓"盛名所至，谤亦随之"。张大千一腔苦心却受到如此伤害。起初他并不在乎，想着清者自清，岂能因小人逸言耽误大事，没想到很快甘肃省主席谷正伦就亲自发来了驱逐电报，虽未直接限定张离开敦煌的日期，但口气已很不客气了："张君大千，久留敦煌，中央各方，颇有烦言。敕告张君大千，对于壁画，勿稍污损，免滋误会。"

此事一传出，全国舆论哗然，一时间各种说法甚嚣尘上。张大千的好友、著名书法家和诗人沈尹默作了一首诗替张大千辩白："三年面壁信堂堂，万里归来须带霜；薏苡明珠谁管得，且安笔砚写敦煌。""薏苡明珠"是古人专用来比喻蒙冤受屈之人的典故。

虽然1949年的3月，甘肃省参政会上已经对控告张大千"破坏敦煌壁画"一案做出最后结论："……张大千在千佛洞，并无毁损壁画情事。"可谷正伦等人出于私怨，竟把这个如此重要的定论严加"保密，不予公开"，使之沉入浩瀚的历史档案中，并随着1949年8月兰州的解放，和甘肃省国民党参政会的解体而彻底石沉大海（后经四川学者、张大千研究专家李永翘先生耗费几年精力，辛苦查找出当年裁决书的原件，才使张大千"敦煌破坏壁画"之谜在几十年后终于大白）。

远在海外的徐雯波女士老泪纵流："这张纸（指裁决书）我和大千都没见过，只是听说。他（张大千）对此一直耿耿于怀，最终没能回大陆，除了担心生活不适外，这是最主要的原因之一。可惜他人已永远地走了……"

离开敦煌时张大千的无奈之态

也许我们不能太多地责怪历史在某一时刻的如此不公正，因为还原真相需要时间，需要追求真理的人去寻觅。无论任何时代，出于当事人的卑鄙和私心让好人蒙冤的事还少吗？

别了，故土和亲人，"两情若是长久时，又岂在朝朝暮暮"！

此时的张大千，随着乘坐的飞机在云层中穿过，觉得自己真如同那只戈壁滩上的孤雁。

长别离、长别离——他也在轻轻喃着，但只有他自己听得见心底的低吟。

春愁怎画·乞食人间尚未归

独往深山远·暂居印度大吉岭

印度——这个古老而神秘的东方古国，以它独特的民族风韵，一下子就把张大千深深地吸引了。

那神奇的印度舞蹈，腰骨和手指的动作是那么灵活那么优美，尤其再配上印度特有的服装"纱丽"（音译，印度妇女所穿的裙子），真是飘飘欲仙啊。

张大千惊叹于纱丽这种古老的服饰，只是一块纱样的布，可搭在印度女子的肩上却能变化成如此美妙的裙子，他觉得"天衣无缝"这个词，一定就是用来形容这种服饰的。

他还喜欢看印度女人头发挽的那个发髻，从发髻上悬下一小块装饰用的金银牌，小牌子正好垂掉在额头上，轻轻晃动时的神态，配上一双会说话般的大眼睛，真是说不出的迷人。

而印度女人这种衣袂漫飘、轻盈舞姿又像极了敦煌壁画中的"飞天"形象，怪不得那些史学家们固执地认定敦煌壁画是模仿印度壁画所来，当时苦无证据驳倒他们，现在正好趁来印度好好考察一番。

1950年春，"张大千画展"在印度首都新德里如期举办。

张大千1950年在印度新德里举办画展时印刷精美的请柬

这也是张大千第一次走出国门，在外国举办画展。

飞离大陆后，张大千并没有急于定身台湾，因为当时的台湾被国民党政权统辖后，马上制定了对大陆的"三不政策"，即"不接触、不谈判、不妥协"，这就等于彻底地封锁了台湾和大陆之间的任何联系。

这个政策对喜欢自由出行的张大千来说自然不利，他当然不想受这种制度的强行束缚。他不愿意因此而失去再看见家人的机会，所以在台湾短暂停留后又来到政治气氛相对宽松自由些的香港，然后转而来到印度。

香港虽然比台湾相对自由些，可由于大批内地难民的涌入，也使这个小小海岛拥挤不堪，加上语言上流通的是粤语和英语，给张大千的生活和交往带来了诸多不便。除了喜欢吃粤菜，张大千对这里并不满意，因此香港也不是他考虑的定居之地。

张大千一生行事，向以艺术为中心，以艺术为方向，并不做预先周密的安排和设计，而是兴致所到，信手拈来。完全是天马行空、惟逐艺术而居的大艺术家个性。

画展在印度举办了一个多月，取得巨大成功后，张大千偕徐雯波信心十足地去了向往已久的印度著名佛教石窟阿旃陀石窟。他相信自己对敦煌壁画的起源是来自于中国人自己的判断一定是正确的。如果把这个谜团解开，那么自己对敦煌的历史和艺术又有了新的贡献。他愿意做这样的贡献，甚至不惜代价。

阿旃陀石窟据传开凿于公元前2世纪，前后历时约一千年的时间，现存有29窟。石窟艺术分为建筑、雕刻和壁画三部分，其中以壁画最为世界所瞩目，也是印度古代壁画的重要标志。尤其是晚期的壁画比前期更臻完美，无论是构图、线条还是色调，都达到了印度古绘画艺术的极致。

阿旃陀石窟里的壁画内容多是宗教题材，但也有一些现实生活题材，有各种生活场景的描绘，从中可反映出印度社会当时的经济状况。壁画上的人物均刻画生动，有着印度深厚的美学传统和思想，不仅对印度本国的美术发展产生巨大作用，也对东方佛教所传播的各个国家和地区，有着深远影响。

应该说，它也像中国的敦煌艺术一样，是国之精华与瑰宝，同样震撼着每一个对艺术顶礼膜拜的虔诚艺徒。

张大千在石窟中流连忘返，一连待了三个多月。他认真地考察研究着，并临摹了一些重要作品。经过反复比较和推敲，他终于得出了有力的论证，来说服那些史学家的观点：

"自己原先的见解是正确的，敦煌的艺术是我们中国人自己的。我所持的最大理由，是六朝时代在敦煌留下的绘画透视法，是从四面

徐雯波和女儿在印度新德里

八方下笔的，而印度的画法甚至包括西洋的画法，他们的透视法仅是单方面的；何况敦煌显示的人物、风格和习惯，都是我国传统的表现；再说印度与敦煌壁画的工具，也有不同。举例来说，敦煌壁画之佛经故事，所绘佛降生传中的印度帝王与后妃等，亦着中国衣冠，画中的宝塔，也是重楼式的中国塔。这是我赴印度印证的一大收获。"

　　这个收获的确是巨大的，可说是为敦煌学揭了一个重大的艺术起源的谜团。

　　从阿旃陀石窟考察出来后，张大千和徐雯波又去了印度的菩提伽耶等佛教圣地旅游。此时已是 5 月，天气热得出奇，他们行到了印度北境与尼泊尔交界的一个山城——大吉岭。

　　谁知一进入大吉岭，张大千顿感燥热退去，清爽宜人，浑身舒畅起来。于是他对徐雯波说："暂时住在这里好了，就当避暑吧。"徐雯波此时已有孕在身，正感辛苦奔波不适，也觉此地风光秀丽，正好歇下养身。

　　这个大吉岭因海拔很高，约 2250 公尺，所以气候适中，成为印度著名的避暑胜地。它位于喜马拉雅山的南麓，原是英国人种植茶叶的地区，夏季时常因多雨而凉快。能来此地避暑的人多为英国和印度的贵族们。

　　张大千感慨此地："为东亚避暑名区，与我之庐山并雄于世，雪山在其东南，皑皑照人眉宇，倘登虎峰，所称世界之第一高山喜马拉雅之埃弗勒斯峰，可以平揖，真伟观也。"

　　喜爱之情，油然可见。于是租房住下，还养了几只印度猿猴。

　　张大千在这里每日登山赏景，回来便画画作诗，倒很有几分隐居世外桃源的味道。

　　可过了一段时间之后，寂寞和思乡之情加重，烦恼也就接踵而至了。当地只有几十户华侨，并都没什么来往。最重要的是经济拮据，让张大千开始忧心忡忡。有一天在山上散步时还不慎摔了一跤，把一条腿给摔骨折了。养伤期间，更令他烦躁。

　　他总问徐雯波："家里有信来吗？"

　　徐雯波嗔道："来了信能不告诉你吗？"

　　张大千躺在床上叹气说："是呀，隔得太远了。"

沉默了片刻，张大千有感而发做出了一首诗：

> 万重山隔衡阳远，
> 望断遥天雁字难。
> 总说平安是家信，
> 信来从未说平安。

哪知刚一念完，徐雯波那边就已嘤嘤哭了起来。

张大千不由又叹道："看来此地也非久留之处啊……"

11月份的时候，因为徐雯波马上要临产，张大千便偕其来到香港待产，12月，徐雯波在香港生下一个儿子，取名心印。为纪念这段印度生活之意。

1951年年初，他们又返回大吉岭，张大千把满腹的思乡之情都倾注在绘画上，又做出了好多满怀浓郁思念的好诗来。如：

> 穷年兀兀有霜髭，
> 痴画淫书老复痴。
> 一事自嗤还自喜，
> 断炊未废苦吟诗。

再如：

> 故山猿鹤苦相猜，
> 甘作江湖一废材。

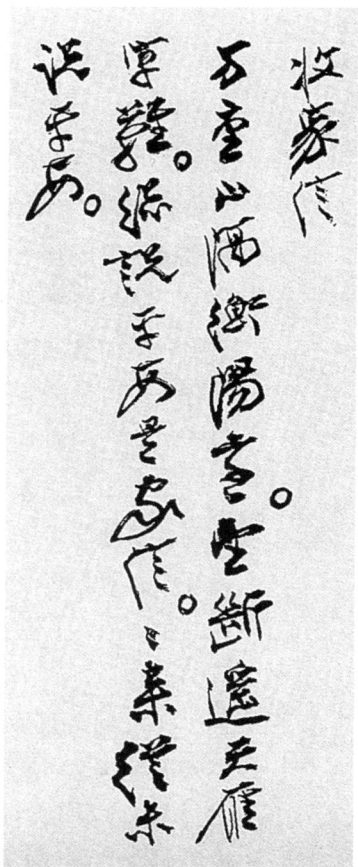

张大千在大吉岭时的诗作：《收家信》

亭上黄茅吹已尽，

饱风饱雨未归来。

虽因思乡思念亲人愁肠百转，但张大千仍态度鲜明地表露出绝不回大陆。因为此时大陆已开始掀起政治运动的序幕。最先是土改运动，接着是镇压肃反。土改就是给农民划分阶级，分成地主、富农和贫农三个等级。地主属于剥削阶级，当然要被消灭。张大千的亲属中就有被当成地主分子而遭到镇压的人。政治运动愈演愈烈，但老百姓的生活却越过越穷，更可怕的是，竟有无产阶级"越穷越光荣"的说法，似乎只有越穷才越能证明对革命的忠诚和坚定。

张大千虽然人不在国内，但他以往的生活方式，还是受到了谴责和批判，说他与劳动人民群众生活朴素的作风相差悬殊，比如种花养猴、喜好美食等，都是旧社会遗留下来的奢靡腐朽的生活方式。这种过于讲究的生活方式，在社会主义的新中国里显然是遭到唾弃并被视为应该改造的对象。

涉及到文艺界的政治运动也是在 1951 年里。中共中央发布了文艺界开展整风学习和在各大专院校开展思想改造的决定。

美术界也要以服务于政治为指导方针。

"文艺整风"落实到美术学校，是针对绘画中的形式主义。

徐悲鸿时任中央美术学院院长。

徐悲鸿在一次向全美院的师生们讲话时，旗帜鲜明地说出了"自然主义是懒汉，应该打倒，而形式主义是恶棍，必须消灭"的整风方向。在总结建国一年来所取得的新成就的一篇文章中，又说："以往流行的形式主义和我国原有的陈腐恶劣的末流文人画，在新的文艺政策和方针下都销声匿迹，不打自倒"，"这是我和一部分搞美术的朋友与之斗争了三十年不能得到的结果"。

政治风云的掀起，给美术界带来严重的危害，国画首当其冲遭到抨击，理由是国画中的山水、花鸟、仕女等，不能在社会主义时期为工农兵服务。

徐悲鸿和张大千都是中国美术史上成就显著的艺术大师，也是年纪相仿的一对好友。两个人在艺术上相互欣赏和推崇，徐悲鸿曾赞张大千是"五百年来一大千"和"自仇十洲之后，中国画家第一人"。他尤其喜爱张大千的山水、花鸟画。张大千也以"画功扎实，手法奔放，擅长构图，画贯中西"赞誉徐悲鸿是"最具前途和不可多得"的中国画坛大师。

1933 年 1 月，当时的国家教育部筹办中国画赴欧洲巡展，筹备会主席是蔡元培，副主席是叶恭绰，徐悲鸿、刘海粟、陈树人为筹备会的常委，所征集到可以展现中国艺术最高水平的作品二百余幅。先后在法国巴黎、比利时布鲁塞尔、英国伦敦、意大利米兰、德国柏林和苏联的莫斯科、列宁格勒共七个城市中展出，强烈地震撼了世界画坛。张大千的一幅《金荷》被法国政府选购，另一幅《江南景色》被苏联政府购藏。

1936 年徐悲鸿在《中国今日之名画家》一文中曾对张大千评价："大千潇洒，富于才思，未尝见其怒骂，但嬉笑已成文章，山水能尽南北之变（非反指宗派，乃指造化本身），写莲花尤有会心，倘能舍弃浅降，便益见本家面目。近作花鸟，多系写生，神韵秀丽，欲与宋人争席。夫能山水、人物、花鸟，俱卓然自立，虽欲不号之曰大家，其可得乎？"并在主持美术学院的工作期间，多次聘请张大千担任中国画教授。而张大千对徐悲鸿能够画贯中西，将油画的长处融化到中国画中也甚表钦佩。

但不可否认，张大千和徐悲鸿虽在艺术之路上能相互喜爱，越走越近，但在人生道路的选择和目标上，却有着很大的不同。

张大千是典型的古代文人画家的活法：纵情山水，充分地创造和享受每一处的美好情致。虽对各式人物都能应付自如，并深谙处世之道，使自己生前便享有如雷盛名，但其所遵循的处世之法，还是秉承中国传统的儒家修养，从不过问政治，这一点和徐悲鸿有极大不同。

徐悲鸿是个有政治抱负的艺术家，时刻贴近时代的脉搏，关心时代的命运，作品主题也是紧紧围绕时代的需要而创作。作品中有较鲜明的时代寓意。而张大千在艺术表现上则绝对是一个唯美主义者，他的画完全脱离现实时代的影子，是标准的中国文人画。

中国的文人画讲究要在画好的画上面题诗，从题诗上再流露出诗的文采和书法的功夫，所谓"诗、书、画"三绝，三者缺一不可。张大千早年师承当时最著名的书法家曾农髯和李瑞清两位先生，学得师风的同时，甚至青出于蓝，逐步形成了具有个人特色的"张大千体"。而作诗则好到"他的诗，造诣之高，恐怕许多诗人都要让他三分"（著名文学家刘太希语）。

自古道文人相轻，中国的文艺界自始至终都存在着派系斗争、人际关系之间的倾轧和各种恩怨纠葛，这些问题一直都很棘手，虽然周恩来在当时一再呼吁美术界要加强团结，可由于历来的流派渊源实在太深，不是短时间可以解决得了的。

在徐悲鸿和一些画家之间也多少存在着这类问题。著名的旅法画家潘玉良和徐悲鸿曾是中央大学的同事，但因艺术观点及门派对立，一直存有很大的矛盾。因此，解放后国内虽多次邀请潘玉良回国，但都被她拒绝。她曾私下对朋友说过，只要徐悲鸿当权她就不会回国。

1953年，第二次文学艺术工作者代表大会在北京召开，徐悲鸿在大会期间突发脑溢血病逝。中国另一大画家刘海粟曾发表诚挚的悼文，说徐的去世是中国美术界的一大损失。而对于刘海粟和徐悲鸿三十年代的那场无人不知、彼此间大有仇人之见的"论战"，美术界却也从此一字不提了。

薄心畲曾在张大千照片上有感题字："滔滔四海风尘日，宇宙难容一大千"

新中国成立后，徐悲鸿在美术界威望很高，而与他曾有芥蒂的刘海粟甚至连文代会都没资格参加。徐悲鸿去世后，国内朋友再邀潘玉良回国时，潘玉良犹豫了，但不久因中国的"反右"运动开始，当潘玉良得知刘海粟、吴冠中等画家都被打成"右派"送去劳改的消息后，便彻底打消了回国的念头，直到1977年7月22日魂散巴黎。

随着文艺整风运动的进一步深入，中国画作为最传统的画种，竟被当成"糟粕"越来越多地遭到质疑，甚至批判。主要原因是国画内容中表现的"才子佳人"不能为人民服务，更不能像"投枪和匕首"那样适应新时代的斗争要求。时任中央美院党委书记的江丰，便持有此观点。这位来自延安的资深革命家，固执地坚持着现实主义的美术思想原则，以保卫革命文艺的阵地。因此，当时国画界已没有人再画风景、花鸟等传统题材，因为不能为现实的政治服务。后来直到时任文化部副部长的周扬在公开场合说了：风景画有益无害，可以画；国画家们才又接着画起来。

新中国当时最推崇的艺术大师，是俄罗斯19世纪著名的写实画家列宾，因为苏联是社会主义国家，所以，当时的中国发展都以苏联经验为模式。列宾的创作便是以现实主义的创作手法，表现劳动人民的生活，这与当时的新中国国情无疑是非常合拍的，他在中国宣传最广泛的一幅画是《纤夫》，当时的小学课本中就有。虽然在艺术史上列宾的成就远不及凡·高、毕加索、高更等同时期的画家，但在中国当时的美术界，却给予了列宾最高地位，名气大大超过其他国外艺术大师。甚至在读的美术院校的学生，都可能不知道也不了解诸如凡·高、马蒂斯等其他国外画家。中国的绘画要表现阶级斗争，画家必须先读懂马列主义。

中国国内的这种特殊形势，势必导致中国画在国际市场上的不景气。此时张大千停滞在大吉岭"卖画卖不掉，借钱无处借"，真觉得到了非走不可的地步。

1951年7月时，大吉岭又发生了一场地震，让张大千一家深感处境的困危。

同年印度与新中国正式建交。国民党驻印度大使罗家伦在大使馆降下中华民国国旗后，黯然撤回台湾。

张大千也只好偕家人于当年8月中旬彻底离开印度，又暂到香港落脚。

在香港期间，张大千又举办了一次画展，所展均是他在大吉岭期间的新作。因为"在大吉岭期间，是我画多、诗多，工作精神最旺盛的阶段，目力当时最佳，绘的也多精细工笔"，所以此次画展展示的多是传统绘画技艺，精湛之功令人赞不绝口。

办完画展后，张大千去台湾小憩，在好友台静农的陪同下参观了台北故宫博物院，由院长庄严（慕陵）负责接待。

此次台湾之行，张大千对藏画的熟知和鉴定，让台湾的同行大为吃惊和敬佩，著名学者台静农回忆道："每一名画到手，随看随卷，亦随时向我们说出此画的精微与源流，看画的速度，不免为之惊叹。其中有一幅署名仇十洲，而他说是赝品的着色山水，他不但看得仔细，并且将其画结构，及某一山头、某一丛林、某一流水的位置与颜色，都分别注在另一纸片上。这一幅画，他在南京时仅过一目，却不同于其他名迹早已记在心中，这次来一温旧梦而已。由这一事，使我看出他平日如何用功，追索前人，虽赝品也不放过其艺术的价值。"

这次来台，更让人吃惊的是，张大千还带来三幅自己收藏的名画：五代董源的《江堤晚景》、《潇湘图》和五代宫廷画家顾闳中的《韩熙载夜宴图》。

这三幅名画可说是国宝级珍藏，也是"大风堂"的镇山之宝。单从张大千在画上的钤印便可知它们的分量："敌国之富"、"相随无别离"、"东西南北只有相随无别离"、"球图宝，骨肉情"、"大千之宝"、"至宝是宝"等等。

此时在台湾出示这些书画珍品，似有什么暗示之意，但绣球抛出却好像并无人想接，张大千短暂停留后又返回了香港。

在此次回港期间，张大千意外地获知了一些来自大陆方面的相关信息，他的台湾"亮宝"不但立刻引起国内外有关人士的密切关注，也让大陆的收藏界格外重视。因为这几幅藏品毕竟是中国的国宝级名画。

所以，关于这几幅画的背景有必要在这里向读者交代一下——

《韩熙载夜宴图》的作者顾闳中是五代南唐的宫廷画家，此画是我国历代现存人物画的始祖之一。可与之媲美的只有徐悲鸿收藏的《八十七神仙卷》。张大千曾在神仙卷上题写两画，认为"并世所见唐画人物，惟此两卷"。而在艺术价值上，《韩熙载夜宴图》则又超过《八十七神仙卷》。

画中人物韩熙载本是后唐同光年间的进士，因其父被后唐主李嗣源所杀，所以投奔到了南唐并得到重用，累官至中书侍郎、光政殿学士承旨等职。到南唐李后主时，他已算是三朝元老。由于李后主对北方人存有疑虑，所以派顾闳中前去府上刺探，然后把所见情况都画出来，以便了解韩熙载真实的生活状态。因此顾闳中在创作此画时因兼有特殊使命，所以该画上的人物在刻画上格外的传神而且生动。

因为古时没有照相机、摄影机之类的高科技技术，所以画家的责任便格外艰巨，甚至有类似"特务"般的政治使命。

据宋徽宗时的《宣和画谱》记载："中书舍人韩熙载，以贵游世胄，多好声伎，专为夜饮，虽宾客糅杂，欢呼狂逸，不复拘制。李氏惜其才，置而不问，声传中外，颇闻其荒诞，然欲见樽俎灯炀间，觥筹交错之态，度不可得，乃命（顾）闳中夜至其第，窃窥之，目识心记，图以上之。"

这段历史记载充分说明了此画的真实来历。

全画共分五段，分别是听乐、观舞、休息、调笑和散宴。每段以屏风相间隔，前后内容连续又相对独立，是中国画中典型的分段连接的长卷形式。画中许多人物至今可考，人物的服饰用具等都是真实画出，一丝不苟。

画面上卧床的韩熙载"锦帐红被，凌乱坟起，殆酒阑曲罢，偶尔解襟，无俟灭烛矣"，表现出一个曾屡建功勋的忠贞老臣如今放浪于酒色之中的颓废形象。

当然这只是韩熙载为了打消李后主疑虑故作的表象而已，以免自己因被怀疑通敌卖国而落入"颇疑北人，多以死之"的不幸下场。他当然知道顾闳中来此作画的使命，因此也格外表现出那种放浪形骸的模样。

但这历史的真实一幕却随画卷流传下来，并且鲜活得让人如身临其境，这就是艺术作品的伟大之处和强烈魅力吧。

另两幅《江堤晚景》和《潇湘图》的作者董源是五代南唐时著名的大画家，其在画坛的地位可与书法界的王羲之相媲美。据说这也是国内仅存的两幅董源作品，是董源画作中最精湛的"无上真迹神品"。历朝收藏该画的收藏家不但传承有序，并且都是"非富即贵"之名人。包括宋徽宗、赵子昂、董其昌、和珅等。

因此，这几幅珍品的价值自是不言而喻。

而此时的香港文物市场似乎有些反常般的热闹和兴隆，虽然香港因其独有的资本主义自由贸易港的特殊性，因而成为各时期大批文物的中转站并不奇怪，但此时出现大批罕见的国宝级珍贵文物，这种过度"繁荣"的现象不能不引起中国政府及有关专家的高度重视和强烈担忧。如果放任这种形势蔓延下去，再不加以回收制止的话，那么不仅国家损失惨重，还会造成各方面不好的影响，倘若人心浮动，由此对刚刚建立的新中国失去信任和信心，那么损失之大更是难以预料。

作为一代绘画兼鉴藏大师的张大千自然早已看出端倪，并对流于市面的珍贵文物之命运深感不安。但此时他自己尚陷入经济困顿，泥和尚过河自身难保，并因拮据而正打算卖画，又哪里有钱再收购这些宝贝。加之身在海外，与大陆方面并无接洽，此时他真想像抗战时期那样，和张伯驹、徐森玉等爱国文人一起能再挽救一些国宝，哪怕是能及时转告大陆的同行也好，但此时他真感无能为力。恰在此时，好友徐森玉的长子徐伯郊找到了张大千，这不禁让大千又惊又喜。

李氏兄妹·一段铭心之恋

在张大千一生的艺术生涯中，自然少不了有人为他打理各项事宜，这种对外联络推广作品，和及时传递给他一些艺行中讯息的工作性质，很像今天的经纪人角色，起着非常重要的桥梁作用。但他们之间又不是纯粹意义上的生意关系，这种位置和角色的确定，首先得是张大千非常信任的朋友，既具备过人的专业才识，同时又得是懂得经营的行家好手。

张大千一生交友无数，分布各行各业乃至世界各地，但让他最信任和来往最密切的"经纪人"角色的朋友却很少。

曾有朋友一开始很得张大千的信任，起初合作也很愉快，但随着时间的推移和经济上的原因，友情便逐步减弱，利益开始充斥一切，最终让张大千一次次失望和痛心。当商人的狡猾与重利超越朋友间的情谊时，张大千只得与之断交。

香港画商朱省斋和高岭梅便属于这种情况，张大千和他们相识很早，在大陆时期便往来密切，但到了20世纪五、六十年代后，因上述原因张大千与他们彻底断交。

其实以张大千一生的为人来看，无论是对钱还是对人对事，都是难得的通透与洒脱，若非迫不得已，是绝难和人走到断交之地步的。

张大千对朋友的慷慨和宽容是出了名的，著名篆刻家王壮为评价他为"一生最识江湖大"，还有朋友说他"很四海"。自古以来，但凡艺术家大都个性强烈，多是孤芳自赏而落得曲高和寡之地步。而张大千却能和各种人打交道，深谙俗世尘情，并能在其中穿梭自如，其聪明和理智的处世之道是很让人匪夷所思的。

这类"经纪人"的朋友中，李祖韩和徐伯郊可说是张大千终生的莫逆之交。

李祖韩与张大千相识很早，张大千20岁和其兄张善子刚在上海画坛立足时，便与李祖韩相识并马上成为好友。李祖韩是上海著名书画家，尤以刻竹闻名沪上，其刻技之高让同行深为敬佩。其三妹李秋君也是沪上出名的才女，尤写得一手漂亮的恽南田体书法。其山水、仕女也无不精湛。值得大书一笔的是，张大千和李秋君曾有过一段颇让人荡气回肠的纯情之恋。这份美好的纯情之恋真可称为一种传奇之恋，足可让世间的凡尘俗子们感叹唏嘘。

李家为宁波的名门望族，20世纪二、三十年代著名作家陈定山在他的旧著《春申旧闻》中对李祖韩、李秋君兄妹的家世和艺术造诣有过详细描述："上海商业世家，子孙鼎盛，无逾镇海小港李氏。李氏昆仲五人，云书为长，次为薇庄，早殁，子辈尤秀发。祖韩、祖模皆负盛名于时。而祖韩及其女弟秋君，尤好书画，喜近文士。祖韩与余创中国画苑，秋君亦与余妹小翠创中国女子书画会以相抗衡……秋君为吴杏芬老人高足，山水卓然成家，颇近吴秋农、陆廉夫，画仕女则兼采张大千意法，写生作古装美人，神采生动，几夺大千之席，故大千为之磬折不已……"

1946年张大千与李秋君兄妹等合影。自右至左：钱瘦铁、叶大密、摄影者（此片为自拍）、顾青瑶、李秋君、张大千、李祖韩、周炼霞、叶世琴、陈肃亮

李秋君没认识张大千之前，便已被张大千的画艺所深深倾倒，在她眼里，张大千是画得最好的画家，其实，张大千那时才不过20岁刚出头。以后因大哥李祖韩的关系逐渐与张大千相熟后，爱慕之情油然而生。

那些年中张大千每到上海必住在李府，李府简直成了他在上海的家了。按李府的大家族规矩，月钱是按人头划分好了的，因张大千是李家兄妹的常客，所以各项花销均由李氏兄妹承担。固定的月钱当然是远不够花的，李秋君便主动把私房钱拿出来贴补。张大千的衣服由李秋君缝制，爱吃的菜由李秋君关照厨房买来做好，出门的车子也由李秋君细心备好，真可谓照顾得无微不至。

李秋君和张大千同岁，都是1899年出生，李秋君生日小张大千四个月。

在他们22岁这年，李秋君的二伯父李薇庄把祖韩、秋君兄妹和张大千叫到了一起，郑重其事地对张大千宣布："我家秋君，就许配给你了。"

李秋君顿时满脸绯红，羞涩中却欣喜地看着张大千的反应。而张大千闻听此言却不由诚惶诚恐起来，因为此时他已娶了两个夫人，并已有了两个孩子。虽然他对秋君早有心意，但以秋君一名门小姐身份，怎能

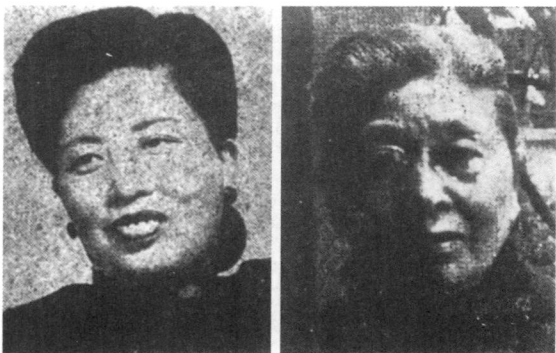

张大千的红颜知己李秋君。右图为晚年李秋君

给人做妾，那实在是太委屈了她。怪只怪相识太晚，错过了情缘。

张大千的内心如翻江倒海般痛楚，越是爱恋秋君就越舍不得让秋君受半点儿委屈。于是他只好双膝跪地，沉重地低下头，向李薇庄说明了家事。李薇庄听后不禁愕然，但也只能遗憾地摇了摇头，用爱怜的目光看着秋君。当秋君听到大千已有妻子和孩子时，脸色顿时大变，但只一瞬便掩盖住失望和哀伤，镇定地保持着微笑，真是不失端庄风度的大家闺秀啊！

张大千以为秋君从此会慢慢疏远自己，但李氏兄妹待他却依旧如故。尤其是秋君，似比以前更加关照他，而且由于关系的确定，反倒照顾得磊落大方。有时小报上故意编造些他们之间的花边新闻以招徕读者，张大千看后很是愧责，觉得给秋君的清白之身带来伤害，但秋君却置之不理，反倒安慰张大千，说："我们清清白白，朋友们都是清楚你我关系的，那些小报报的内容纯属无聊，也只有无聊的人才会去看的。"

李秋君此后终身未嫁，她虽然不能像妻子那样时刻能在张大千身边去关心照顾他，但一颗心却早已只归属张大千一个人，只要有机会和张大千在一起，便事无巨细，像一个最贤惠的妻子那样，无怨无悔地奉献自己的一切。

两个人的这种柏拉图式的纯情之恋，深深地感动了周围的朋友们，李秋君也因此更赢得了大家的敬重。虽然她和张大千"绝无半点逾越本

1948 年 4 月摄于上海。其中有著名的京剧大师梅兰芳（前排右三）、李秋君（前排右六）、李秋君的哥哥李祖韩（前排左三）、著名女画家顾青瑶（前排左四）等艺术名流

分的事，连一句失仪的笑话都从来没有说过"，有的只是她对张大千的"关切、爱护"和张大千对她的"敬重、感激"，但在彼此的心里，也许比真正的夫妻还要心心相印。

著名作家高阳曾在一篇回忆文章中对李秋君写得非常透彻："除了没有名分以及燕婉之好以外，李秋君处处以张大千的嫡室自居，且亦恪尽其内助之责。李秋君'守'的是一种变相的'望门寡'——中国的传统，凡守'望门寡'者，会无条件地获得亲属的尊重与优遇。李秋君的父母兄长，便是以这种眼光来看她的。"

张大千对李秋君"除了在书画上不会为她代笔之外，其他所有与书画有关的事务，秋君都可以代大千做主"。甚至"大风堂"收门生这么重要的事情，李秋君也可代表大千去处理。她可以代收门生帖，接受门生向她行叩头大礼，门生称她师娘，她也会爽快地答应。

抗战期间，李秋君在上海还办过一所灾童教养所，专门收留战争中失去家人的孤儿，她的大善大爱让人敬佩，难怪在张大千眼里，李

1952年张大千赴南美时，香港众多朋友及学生弟子为其送行。（前排右起）朱省斋、徐伯郊、罗光灿、顾青瑶、黄曼耘、张瑞华、冯璧池、张大千、吴浣蕙、张杜芬、詹云白、高岭梅、高仲奇、高伯真等

秋君是个了不起的"奇女子"，是他终生心里都牵挂的红颜知己。也许这种爱情已超越了尘俗之爱，高高地飞翔在彼此的艺术天空中，会在那份只属于他们自己的灵魂境地里亲密地融合。

所以李家兄妹和张大千的情谊已不是单纯的朋友关系那样简单，可以说是已像一家人一样。因此张大千离开大陆时，把自己在上海的所有未了事宜都托付给李家兄妹代办。李祖韩自是尽力操持，忠厚可信。好在李氏兄妹晚年因有何香凝庇护，"文革"期间才未受到大的冲击，李祖韩于20世纪60年代末在上海去世。三年后李秋君也病逝于上海。张大千在海外辗转知道消息后，悲恸落泪，竟一连数日沉湎于哀伤中默默不语。从此朋友们在他面前再不敢提李秋君的名字，因为这个名字实在太让张大千铭心刻骨。甚至连徐雯波都对李秋君有种别样的敬重，虽然作为同性，她们都爱着同一个人，但李秋君能舍己成全他人的无私襟怀，已超越狭隘的男女私情之界线，充分诠释了爱情的另一至高层面——情深意长却能唯心相对！

徐雯波记得 1948 年 9 月李秋君生日那天，朋友们有意让张大千也当寿星，和李秋君两人合庆 50 大寿。著名篆刻名家陈巨来特意刻了一枚印章：百岁千秋，把双方的名字和生日纪念都包含在其中，意义深远。

那时雯波刚新婚不久，面对秋君，有种微妙的复杂感受，但李秋君却亲切大方地拽过她的手，语重心长地对她说："大千是国宝啊！只有你才能名正言顺地照顾他、关心他，将来在外面，我就是想帮他也做不到啊！所以你要格外细心，千万别让他出毛病啊！"这番话让徐雯波深受感动并牢记在心。在以后的岁月中，她也的确是尽心尽力做的。

中国收藏界的父子传奇

除了李家兄妹与张大千有着如此之深的渊源之外，徐森玉和徐伯郊父子也同是张大千的至交好友，其中渊源同样感人至深。

徐伯郊在香港见到张大千时，其公开身份除广东省银行香港分行经理外，同时还肩负着一项秘密的重要工作，此项工作意义重大，乃是由周恩来亲自批准为收购国宝而成立的"香港秘密收购小组"的负责人。

此身份因当时特殊的社会背景不便公开，因徐伯郊一直生活在香港，另一负责人郑振铎又过早地因飞机失事而故去，所以这段收购国宝的经过在国内外都鲜为人知，充满了传奇和曲折，颇有神圣的"地下工作者"的味道。其间工作就包括收购张大千所收藏的两幅世人瞩目的国之瑰宝：五代董源的《潇湘图》和顾闳中的《韩熙载夜宴图》。

这两幅稀世珍宝的去向在当时曾引起过种种猜测，最后如何被大陆所收购藏入北京故宫博物院的内幕，也成为当时乃至现在的一个谜团。而收购这两幅古画的经手人正是徐伯郊。

为中国的文物收藏事业做出如此巨大贡献的徐伯郊，由于多年来一直生活在香港，加上深藏若虚的淡泊个性，使这个重大事件的前前后后也随之深埋。以至于多年后当有人问起这段离奇的经历时，他只一句轻淡的"那是该做的事"，便了却掉许多沧桑浮云。他身上所体现出来的正是一种真正的大家风范，举重若轻的文人傲骨。

谈徐伯郊得先从他的父亲——我国古文物鉴定大师、著名金石学、版本目录学家、被全球文物考古界誉为"中国百年十大著名文物考古学家"之一的徐森玉老人谈起。

徐森玉的母亲徐闵氏出身于浙江湖州一个世代以刊刻为业的名门望族（明万历天启年间"套邑闵刻本"曾风行天下），写得一手好字，徐森玉自幼受母亲教导，所以打下了深厚的古文功底，加上天资过人，刚念了两年家塾便考进了著名学府白鹿洞书院，师从著名学者于式枚先生。1900年，他因听一位亲戚说学工科可以留洋深造，便考入山西大学堂读化学，在校期间被人称做"奇才"。

当时的山西大学堂的校长、著名学者宣熙非常赏识徐森玉的才华，常找他谈古论今，因而两人成了"忘年之交"。由于这位宣熙先生酷爱收藏，并对皇族清宫里的收藏及掌故有很多了解，所以每新得到一件古物，都会把徐森玉接进府中，连夜引经据典、分析考证。所以使得徐森玉的古文物考证与鉴定研究的水平得到了飞快提高。后来他曾对人说，他的许多古物知识都得益于宣家。两家交往也因此一直延续到后代。

辛亥革命后，徐森玉接替李大钊担任北京大学图书馆馆长，之后又在教育部任职，与鲁迅成为同事后又成为朋友，常常和鲁迅一起研究古碑拓片。

1924年11月冯玉祥将军把末代皇帝溥仪赶出紫禁城后，徐森玉被派驻到国民党政府与逊清皇室共同组成的善后委员会工作，担任故宫古

张大千与徐伯郊。一中一西，一古一今，虽然外表的装扮截然相反，但在艺术追求上却同宗同流

我国著名古文物鉴定专家、被全球文物考古界誉为"中国百年十大著名文物考古学家"之一的徐森玉先生

物馆馆长，参加清点、接收清宫文物和财产。而张大千那时也因担任过故宫博物院古物陈列所的国画指导教授，遂常和徐森玉研究古书画，两人由此结下深交。

这次清点工作让徐森玉既伤心又愤怒，原来故宫里很多珍贵的文物都被皇妃和太监们偷盗出去卖掉了。有一张甚为重要的溥仪"赏溥杰单"，上面的许多文物珍品更不知去向。那张单子上的文物珍品可都是价值无法估算的国宝啊！直到后来徐森玉看到溥仪在他的自传《我的前半生》才知道，那张单子上的文物都是他叫溥杰偷运出去的，准备卖掉充当他们出洋的费用。而这单子里的大部分珍品都被日本关东军劫往东北，已经流散到各地了。

直至 20 世纪四十年代上海沦陷期间，一些家有收藏的贵族富家眼见局势不稳，纷纷把藏品拿出换钱，一时间，上海成为南方最大的一个古文物市场。一些文物商人乘机南下抢购，还有国外的收藏家也乘虚而入，甚至美国各大学都派人到上海收购古董古玩。美国哈佛大学就曾委托北平燕京大学代为收购古籍书画，所以今天的哈佛大学燕京图书馆里才会有如此丰富的中国善本。

面对国宝的一次次遭劫，文物专家们痛心疾首，深感自己的责任艰巨。于是几个文物专家联合起来，致电给当时在重庆的国民党政府，希望政府能出面挽救国宝。

并于 1939 年年底成立了"文献保存同志会"，任务就是把流散到上海和香港两地的珍籍善本收买回来。这几个同志会成员除了有徐森玉外，还有当时任暨南大学文学院长的郑振铎、上海商务印书馆的张元济、暨南大学校长何炳松、光华大学校长张寿镛等，均是国内一流的著名学者和文物专家。因此，一场自发地轰轰烈烈的乱世国宝大抢救行动开始了。

据记载，从 1940 年开始短短两年间里，"同志会"就组织收购善本古籍达 3800 余种，数量之多几乎达到了当时北平图书馆（后北京图书馆）所藏善本书的总和，使一大批珍贵文物免遭了日寇的劫难。

1949 年 1 月，北平解放，国民党政府仓皇南撤。临行前，国民党的文化部门让徐森玉赶造文物清册，将文物分出一二类等级尽可能全部运到台湾。如运力不足，实在不能全部带走，就将二类文物留在大陆，把一类文物全部带走。时年已七十岁的徐森玉，实在不想让这些多灾多难的国宝再一次离开故宫，竟冒险使用了掉包计，在实际装箱时，把一二类的文物对换了许多，把最珍贵的文物依旧留在了北京故宫里，而运往台湾的二类文物居然瞒过了国民党的督办大员。

装箱完毕后，他对跟随他多年、他最为器重的弟子庄严说："现在这些老祖宗留下的宝贝不得不一分两半，咱们师生也必须分开了。从今以后，我负责看管留在北京的一半，你负责看管运走的另一半。你要替我在台湾看管好这批家当，不可有丝毫损失。我相信它们迟早还会回来，保护好这些文物是你我的责任啊！"

庄严表情凝重地点头说："先生放心吧，人在东西在。"

这批文物运到台湾后，庄严遵照老师之言，对这批文物精心爱护、尽职尽力。他后来任台湾故宫博物院的院长，更感肩头担子之重，在去世前曾出版了一本书，专门详记这批文物的故事，以告后人。

国民党在临撤退前，曾极力动员徐森玉能去台湾，先是许诺任命他为故宫博物院院长、中央研究院院士；接着，又以教育部、中央研究院、故宫博物院等五个单位的名义，联合邀请他能出任。但徐森玉早就对国民党政府的腐败行径厌恶至极，便坚决地拒绝了。同时发表声明，要求国民党对运到台湾的文物应妥善保管，并应早日回归大陆，不要做历史的罪人。

秉承着这种家学渊源和乃父高风亮节之人品的徐伯郊，同样是个胸怀无私、具有高尚品德的人。为了保护文物，他和父亲还曾有一段险象环生、惊心动魄的传奇经历。

那是在七七事变期间，北京故宫为避战火，派徐森玉负责把故宫里的一大批稀世珍宝向南迁移。文物装在几十辆卡车里，浩浩荡荡地从北平向贵州安顺地区驶去。他们计划将这批文物藏匿安顺附近的一个山洞里。此时的徐森玉已是花甲之年，长途跋涉使他精疲力竭，在爬一道山梁时，头昏眼花竟一下子跌落山沟，使一条腿骨折了，但他忍痛让人搀扶着继续随车前行。半个月后到达目的地时伤腿因耽误治疗而永远地残废了，从此只得拄起了拐杖。

文物在安顺山洞里一存就是几年，可日寇的战火仍在不断向西南蔓延，无奈之下只得再次携宝转移。因当时的国民党政府不具备空运能力，徐森玉和同事们只能翻山越岭、辛苦前行。逢着大路时可用汽车运行，但遇到不能过车的崎岖山路时，便只得把箱子一个一个搬下来，改用小车转运。山路难行之苦他们可以咬牙坚持，可山间流寇的出没无常却最让他们时时担忧，万一这些宝贝落入盗匪手里，可就愧对子孙后代了。

徐森玉苦苦思忖着能有什么好办法让这些文物不受损伤地安全到达目的地，最后他想出用钱去试试能否疏通这些土匪。于是他派人深入草莽四处打探，最后找到了一个西南地区最大的"袍哥"（四川黑帮老大的代名词）。徐森玉决定亲自冒险去会一会这位匪首，希望能花钱买份平安，让文物得以安全地运走。

当徐森玉拖着伤腿被带进了匪巢时，匪巢里颇有严阵以待的氛围。倒是徐老一副安之若素的平静神态，让匪首出乎意料。这个看上去外表平常，浑身却透出一种清高儒雅和凛然之气的长者，不由震慑了这帮一贯框五喝六的群匪。

落座之后，彼此寒暄，但匪首就是迟迟不谈钱上的事。徐森玉只好开门见山，对匪首说："打扰贵地，不知能否行个方便让我们过去……"

匪首略略沉吟，看得出所做决定早已成竹在胸。徐森玉等待着他开价。不料匪首接下去的回答却让徐老惊诧而动容。

匪首说："要过路嘛，可以。但有个条件，我不要你的钱，我要你把在银行做事的儿子留下来几天，因为我想收个有文化的人做徒弟。"

天哪，看来匪首早就先把他的情况了如指掌了，要人不要钱，这一招可真够阴狠让人揪心的！徐森玉如五雷轰顶，若把爱子徐伯郊扣押在这匪窝里当人质那真是太凶险了，凶多吉少啊！万一……徐森玉的心剧烈地跳着，他不敢再想下去，感觉眼前似有金星晃动，他的身体也似乎要跟着晃动起来。但他的脑子却又异常清醒，他的手使劲儿地按住了拐杖，那根拐杖在此时显得格外有力量，支撑着他瘦弱的身躯。

张大千与徐伯郊

是保护国宝还是保护儿子？这两者都是他生命中不可或缺的心爱之物，割舍哪一头都得让他心如刀剜。他闭目沉思了好一会儿，才回答匪首说："好，我答应你的条件，我立刻就发电报让他到这里来。"

这个回答倒让匪首大吃一惊。他没想到眼前这个文弱老头为了这些还不知结果会怎样的文物竟能把儿子豁出来。

徐伯郊此时正在上海市银行任职。

1936 年徐伯郊从北平辅仁大学西语系毕业后赴日本留学，先入东京帝国大学语言系学习日语，后又考入东京庆应大学攻读经济学硕士学位。1937 年夏天回国度暑假时，想不到七七卢沟桥事件爆发了，强烈的爱国心促使他迅速做出决定，不能再返回日本了，他要留在国内，尽一份国民的良知和义务。

接到父亲的电报后，徐伯郊知道情况肯定是万分危急，但不管是为救国宝还是为救父亲，他都理当义不容辞。于是他火速赶到安顺，见父亲徐森玉的眼睛红红的，脸上布满了愁云。他知道父亲是为他的安危发愁，便安慰父亲说："您老放心，我一定会吉人天相的，他们不会轻易为难我的。"他握了握父亲的手，故做轻松地说："我自有办法对付他们。"

徐森玉说不出话来，重庆方面的电报已在频频催促，必须得快些上路了。他只好深情地望着儿子，沉重地点了点头。

匪首还算说话算数，见徐伯郊已到，便给徐森玉一行开了方便。

载满珍贵文物的汽车、驮队又开始上路了，徐伯郊留在土匪窟里，开始以自己见多识广的奇闻妙事与匪首周旋起来。他向匪首承诺，以其银行家的身分，保证日后让匪首荣华富贵，他憨厚诚恳的态度赢得了匪首的信任，为了日后能发财，几天后竟把他给放了。

一场危机解除了，两个月后，这批国宝也安然地运到了重庆。徐氏父子这种为保护文物，不惜冒生命危险的英雄壮举，也在文物界、收藏界传为佳话。

新中国成立之后，徐森玉历任上海市文物保管委员会主任、上海博物馆馆长、上海文史馆副馆长等职，可谓贡献卓著、鞠躬尽瘁。

1964 年 12 月，在第三届全国人民代表大会第一次会议上，周恩来总理专门安排时间接见了 83 岁高龄的徐森玉，握着徐老的手，恳切地说："森老，您是我们国家的国宝啊。您这样高龄，理应是该让您休息了，可眼下咱们的年轻人一时还接不上，只好请您老再辛苦几年吧……"

徐森玉激动地点了点头，说："请总理放心吧，这是我的职责！"

不久，"文革"在全国爆发，这位博学精深的爱国学者，在"文革"刚一开始便被列入"十大反动学术权威"，说他不是国宝，而是"国贼"。接着便是抄家、批斗、送进"牛棚"，遭受侮辱和折磨。此时，徐伯郊在香港得知消息后心急如焚，却又无奈回不去上海，真是撕心裂肺。

令人感动的是，即使是在这样残酷的迫害下，徐森玉却依旧保持着不卑不亢的文人风范和傲骨，甚至在一次对他的批斗会上，与另一位陪斗者尹石公一起，在周遭一片喧嚣的批斗口号声中，两位老人却旁若无人般争论起对一首古诗的点评来。并且从开会到结束的几个小时里，两位老人挺着时不时身体还要挨些拳脚的难忍疼痛，一直争论到底，把围观的人简直都看傻了。有的人在底下偷偷说："徐森玉大概是老糊涂了吧……"

这简直像一个黑色幽默中的情节，但付出的却是血肉之躯和对痛苦的无奈承受；这又像一场可怕的梦魇，只有在梦魇中还清醒的智者们知道，这是老人家的最高境界！在那种如此颠倒黑白、人鬼不辨的形势下，此举是对那场所谓的"文化革命"的最高蔑视，真正表现出了知识分子的铮铮铁骨。

毕竟已是近九旬的高龄，老人无法承受住这么残酷的身体折磨，终于在一次批斗大会上，他因无力支撑脖子上挂着的那块沉重的铁牌而踉跄着跌倒了。眩晕中老人想伸手去抓话筒来撑起身体，不料话筒却砸到了他头上，最终他栽倒在地，头上鲜血直流……

1971年5月19日，徐森玉含冤逝世于上海。

远在北京的周恩来总理听说后，不禁长叹一声，含泪说道："我们又失去了一个国宝。"

他的女婿、我国著名诗人王辛笛曾写下两首七绝来悼念这位可敬的老人：

何期营葬送斯文，山下人家山上云；
万事于翁都过了，斜阳无语对秋坟。

知在秋山第几重？全凭溪水想音容；
横塘不见凌波路，坐听枫桥晚寺钟。

徐伯郊听到父亲去世的消息，简直是心如刀绞，他悲愤地自言自语："这一切究竟是怎么回事？大陆疯了吗？"

张大千得知后，特从巴西写信安慰徐伯郊，并对"文革"期间红卫兵以破四旧为名，大肆抢砸烧毁无数文物这些举动痛心疾首。

远在国外，他虽不懂大陆政治运动一直不断的原委和究竟，但以一名画家与古书画收藏家的立场，对这种政治运动竟殃及到国宝文物，实在是无法理解，并对此行为深恶痛绝。出于这种悲愤之情，他甚至在1967年题仿高克恭《云山图》时，担心此幅旧藏的命运，激愤写下："顷者，毛林祸国，大举毁坏文物，度此卷（高克恭原作）必堕劫火中矣。"并在给一位朋友的信中也写下"大陆受难弥深，七万万人民不堪张大千在 1967 年的《临高克恭云山图》上题有"毛林祸国，大举毁坏文物"一句。从中流露出对大陆"文革"期间大肆破坏文物的极度不满与深深的痛切之情

张大千写给朋友刘嘉猷的信函。此时正值大陆"文革"，从"大陆受难弥深"等感慨中，足见其对这场文化浩劫的愤怒之情

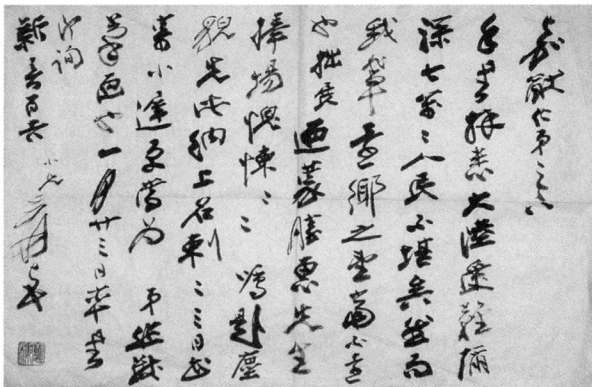

矣"这样的话。

张大千从一个收藏家和画家的角度，出于对祖国及祖国文物的热爱，直言不讳地说出内心真实的感受，也许言语有偏激之处，但远在国外，身临其外无法理解这场政治运动的背景，有如此强烈的感受并能仗义直言，这种纯粹的艺术角度价值观还是情有可原的。事实上，又有谁能对那十年浩劫留下的满目疮痍不痛恨和遗憾呢？

周恩来总理与"香港秘密收购小组"

正是因为徐张两家多年来的深厚交情，所以张大千刚从台湾"亮宝"后回到香港，徐伯郊便立即前去拜访。他想尽快把一个好消息告诉给张大千。他断定张大千知道这个消息后一定会相当高兴的。

原来，国内针对此时香港文物市场的情况特意成立了一个"香港秘密收购小组"，任务就是专为新中国收购国宝，尽量地减少国宝外流。而这个小组在香港的负责人，恰恰就是收藏鉴宝的行家里手——徐伯郊。

果然张大千一听便高兴得一拍徐伯郊的肩膀说："太好了！太好了！这么多的宝贝要是都流失到国外去，实在是太让人心疼了！"

张大千兴奋地踱着步，不禁对徐伯郊讲起了和徐森玉、张伯驹等人一起收购"东北货"时的那些往事。

"东北货"这个叫法是随着 1945 年 8 月日本战败投降，"满洲国"土崩瓦解后开始流行开的，源于溥仪从故宫偷带到长春伪皇宫里的很多珍品瑰宝，落到了日本人之手，随着抗战结束，这些珍品瑰宝也随之在东北地区四处流散，所以被当时的古董商人称之为"东北货"。这也是国宝遭受的一次大流失。

这批"东北货"散落民间，让徐森玉、张大千等一批有识之士痛心不已，于是徐森玉与同任故宫博物院鉴定委员的张大千、徐悲鸿、张伯驹、于省吾、邓述存、启功等人，联名向当时的故宫博物院院长马衡建议：派人赴"满洲国"长春去收购回这些文物，否则国宝流入国外，损失就巨大了。

马衡立刻向南京的国民党政府报告申请，但南京政府对此事并没有答复。这使得一批不法文物商钻了空子，纷纷前往东北抢购，有的囤积居奇，有的漫天要价或卖往国外。这些现状让马衡、徐森玉、张大千、张伯驹等文物专家们嗟叹不已。

想当一个收藏家，首先得有钱，没有钱何谈收购？还得要有精到、准确的眼光，否则真伪难辨，害人害己。除此之外还要借助机会，所谓机不可失，时不再来。

既然政府不重视，故宫也没钱收购，只好依靠个人力量去抢救，于是张大千足足花了黄金 1500 两才得以购回那三幅精品，即《潇湘图》、《江堤晚景》和《韩熙载夜宴图》。为此，他舍弃了早就看好并已交了部分订金的一座前清旧王府。这套宅院面积十分宽绰，是三进的院落，有好几个独立的花园，还包括水池、假山、回廊等，是个相当难得的一处好宅院。但张大千觉得有这几幅画在手，胜过买十处这样的房产。

在收购"东北货"期间，张大千和老友张伯驹还有一个"让"画的小故事：

张伯驹也是我国著名的大收藏家，和张大千同是上世纪三、四十年代名震南北的两位鉴定大师，两人私交甚笃，同任过故宫博物院的鉴定委员。两人在收藏中都偏重于书画，但张大千在数量上稍胜一等，而张伯驹在质量品级上则略高于张大千。张伯驹多藏宋以前的墨宝，张大千则多藏宋元以后的名迹。

当时有一幅隋代展子虔的著名绢画《游春图》，这也是我国现存最早的绢画之一。张大千对此画心仪已久，特乘飞机前去观看，但他得知张伯驹也在积极筹钱买这幅画时，便立即退出不买，以免画商抬价。后来张伯驹为买此画，也是变卖了房产，又把夫人潘素的很多首饰卖掉才得以买成。

张大千得知此画已落到张伯驹手里后，非常高兴，说："好啊好啊，收回来就好，我和伯驹的收藏目的是一样的，就是不想把画落入外国人手里，他收我收是一样的。"

在这段收购"东北货"期间，张伯驹除收购了隋代展子虔的《游春图》外，还有唐代杜牧之的《赠张好好诗卷》、李白的《上阳帖》、宋朝范仲淹的《道服赞》等。

但艺术和生活之间，矛盾总是多于统一，毕竟生存乃是头等大事，更何况张大千是个家庭观念极强的人，他不能让一家人跟他漂泊无着。所以一旦两者真的产生矛盾，就只得考虑让这些宝贝再变成金钱以维持生计大事了。

对于这些曾视若生命的心爱之物，虽渴望和它们"南北东西只有相随无别离"，但世间聚散缘分因果，岂随人意，"大风堂"所藏许多珍品也都成过眼云烟。好在张大千是个明白事理的洒脱之人，对于曾经拥有又无奈流走的这些珍宝，他认为："搞艺术，收藏画是为了画画，卖画也是为了画画。学好了本事，画出了好画，还不是同样的自我失之，又自我得之嘛！"只能用"曾经我眼即我有"来自我安慰了。

在印度的这一年多时间，已使张大千经济上相当困顿，马上面临还得重觅家园这件头等大事，安家需要的这一大笔钱，除了出让这些藏画外似已没别的更好办法了。

他在台湾亮出国宝级藏画，其意已很明显，虽然台湾方面不知何故毫无反馈，但他知道嗅觉敏感的收藏界会立刻开始密切关注的。

至于台湾故宫方面的没有反馈，张大千认为可能是出于经费的原因，毕竟台湾也处于刚刚修复建设阶段，经济条件还不是很景气。但这么顶级的藏画，如国家不收，个人又收不起，万一只能卖给国外，那可不只是经济上的损失了。

张大千自然也考虑过把画卖给北京的故宫，如果北京故宫可以收购的话，那岂不是物归原主，也是这几幅心爱之画的最佳归宿！但台湾故宫如果都存在资金问题，那北京的故宫岂不更难？

从心底讲，他当然是希望这几幅画能再回到故宫里，当初斥巨资收购，也是缘于一个中国公民的爱国之心，否则，也就失去收购的意义了。

而此时徐伯郊的到访，尤其是徐伯郊带来的国内已成立"香港秘密收购小组"的消息，不禁让张大千又惊又喜。

徐伯郊总是西装革履、风度翩翩，一副绅士派头。

著名文物鉴赏家杨仁恺先生是徐伯郊的大学同窗，2003年末意外在香港收藏家陆海天先生处发现了这幅张大千当年送给徐伯郊的《临江堤晚景图》，感慨万千，即兴挥笔写下感言（站立者为陆海天）

虽然他和张大千在许多方面都情趣相投，比如秉烛夜谈赏画赏诗赏古物，热爱游历热爱美食等，但唯独在穿着修饰方面与张大千的传统长袍马褂不同。徐伯郊完全是西式派头，讲究仪表。他比张大千小14岁，时年刚近不惑，正是精力大为充沛之时，举手投足间颇有大家子弟落落大方的坦荡、洒脱之气质。

难怪张大千每次见他都要赞他风流儒雅。

两人因交情甚谙，因此无话不谈。

张大千先是闲谈在台湾故宫博物馆所看到的一些古迹，然后便提到了自己所带的《韩熙载夜宴图》和《潇湘图》。他直截了当地对徐伯郊说："我已定下明年2月份去阿根廷办画展，顺便看一下那边的环境，如果合适就在那里安家，但现在手头确实费用紧张些，所以打算把这两幅画卖掉！"

徐伯郊也开诚布公地说："小弟我正是为此事而来。郑振铎先生现在担任国家文物局的局长，他的情况想必兄会知道一些，当年家父和他曾一起在上海挽救善本。他是个行家，所以也就非常重视收购文物的工作，小弟因在香港工作，有些便利条件，所以他让我帮忙做一些工作。这段日子兄一直在外游历，因此还没来得及请兄指教！"

张大千爽朗地笑了，说："小弟过于谦虚了，你的能力依我看还没几个人能赶得上哩！"

徐伯郊也笑了，说："对了，郑先生几次在信中让我替他问候您，并一直想请您回国看看。"

张大千点了点头，诚挚地说："替我谢谢他，我虽然和他不很熟，但也知道他是个很有诚意做事的人，他当文物局长是非常适合的。我很高兴国内能这么重视文物工作，很不容易……我虽然不在国内，但也自当尽力，请小弟把我的心意转达给郑先生。"

"是啊！"徐伯郊接过话去，开始把成立小组的前后经过及成立以来所做的收购工作进展和张大千详细地讲了起来——

早在1949年的3月，郑振铎刚一回到新解放了的北平，便联合北平文化界310位著名人士，一起发表了《北平文化界声讨南京反动政府盗运文物宣言》一文，并想马上成立专门小组，着手进行整理和搜集散逸文物的工作。

郑振铎是我国著名的学者、编辑家和藏书家。抗战期间，他曾留居上海，与徐森玉等几位爱国同仁秘密成立"文献保存同志会"，在"文献保存同志会"工作期间的1941年年底，上海租界被日军占领，郑振铎为了能继续开展工作，化名陈思训，伪装成文具店的职员，过了4年的蛰居生活。其间生活条件已很艰难，但为了节省下钱多收购一些文物，郑振铎宁肯把自己的生活标准降低到每天只吃面包喝白开水，也要尽量去收购文物，让他的夫人既心疼又无奈。

据说，毛泽东很欣赏郑振铎的爱国热情及才华，每当提到文物工作时，便对别人说："关于我国的文物工作，可以去问郑振铎。"

此时香港的情况已引起不少外国有关机构、各类收藏家和国际文物贩子的密切关注，甚至已有不少人携带巨款开始往返于香港和外国之间，伺机将这些重要文物据为己有。而香港的一些大古董商们更是异常活跃，哄抬价格，为这股本应截断引导回归的洪流推波助澜。

这种情况让时任新中国第一任国家文物局局长的郑振铎不禁忧心忡忡、寝食难安。

此时对香港的收购工作已经刻不容缓，必须马上付诸行动，但经费的短缺却让郑振铎大为头疼。他一边在自己管辖的文物局内立即拨出一些款项，委托在香港的徐伯郊先购回一些重要的古籍珍本，能买多少就买多少；一边把这种情况详细地汇报给中共中央政府，并结合当前的现状提出自己的想法：必须迅速成立有关组织和机构，着手进行整理和搜集工作，尽量把损失降到最低程度。

1949年6月7日，周恩来总理亲自过问此事，在中南海接见了郑振铎及有关人士，对他们高度尽责的工作态度表示了肯定和表扬，同时对下一步将进行的工作作了重要部署：由郑振铎安排相关人士，成立"香港秘密收购小组"。1951年3月21日，由文化部名义正式申请从国家总预备费中拨出专款，用于这个小组的收购费用。同时，周恩来总理在报告上批示："必须是购买真正有历史价值的文物，不得买古玩。"

国家在如此困难的建国初期，能这么重视和支援文物工作，这让郑振铎和同行们不禁深受感动，他们立刻投入到紧张的工作当中。

经过细致地研究后,他们定下了如下的收购重点:"(1)以收购'古画'为主,古画中以收购宋元人画为主。(2)碑帖、法书(字),暂时不收购。(3)铜器、玉器、雕刻、漆器等,收其精美而价廉者。""凡从日本来的东西,都应收。这是十分必要的。其次,凡有被美帝垂涎欲购之可能的,也必须先收。""我们的收购重点,还是古画(明以前)与善本书,因其易于流散也。至于古器物,像铜、瓷、玉器等,除非十分必要的,皆可暂时不收。"(引自《郑振铎书信集》)

制定好收购任务和收购重点后,郑振铎思忖该由谁来具体负责这项艰巨而辛苦的工作。这个人选不仅得具备高深的鉴赏水平,还要有清正的人品,能够充分地信得过。郑振铎觉得这个人选非徐伯郊莫属。

郑振铎和徐森玉本是老友,他对徐伯郊可以说是看着长大的,1948年徐伯郊在上海结婚时,他还特意赶去喝喜酒,两家渊源可谓知根知底。徐伯郊此时是香港银行界的高层,不仅有着出手阔绰、广交朋友、信息灵通的优越条件,并且本人继承其父衣钵,有着精深的古书画、古版本的鉴定知识,本身即是香港非常著名的大收藏家之一,由他担当此任真是再合适不过了。

收购小组成员除了定下徐伯郊在香港挑大梁外,还另有沈镛、温康兰两人协助工作。

沈镛时任香港中国银行副经理,同时他也是该银行高级人员中唯一的中共党员,但他当时的政治身份是保密的。他与温康兰同志负责付款等事。

参与小组工作部署和安排的还有时任文教委员会主任、我国著名文学家郭沫若、时任文化部长的著名文学家茅盾、全国政协秘书长徐冰、中共中央统战部副部长廖承志、中共华南局统战部部长彰枫、广州市副市长朱光等,他们都给予了该小组极大的支持和帮助。

徐伯郊迅速开展工作,完成的第一个收购任务便震撼了国内外的文物界:被称为中国历代名书法帖中无上珍宝的"三希帖"之王珣的"伯远帖"和王献之的"中秋帖",被成功地收回到北京的故宫博物院。加上原有的王羲之的《快雪时晴帖》,"三希帖"至今仍是故宫的镇院之宝。因为"三希帖"在书法界的价值实在太大了,是至今留存下来的唯

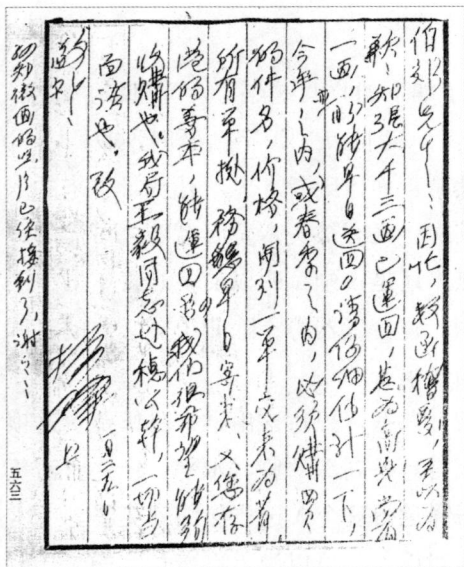

"香港秘密收购小组"工作期间，
郑振铎写给徐伯郊的信

一的晋代法帖。

说起"三希帖"的典故真是非同寻常。此三帖乃是乾隆皇帝之珍藏，据说乾隆获得"三希帖"后欣喜若狂，认为其"千古墨妙，珠璧相连"，特把自己居住的养心殿西暖阁取名"三希堂"，并亲自书写"三希堂"记文，以示此三帖的弥足珍贵。

"三希帖"本来一直都在故宫内收藏，却不料"伯远帖"和"中秋帖"被光绪的宠妃瑾妃携出宫偷偷卖给了故宫后门外一个叫"品古斋"的小古董商，后被袁世凯手下的红人郭世五（名葆昌，是袁世凯管理私人财务的账房，袁曾将当时全国关税收入最多的九江关监督委交给他管理）买到了手，并随即请来当时的故宫博物院院长马衡和徐森玉去他那儿鉴定。

两位专家眼看稀世珍宝落入此等人之手中却又无力购回，不禁都懊恼至极。

解放后，郭世五的儿子郭昭俊携"二希帖"来到台湾，欲高价卖给台湾故宫博物院，因索价太高没有卖成才又转到香港。在银行作为抵押时，被徐伯郊发现，这才及时报告给父亲徐森玉和郑振铎。郑立即汇报给周恩来总理，同时让徐伯郊在香港做郭昭俊的工作，最后以35万人民币巨款收回此宝。

1951年11月5日，周总理就购回"二希帖"一事给当时的政务院文教委员会副主任兼教育部长马叙伦、文化部文物局副局长王冶秋、北京故宫博物院院长马衡、政务院财经委员会副主任兼财政部部长薄一波、中国人民银行行长南汉宸等人亲笔写信，特意做了详细的指示：

马副主任并王冶秋副局长、马衡院长并告薄副主任、南行长：

同意购回王献之《中秋帖》及王珣《伯远帖》，惟须派负责人员及识者前往鉴别真伪，并须经过我方现在香港的可靠银行，查明物主郭昭俊有无讹骗或高抬押价之事，以保证两帖顺利购回。所需价款确数，可由我方在香港银行与中南胡惠春及物主郭昭俊当面商定，并电京得批准后垫付，待《中秋帖》及《伯远帖》运入国境后拨还。

以上处理手续，请与薄、南两同志接洽。

听着徐伯郊充满激情地讲述，尤其是听到"三希帖"中的"二希帖"重又回到故宫时，张大千不禁兴奋地喊了起来："好啊，好啊，太好了！"

徐伯郊笑着说："大千兄这次从台湾过来，想必在那边的故宫里也看到了很多珍迹吧？"

"镜头中的镜头"，摄影大师郎静山正在给张大千和徐伯郊拍照

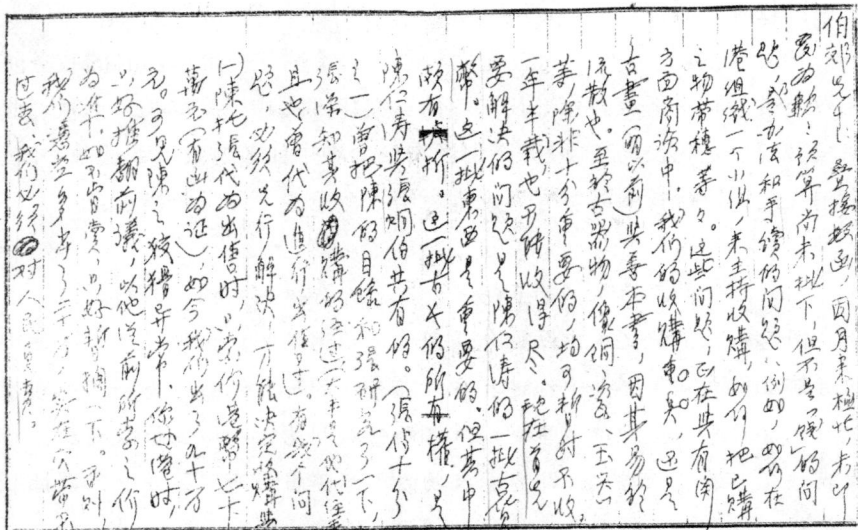

"香港秘密收购小组"工作期间，郑振铎写给徐伯郊的信

张大千点点头说："是啊，可要是两处宝贝合在一块儿就更好哩！"

徐伯郊也深深地点了下头，说："应该有那么一天吧！"

也就在那晚和徐伯郊谈完后，张大千毅然决定把《韩熙载夜宴图》和《潇湘图》这两幅珍宝卖给大陆。虽然他知道大陆的出价不会很高，比起台湾或国外博物馆会少很多，但他收藏的目的本身也不是为了囤积居奇去卖高价，国宝不流失海外才是最重要的。如果这两幅画能回到北京，那岂不是百川归海、众望所归！

就这样，这两幅绝世珍宝很快就回到了北京故宫博物院，可谓物归原主，可喜可贺。但其中的经过，收藏界多年来却一直扑朔迷离，传言很多。其实经过很简单，这两件国宝连同北宋刘道士画的《万壑松风图》及张大千搜集到的一些敦煌卷帖、其他宋人画册等十几件东西，经张大千和徐伯郊"讨价还价"后，一共折价两万美元，等于是"半送半卖"给了北京故宫。

《韩熙载夜宴图》和《潇湘图》两幅画送至北京故宫后，曾在香港和台湾引起过各种猜测和议论；甚至事隔多年后，有一位叫陈传席的美术史论学者就以《张大千出让名画给大陆的真实内幕》为题，写过一篇文章，对张大千献宝有另一番的见解。

陈传席先生当年任美国堪萨斯大学中国书画研究员，他在文章中说："张大千是否爱国我并无研究，不能臆造是否。但从他一方'游戏人生'的印章和'百年诗酒风流客，一个乾坤浪荡人'一句诗词中也可见些端倪……事实胜于雄辩，他收藏的中国古代名画，除了个别的几幅外大部分都卖给了美国各大博物馆，原因是北京不可能出大价钱。"

纳尔逊美术馆东方部主任何惠鉴博士、堪萨斯大学美术史系教授李铸晋先生也都曾撰文称："实际上，张大千一直想把《韩熙载夜宴图》和《潇湘图》卖给美国，但索价甚高，正在我们和张讨价还价时，美国政府因在朝鲜战场上与中国军队接火损失惨重而大怒，下令拒绝中国的一切，也不许美国任何机构收购中国艺术品。我们不敢在本土再谈这件事了，看着好东西不能买又不甘心，所以专程派人去香港寻求机会，但最后还是让北京故宫收去了。"言外之意，如没有美国政府的干涉，国宝早已是他们的囊中之物了。

其实，作为一代宗师的张大千，人们对他"造假画"、"爱美女"等喜好一直存有争议，但这也正是一个艺术家真性情的一面，本也无可厚非。但唯独这"破坏敦煌壁画"和"倒卖国宝给洋人"两桩"罪行"为国人所难容。好在"破坏壁画"如前所述已基本澄清，但见利忘义倒卖国宝给洋人之说，半个世纪来一直有人披露指责，并国内外文字相互印证。看来也并非空穴来风。

对于这些传闻，作为经手人的徐伯郊多年来根本不置可否。他也不想去问张大千，因为张大千要真是为了钱铁了心要卖给美国，那也就不用这么低的价格卖给大陆了。即使美国方面暂时不收中国古画，以这两幅绝世名迹的价值难道还愁出不了手吗？

"张大千能把这两幅珍贵名画最终给了大陆，这是确确凿凿的爱国行为，我们又何必再去苛求其他呢？"

故宫博物院在收到张大千这两件国宝和十几件古书画后，有关部门便当即在故宫举行了"特展"，各界人士踊跃参观，一时之间轰动了国内外。

徐伯郊（左）、张大千（右）分别与同一个日本艺伎的合影

郑振铎还专为画展撰文，发表在《人民画报》上。之后不久郑振铎又在致友人的信中兴奋地写道："近几天来，收到的唐、宋、元的名画真迹极多，心里万分高兴。有的是向来不曾见之于'著录'的，但最大多数还是溥仪携出故宫的东西……研究中国绘画史的人，大可有'左右逢源'之乐了。汰尽伪品，独显真相，这是前人所未曾有的'幸福'。而这'幸福'，我们在毛泽东时代实现了！"

其中里面有关敦煌的文物，国家文物局则拨归给了敦煌文物研究所保存，极大地充实了该所库藏，对促进敦煌研究极有助益。因此，敦煌学专家、原敦煌研究院院长段文杰曾充满感情地说："张大千先生对于敦煌，有三大功劳：一是他把敦煌文物给介绍了出去，使全国都知道了敦煌；二是他继承和发扬光大了敦煌艺术的宝贵遗产；三是他把散失在外的一些敦煌珍贵文物，通过努力搜集后又送了回来，这种行为确实是很爱国的！"

所以虽然传闻甚多，但事实胜于雄辩，张大千此举是爱国这一点，是毋庸置疑的。而徐伯郊在促成这些国宝的回归更是功不可没。

这个"香港秘密收购小组"工作历时五年，可谓硕果累累，大功告成，为国家抢救回数不清的珍贵文物，个中辛劳一言难尽却苦有所值。

除收购了法帖至宝"二希帖"和张大千的几幅珍品藏画外，还收购回上海大藏书家潘宗周的宝礼堂宋版藏书约 1088 册。在运送时是由政务院专门出面命令铁道部，将这批书作为特件，派出专列由上海直达北京运回的。

据说当时有人提议用飞机运回时，郑振铎曾惊恐地连忙摇头大声说："不行，不行，绝对不行！万一飞机失事，这些书就完了，我们的国宝就毁了啊！"但想不到这位为国宝鞠躬尽瘁的藏书家，最后竟真的因飞机失事而英年早逝，不禁让人扼腕痛惜。

有关藏书的收购，还有大收藏家陈澄中的海内孤本宋版的《荀子》、宋版的《韩昌黎先生集》40 卷、《柳河东先生集》40 卷等。其中《荀子》全书厚达 20 卷，是宋刻宋印本，质极精良。历代收藏此书的大藏书家都把它当成传世之宝，并秘不示人达数百年，就连明清时专门研究荀子的学者们都难以见到。

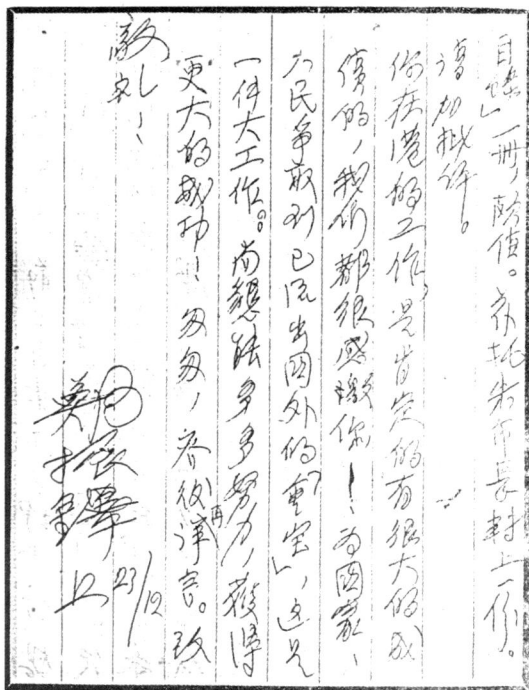

"香港秘密收购小组"工作期间，郑振铎写给徐伯郊的信

张大千与徐伯郊在台北摩耶精舍

　　徐伯郊经过四年时间的努力奔走，终于劝动陈澄中把这批宋元善本共 126 种，全部卖给了国家。现珍藏于北京图书馆。

　　这批善本收购回来后的 1955 年 5 月 28 日，郑振铎在给朋友的信中高兴地写道："从此，善本图书的搜集工作，除了存于台湾及美国者外，可以告一段落了。"

　　至此，收购小组按照当初制定的以"古画（明以前）和善本书"为收购重点的收购计划已圆满完成任务，除字画、善本外，还收购到一套古币，共计一万七千余件，是我国历代在各地发行的各种金、银、铜币，以及纸钞、纸版等。因币种全面，成为我国最完整的古币精品，也成为后来中国钱币博物馆的基础藏品。

　　对于徐伯郊在几年中的辛劳工作，郑振铎在写给徐伯郊的信中曾致意：

　　"许多时候以来，你替国家办事，迄今未支付分文，我们甚为不安。拟按月补送薪金，万乞勿却为荷。"但徐伯郊却以"国家兴亡，匹夫有责，我不过是在尽一个书生的报国本分。这都是我应做之事，哪里还能要国家的钱呢！"而婉拒。

　　徐伯郊在香港几年间为收购国宝所辛苦奔波的一切费用，如车马费、交际费、邮电费等，不但没用国家一分钱，还把自己多年来所藏珍贵的宋、元版古籍善本，和几十种明版的地方志等，也以极低的价格捐售给了国家。

和张大千的境遇一样，徐伯郊因长期居住在香港及国外，所以有关他的情况和他为祖国国宝回归行动中所做的巨大贡献，国内少有人知，甚至在国内还有一些不公正的讹传。

世事本来沧桑，人心更如海般深邃难解。好在这些国宝安在，是能够安慰所有人的唯一理由。

来去匆匆阿根廷

1951 年 11 月，张大千从台湾回到香港时，还有一件让他惊喜和意外的事：他的儿子心嘉、心一、心澄和爱侄心德竟从四川经澳门来到香港和他相聚。已经整整两年没看见家人的张大千不禁喜出望外又唏嘘不已。这使他更加坚定了要赶快觅到安居之地将家人安顿下来的决心。

恰在此时，香港教会的天主教大教主于斌向阿根廷政府申请准许他协助一百户中国天主教家庭移民阿根廷。因阿根廷是个笃信天主教的国家，所以也要求移民必须是天主教徒。阿根廷国家地处南美，土地极其丰饶，极欢迎各地移民前来建设国家，所以阿根廷政府批准了他的建议。于斌也是张大千的老朋友，便向张推荐可去阿根廷考察一下情况。而张大千能有此资格申请移民，则是因为他的父母都是虔诚的天主教教徒。

天主教是在清末时进入中国的，由于当时社会环境的动荡不安，人民的生活艰难沉重，不少中国人在西方传教士所描绘的所谓天堂中，暂时得以心灵上的慰藉。张大千的父母便是怀着对生活的一种美好希望和憧憬加入天主教，成为虔诚的教徒的。张大千的二哥张善子在晚年也开始信教。

张大千在四川就读的小学就是由天主教福音堂开办的教会学校。虽然在他的作品中，并没有明显的宗教色彩，但宗教的思想还是或多或少地渗透进他的思想，并影响到他对人生方向的选择。

因为从小就生活在天主教氛围很浓的家庭里，所以张大千对《圣经》中的一些经文非常熟悉，这从他日常生活中的起名、题词等便可看出一些经文的出处来。又因他从小上过教会学校，所以能接触到西方语言和西方的文化思想，这也是他日后能坦然进入西方国家生活，没有太多陌

张大千常以道士自居。此照片中神情潇洒怡然，还真有仙风道骨之感

生感和恐惧感的原因之一。

相对于西方天主教对他的影响，东方传统的佛教思想更使他获益匪浅。他的名字"大千"二字，便是他 20 岁时在上海郊外松江县里的禅定寺出家时所起的法号。至于他为什么会出家，这里又得引出他的一个爱情故事来——

张大千有位青梅竹马、两小无猜的表姐，叫谢舜华。她比大千大三个月。童年时两人常常结伴玩耍、同进同出。以至于大人们常说他俩很可能会有夫妻缘分。渐渐地两人都长大了，谢舜华长成了一个漂亮的大姑娘，既温柔又能干，两个年轻人都深爱上了对方。双方的父母也一起替他们定下了这门亲事，只待大千从日本留学回来便给他们成婚。

谁知等张大千从日本回来，竟猛遭迎头痛击——谢舜华因思念过度，正值花样年华却凋零去世了。

这一情感上的打击对年轻的、刚刚初恋的张大千来说，简直是致命和毁灭性的。他失魂落魄，满脑子都在回忆着和表姐一起度过的那些美

好的时光。表姐那双含情脉脉的眼睛，仿佛无时无刻不在注视着自己，让他简直是痛不欲生。

突然他萌生出一个念头来：应该出家当和尚去，只有出家不再和别的女人有情缘才能对得起表姐的一腔痴情。

于是他便真的去出家了，被禅定寺的住持逸琳法师取"大千"二字为法名。这两个字出自佛经《智度论》卷七，因里有"三千大千世界"之语。从此便再没用过原来的名字"张正权"，并常以"大千居士"自诩。但真正的出家人生活又怎能过得了，那些清规戒律把追求艺术的翅膀都一起绑住，仅这一点就无法让张大千再继续当和尚了。

三个月后，他自己主动回家了。因想念表姐的痛苦经过这三个多月的"青灯长卷"平静了许多，对人生又有了新的认识和感悟。回家后不久，母亲曾友贞便让他和大太太曾正蓉成了亲。

佛学对他的洗礼最主要的是使他对生活和艺术有了一种超然的达观态度，这种达观使他在尘俗世界中爱美食、爱热闹、爱朋友、爱美女、爱赚钱、爱花钱、爱名声等等。

这种看似极端矛盾的既能入世又能出世的思想，在他身上竟能如此的对立而统一，不得不说都是归功于宗教对他的影响。

阿根廷和中国关山迢递，但人在没有根底的飘零中，常会不自觉地远离喧嚣而选择一处"世外桃源"作为避身之所，似乎距离越远反

当年的重庆求精中学就是教会学校，张大千曾就读于此（今为四川省重庆第六中学校）

倒越有安全感。尤其是他的四个子侄刚从大陆过来，本意是想劝他回大陆老家，但张大千骨子里那种传统文人的孤高，决定他既已踏出这一步便很难再回头，尽管他对自己所做的一切也莫名其妙。刚离开大陆时他还没有太多的体会，但随着时间的推移他发现原本简单的初衷，也会变得越来越复杂，尤其是再与政治挂上钩，有些东西便更难以解释。于是他劝孩子们也别再回去，他担心回去后不好交差反倒惹出麻烦。四个孩子听从了他的话，留在了他身边。

1952 年 2 月，张大千前往阿根廷举办画展，顺便考察一下那边的环境。

考察的结果令他十分满意，竟觉"江山风物，无不宜人，真有世外意境，生活之低，为全世界所无，避地之理想处也"。

于是 5 月份返回香港后，张大千毫不犹豫地便偕家眷投奔阿根廷去了。

张大千是下定了"一劳永逸"的决心去安家的，所有能带的东西全部都带上了，仅行李就有近百箱，其中仅在香港购买的各类书籍就有27 箱；"包括十三经、二十四史、四部丛刊、艺文类书籍等，真是应有尽有。"（刘太希回忆语）还有一大群的宠物，猿、猫、马、犬等。浩浩荡荡，颇为壮观及豪华。张大千最喜欢的动物就是猿，其中的渊源也颇为神奇。

原来张大千的母亲在怀他时，有一天在家后山坡上晒太阳时不觉睡着，做了一个梦。在梦中她无比惬意地走进一座鸟语花香的山谷，轻风袭来，一股芳香直沁心肺，令人心旷神怡。正在她惊喜地四处张望时，一位鹤发童颜、慈眉善目的老者，突然出现在她的面前。只见老者手里托着一个像铜锣似的金属大圆盘，盘子中央竟蜷着一只小小的黑猿，毛茸茸的身体，两只眼睛望着她，透出一股惊人的灵气，煞是可爱。她情不自禁地伸出手去想要抱一抱这只可爱的黑猿，老者此时发话："给你拿去吧，要小心抚养，记住，此物有二忌：一怕荤腥，二怕月亮。"说完老者便倏忽不见了。张大千的母亲正惊诧间，那只可爱的黑猿竟一下子跳进她的怀里……

张大千的母亲一下子惊醒了，突觉腹中胎儿蠕动，急忙喊人扶回

（图左）张母曾
友贞，是四川内江著
名的民间艺人，擅画
花鸟和刺绣

（图右）张大千
为父亲64岁时所画的
肖像图

家中。不多时便产下一个男婴，又黑又瘦，胎毛浓密，毛茸茸的，真像一只小黑猿。当时谁也没想到这个"小黑猿"日后会成此大器。台湾著名记者薛慧山先生曾在文中感慨过张大千在外型上不仅一把美髯与众不同，身体上也颇与众不同哩！

"……在此不妨再泄露一个秘密：那天大千先生和我入浴之际，即脱去了衣服，彼此袒腹相见，他赤裸裸的一副异相，顿时把我看得惊骇了起来。你道是什么？大千先生浑身上下，竟那么生满了茸茸浓黑的毫毛，这是天生异禀，从来我没有见过类似的第二个人……忽然我想起世传的黑猿投胎转世的故事来。记得在九龙时，大千先生还曾驾临尖沙咀柏园来访问过我。柏园中蓄着一头长臂猿，见到张大千彼此似曾相识，双方痴痴地相对了好久。这一幕，也足以证明这位美髯公的外貌，居然连动物都着迷了。有时，大千跟我在弥敦道（九龙著名的商业街道）上散步之际，有不少美貌少女都对他驻足而观，虽非掷果盈车，亦算惊才绝艳，大千却自嘲：'她们把我当作一个奇怪的动物在瞧罢了！'……"

古书《寒玉堂论画》上有对猿的一番阐释："古人画猿，不画猴者，猴躁而猿静。猴喜残生物，时扰行旅。猿在深山，攀藤饮水，与人无竟。此猿于君子，此猴于小人。"把猴子与猿比做小人与君子，因此古人画猿，"寓有嘉善之意"。

也因为张大千有这个传奇的出生典故，所以张大千的老师曾农髯又为他起了一个"张爰"（又做瑗）的名字。

晚年张大千与他最心爱的金毛猿

张大千画《我同我的小猴儿》

至于张大千母亲梦中的老者所言的两忌：忌荤腥和怕月亮。说来也巧，张大千直到12岁才开口吃肉，而且在作画时更有鲜为人知的忌讳，其中之一就是在他的山水画中，从来都不画月亮。在花卉作品中，除了画花朵丛叶，也很少去画虫豸之类。这一点与齐白石截然相反。对于有些画家在画完花朵之后，又添画一些蜜蜂之类，他看了之后都会忍不住摇起头来。

阿根廷的确是个美丽的国家，让初到的张大千非常开心。他在离首都布宜诺艾利斯不远处一个叫曼多洒的小镇上，租了一座两层的花园楼房。花园面积有两亩地大小，院内栽有松树、扁柏、樱桃、杨树和柳树，并栽有玉兰花、栀子花、月季、蔷薇、七里香等花草。所养的动物中有六只黑白猿、四只波斯玉眼雪狸、四只杂色猫、四头骏犬，不久，这四头骏犬又生下六只小狗；真是一派生机勃勃的新气象。

张大千颇是怡然，给这座小楼起名为"昵燕楼"，同时做了一幅《移居图》寄给台湾的老朋友、监察院秘书长张目寒。上面的题诗表达出他此时愉快的心情：

且喜移家深复深，长松拂日柳垂荫。
四时山色青宜画，三叠泉声淡入梦。
客至正当新酿热，花开笑倩老妻簪。
近来稚子还多事，黯绿篇章学苦吟。

张目寒收到这幅《移居图》后，很为张大千的落脚而高兴，还特意把画拿给溥心畬看，而溥心畬欣赏过后，却生出另一番感慨来。联想到张大千从 1949 年出去短短三年间，先后在香港、台湾、印度大吉岭等地四处漂泊，流离失所，不禁感怀怅然。随即写下这样几句诗来：

> 莽莽中原乱不休，道穷桴海尚遨游。
> 夷歌革服非君事，何地堪容昵燕楼？

张大千在阿根廷期间，阿根廷总统贝隆及夫人特意接见了这个东方大画家，并表示非常欢迎他在阿根廷定居。

可在着手办理长期居留手续时却不知何故久久批不下来，让张大千大感意外。一开始张大千以为是所托的办事人能力不行，便又换人再试，结果仍是办不下来。最后阿根廷的相关部门明确表示，不能批准张大千在阿根廷的长期居留权。此时，贝隆已经下台，再没有别的途径能办下手续，令张大千气恼不已。

此间还发生了一件令张大千伤心的事，他的侄子张心德跟他风尘仆仆来到阿根廷后不久，因原有心肺病复发，又突患急性盲肠炎，来不及送医院开刀，竟病逝在这个南美的异乡。

张心德是张善子的儿子，天姿聪颖并勤奋好学，在小辈中是最让张大千器重和喜爱的孩子，曾跟随张大千远赴敦煌悉心学艺，如今年纪尚轻竟病殁异乡，张大千真觉伤感至极。

阿根廷让张大千一度视为世外桃源，"南游快递平生愿，风物于人信美哉。多士衣冠倾上国，长年花木孕奇胎"的美丽地方，一年后却让张大千百感交集。早知在此居留不成，又何必劳神费力地过来，还搭上了孩子的性命。

张大千心情低落到了极点，不由得在写给朋友的信上抱怨：

"此间情形为二三无识所捣乱，且报告到台湾，真大笑话。弟初到时满以为即可领得永久居留证，竟不知弄到如此地步。每一船到南美，日本人每成千移民，政府出钱出力，尽力推动，我国政府乃荒谬至此，做种种捣乱。到台湾既不易，即使能去，又如何生活？避居香港势必将吃饭钱为外人刮个净尽，倘使赤焰飞临，不为灰烬，即为利用，台湾之居心如此，不知其究有心返回大陆否？乃不肯留一些元气，真令人百思不得其解也！"

从此信中可看出张大千身处异乡对自己命运无法把握时的无奈和恐惧，是走是留的心境矛盾且复杂。他怀疑居留证办不下来，是来自台湾方面的阻挠，至少是台湾当局对移民持有不支持的态度，不像日本移民那样政府能够大力推动。台湾方面不协助他，避居香港又怕大陆方面找他的麻烦，他甚至认为一旦回去，便"不为灰烬，即为利用"。可见张大千在当时对共产党已有很深的隔阂。

此时大陆方面却非常欢迎他能够回到祖国，就在新中国成立后不久，毛泽东便派著名学者章士钊到香港，请张大千出任北京艺术学院（即后来的中央美院）担任院长，张大千自然婉拒。

周恩来也曾多次过问张大千的情况，并让徐悲鸿和叶浅予写信给张大千，劝他早日回国。当时张大千刚到印度大吉岭。

1951年，张大千的四哥张文修先生（著名中医）到北京参加全国红十字会工作会议期间，徐悲鸿、叶浅予、于非闇、郑振铎等人特地去看他，希望他能写信给大千，让大千早日回国。徐悲鸿还特意转达了周总理的意见，要是信不好投递，可通过中国的外交管道，由驻外使馆转交。张文修非常感谢国家领导人和朋友们的关心，表示一定转告。

陈毅副总理也问过鉴赏家谢稚柳："中国画家中谁画得最好？"谢稚柳回答说："当然是张大千。"陈毅便问张大千现在何处？谢说在海外。于是陈毅便让谢稚柳写信劝张大千回国。

谢稚柳是我国著名的国画家和鉴定家，其兄谢玉岑是我国二十年代著名词人，素有"江南才子"之称，与张大千在上海一年一度文人聚会的"秋英会"上相识后，成为形影不离的好朋友。三十年代初，张大千的题画诗词中有不少是谢玉岑写的，并多数不署名。可惜才子谢玉岑因病早逝，时年才31岁。张大千为此难过了很久。谢稚柳比哥哥小12岁，谢玉岑去世后，张大千便十分关照谢稚柳，还特意出资让谢稚柳也来敦煌见识一下这些艺术瑰宝。

谢稚柳到达莫高窟（千佛洞）时，张大千在庙门口迎接他，一见面张大千便欣喜地向谢稚柳描述莫高窟里令人惊叹的壁画艺术。而当谢稚柳看到那些伟大的壁画时，则完全惊呆了："我看到了什么？我以前看到的陈老莲、董源、巨然、范宽、燕文贵；看到的宋元绢本、明清画本等，和这片浩瀚的艺术大海比，只不过是沧海一粟……"可以说，敦煌之行对谢稚柳在日后书画鉴赏方面的造诣，具有重大意义。

由此可见张大千和谢稚柳已不仅仅是友情关系，里面也包含了很多因至交谢玉岑而产生的些许亲情。

张大千虽然拒绝回中国大陆，却让在四川老家的三夫人杨宛君将自己当年在敦煌临摹的一大批珍贵画稿捐献给国家，以此表达自己对祖国的赤子之心。这些画分别被故宫博物院和四川博物馆所收藏。周恩来总理获悉此事后，曾问当时的文化部领导："张大千的那批画，付钱了没有？"有关领导回答说："没有。"周总理当即表示："不付钱不行，你去了解一下那批画的价值。"

于是文化部领导去问谢稚柳，谢稚柳说："这怎么算得出来，这些画都是张大千的精品，当年他为了去敦煌，三年时间里费用之多就甭提了！"

文化部领导说："那你估算一下呢？"

谢稚柳说："那是根本算不出来的。"最后周总理指示文化部颁发四万元奖金，两万元给了张大千家人，另两万待张大千回来后给他本人。

建国后的几年间，共产党高层始终没有停止过做海外知识分子回归的工作，周恩来总理经常批示有关部门，要利用出国机会多做些动员工作。对于张大千就更加重视，有关部门和领导曾两次委托文化界出访代表团的同志设法找到张大千，劝其早日回国效力。其中一次是在巴黎，另一次是在瑞士。

1956年中国文化代表团访问巴黎时，恰逢张大千正在巴黎赛那奇博物馆举办画展，代表团全体成员都去看了画展，并设宴祝贺张大千画展获得成功。

当时参加宴会的代表团成员之一、我国著名画家张仃后来回忆说，行前他们受文化部副部长夏衍的委托，让他们找机会做留在巴黎的华人艺术家们的回归工作。当时在法国的画家有赵无极、常玉、潘玉良和张

张大千作画时的神情

大千等，并且这几位画家在法国乃至世界都已声名赫赫了。

张仃回忆说，在巴黎时与张大千的见面共有两次，第一次是在赵无极的家里，由张仃出面请张大千、常玉和潘玉良吃饭。这次聚会实际上是一次摸底，想了解一下他们到底想不想回国。结果是都没有想回国的意思，常玉和潘玉良态度还犹豫些，怕回国找不到合适的工作，并且怕过不惯国内的艰苦生活。而张大千的态度则是最坚决的，他丝毫不想回国。

第二次见面是在一家华人开的餐馆里，代表团在这里举行一个小型的艺术家恳谈会，由文化代表团的副团长冀朝鼎先生出面主持。冀朝鼎向这些海外艺术家们介绍了新中国的建设情况，代表国内有关部门欢迎他们能够回国，参加文化建设工作，张大千当时一言不发。

在瑞士的那次劝说工作是由中国驻瑞士大使馆出面，当时张大千夫妇来瑞士观光，中国驻瑞士大使馆获悉此消息后，由文化参赞出面到张大千下榻的旅馆问候，并邀请张大千夫妇出席大使馆为他举行的欢迎宴，结果又被张大千婉拒了。

提到回国，无论是政府出面邀请还是私交至友的期盼，张大千都以"有债务需要处理"为由表示暂不能归，并且讲明不需要国家或其他个人替他偿还。此时张大千就是不回的真正原因恐怕不外乎两点，一个是

1956年，中国文化代表团访问法国时，与旅法华人艺术家聚会，右二为潘玉良，右三为张盯，右四为张大千，右五为徐雯波

国内的经济状况，另一个就是他深为讳忌的政治原因。这可能也是很多海外艺术家留在异乡不肯回来的真正原因。

的确，建国初期的新中国，连解决四亿人民的温饱问题都很勉强，所以只能先实行配给制。收入很低，导致文物古玩市场和中国字画市场一下子萧条起来，大多数中国画画家只好改画其他画种，有的绘连环画，有的干脆放下画笔从事美术教育工作。只有像齐白石、徐悲鸿这样的大画家还能勉强以卖画为生，但画价也很低，一幅画只能卖几十元。

如果不能卖画，那么像张大千这种以鬻画为生的职业画家，怎么生活呢？更何况他有一大家人，除了自己的老婆孩子，一些亲戚如他的三哥三嫂、四哥、二嫂等人，都是没有收入的老人，张大千在海外安身后，还能定期给家里寄钱，他要是回国的话，恐怕就不会有这个能力养活这么多人了。

如果把海外艺术家和国内艺术家的境遇状况对比的话，不得不承认差别是相当大的。客观地说，这是一个在大时代、大动荡的背景下才会产生的个人命运。现已在法国以油画成名的华裔画家赵无极，当年是从任教的杭州艺术专科学校，考取公费留学生资格，于 1947 年留学法国学习油画的。当年与他同去法国留学的还有国内著名画家吴冠中等人。两人同是杭州艺术专科学校毕业的学生。

杭州艺术专科学校，就是今天中国美术学院和浙江美术学院的前身，

（图左）张大千的三哥（上）三嫂及写给张大千的家信（下）

（图右）张大千的四哥张文修，也是四川省著名的中医

是当时唯一一所国立艺术专科学校，由著名的绘画大师林风眠任校长。林风眠和徐悲鸿是同时代留学法国的著名画家，是我国较早接触到西方绘画的画家。1925年冬应蔡元培之召，林风眠带着法国妻子亚丽丝回国，出任北平艺专校长，1928年又奉教育部之命赴杭州创办西湖国立艺专，也就是杭州艺专。因此在办学方向上偏重西方现代艺术，追求中西结合。从授课方式和教学观点的角度看，几乎可说是法国美术院校的中国分校了。

学校图书馆里的画册及刊物也以法国版本居多，并且学校还教法语。

在接触西方艺术上杭专的学生可谓得天独厚，很早便知道了塞尚、凡·高、高更、马蒂斯、毕加索等这些当时还不为中国人所知的艺术大师，并且所聘老师们都是当时非常知名的画坛名家：如潘玉良、吴大羽、刘开渠、常书鸿、蔡威廉、李超士等。

1949年对中国来说是翻天覆地的，每个中国人都看见了结束战乱的曙光。远在海外的这些留学生们也在时刻关注着国家的命运，他们渴望和平、渴望安定、渴望重建自己千疮百孔的国家。这些中国留学生们虽看不懂当时国家的政治，也不想过问它，可在异国遭受的民族歧视与屈辱，却使他们强烈地渴望祖国能够富强起来，他们懂得只有祖国富强了，他们的脊背才能挺直。

　　1949 年初，世界和平大会在巴黎召开，中国共产党派陆璀和区棠亮两位同志赴巴黎开会。会议结束后，这两位女代表在巴黎的一家咖啡店里，邀请部分留学生会面，她们挂起即将解放的全国形势图，向留学生们讲解中国共产党对知识分子的政策，并欢迎留学生们能日后回国，参加新中国的建设。

　　著名画家吴冠中在日后的回忆文章中，详细地记述了当时在巴黎是走（指回国）还是留的真实心路历程：

　　"待到中华人民共和国成立时，我们在学生会里立即挂起了五星红旗。于是学生会与国民党的大使馆之间展开了激烈的斗争，因我们当初来时持的是国民党中华民国的护照，国民党的大使便以押送去台湾来威胁我们，但不久使馆里的好几位工作人员便起义支援学生了。形势发展很快，在我们留学生的脑海中，也掀起了波涛，回不回国的问题像一块试金石，明里暗里测验着每个人对祖国的感情。回去？巴黎那么好的学习环境，不是全世界艺术家心目中的麦加吗，怎能轻易离开？何况我只当了三年学生，自己的才华还未展露，而且说句私房话，我这个黄脸矮个儿中国人，有信心要同西方的大师来展开较量，回去！艺术的事业在祖国，何况新生的祖国在召唤，回去！"

　　每个留学生都面临着去和留的选择，考虑生活待遇方面倒并不重要，关键是各人的专业回国后将如何得以发挥。更现实的问题，当时的国内美术界权威们，对西方现代艺术绘画形式能否看得惯。

　　尽管对"一切为政治服务"的艺术方针并不很赞同，但年仅 31 岁的浪漫年轻画家吴冠中还是踌躇满志地回国了。他借用凡·高的话安慰着自己："你是麦子，你的位置在麦田里，种到故乡的土里去，将于此生根发芽，别在巴黎人行道上枯萎掉。"

　　他坚信："艺术的学习不在欧洲，不在巴黎，不在大师们的画室；而是在祖国，在故乡，在家园，在自己的心底。再苦的生活也不会在乎，无论被驱赶到祖国的哪一个角落，我将爱惜那卑微的一份，步步真诚地做，不会再懂憬巴黎的画坛了。即使国内情况再糟，我仍愿回来。火坑大家一起跳。我似乎尝到了当年鲁迅先生抛弃医学的学习，决心回国从

1942年杭州国立艺专毕业时的吴冠中

事文艺工作的勇气……"

吴冠中回到国内后，便匆匆赴京到教育部归国留学生接待处报到，参加在等待分配工作期间所安排的政治学习，以及听一场又一场的政治报告。后通过老同学董希文的介绍去了中央美术学院任职。董希文是我国著名油画家，其知名作品是那幅广为流传的油画《开国大典》。

起初，吴冠中并不想去由徐悲鸿担任院长的美院工作，因为两人的美术风格不太一样，徐一味主张写实，与林风眠兼容甚至偏爱西方现代艺术的观点水火不容，故杭州的学生也与徐系的学生观点相悖。因之他对董希文说，徐悲鸿怎能容纳我的观点与风格。董答："老实告诉你，徐先生有政治地位，没有政治质量，今天是党掌握方针和政策，不再是个人当权独揽。"

于是吴冠中决定留在美院，月薪是七百斤小米。由此可见徐悲鸿邀请张大千来校当教授，并许以三千斤小米的月薪的确是最高待遇了。

但过了一年多，即1952年，随着文艺整风运动的开始，吴冠中回忆道："有人说我是形式主义的堡垒，有人直截了当地提出，要我学了社会主义的艺术再来教课。社会主义的艺术到哪里去学？我不知道，大概是苏联吧！在那些'无产阶级立场坚定'的人的眼里，我这个从资本主义国家回来的'资产阶级知识分子'，满身是毒素，他们警惕地劝告同学们别中我的毒。我终于被调到清华大学建筑系，教教水彩之类偏于'纯技法'的绘画课程。我被调出美术学院，不只因教学观点是属于资产阶级的，还有创作实践中的别扭与苦恼。连环画、宣传画、年画……我搞不好，硬着头皮搞，心情并不舒畅。我努力想在油画中表现自己的想法，实现归国途中的憧憬，直到'文化大革命'又开始了。我想自己是改造不好的了，这就是我改行只画风景画的初衷。"

吴冠中和所有不幸的中国知识分子一样，在连续不断的政治运动中一过就是几十年，而他留在巴黎的几个老同学都早已成为画坛大家，回国观光时还被视为上宾，被周恩来总理亲自接见。20 世纪 80 年代初，当吴冠中再次有机会重来巴黎时，"颇有一枕黄粱之叹"！

如果当初自己也留在巴黎呢？他问自己，"大概也走在赵无极、朱德群他们的道路上，排在他们的行列里。他们都曾回过国，都到过我那破烂阴暗的两间住室里。为了找厕所，还着实使我为难过。我今天看到他们优裕的工作条件，自卑吗？"虽然吴冠中自感："不，我虽长期没有画室，但画并没有少画。倒是他们应羡慕我们：朝朝暮暮，立足于自己的土地上……"但几十年间的个中滋味，又怎是豪言壮语般的安慰所能轻易化解！

吴冠中现已是国内乃至世界画坛响当当的大师级画家，其作品在大英博物馆、巴黎塞纽齐博物馆、美国底特律博物馆及台湾历史博物馆等处举办过多次展览，时间进入到 20 世纪 90 年代时，他也已是七十多岁的老人了。这和张大千、赵无极 20 世纪 50 年代便已扬名世界画坛相比，整整晚了三十多年。这当中固然有年龄上的差别，但更大的差别恐怕还是来自政治和地域吧！

1956 年 10 月，北京中国画院成立，副院长职位已任命了好几位，其中还有于非闇，但唯独院长一职迟迟没有宣布，据说等的就是张大千。

国画院筹建期间，叶浅予、谢稚柳、于非闇和张大千的学生刘力上，一起在北京老字号"恩成居"吃饭。落座后彼此相望，不禁都回想起当年和张大千在这里吃饭的情景。他们想起解放前经常在这里欢聚畅谈，只要张大千在，总会让周围的朋友开开心心、笑声不断，因为他学识渊博，机智幽默，最会摆"龙门阵"讲故事笑话。而今，时过境迁，席间只缺一人，让老友们颇觉伤感，思念之情油然而生。于是叶浅予提议，让于非闇以老朋友身份写一篇《忆张大千》的文章发出去，好让张大千

1937年，与"东西南北"的画家诸友同游雁荡山。右起：谢稚柳、黄君璧、于非闇、方介堪、张大千等

知道朋友们是如何想念他。

两个月后，这篇文章果然登在香港的《文汇报》上。文中热情地歌颂了社会主义制度的优越性，"近年来，我的生活一天比一天好，在和平的环境里，作为一个自由画家的我，正富富裕裕地生活着，毫无拘束。像我前面所谈，如张文修（张大千的四哥）、叶浅予、谢稚柳和叶遐庵（叶恭绰）先生，他们所受到的尊敬与优遇，比我更为隆重。特别忆起大千当年每次来京，必独自出资请齐白石老师吃川菜，他已是76岁的老人，作为国际和平奖金的获得者，他被广大的人民尊崇着。大千有颗印章，印文是'别时容易见时难'，这是入情入理的话。在我们这极其优越的社会主义制度下，是欢迎海外侨胞自由来参观的。所谓'别时容易见时难'这句话，已经不存在了，只要是想'见'的话。"

此文写得情真意切，诚挚动人。据说张大千看后也深为感动，并曾托一位印尼华侨给一位中央领导人捎过口信，表达自己想回国看看的心愿。那位领导人很快便把此消息转给美术界的负责人士。叶浅予也曾听过这件事。可不到半年，中国的"反右"运动又开始了。参予筹建北京画院的所有画家都被打成了右派，这种突变的形势让海外的艺术家实在是目瞪口呆了！

谢稚柳多年后也对张大千没回大陆曾有过精辟的看法，他说："我也希望他回来，但我绝不劝他回来。原因有二，一是张大千自由散漫，爱花钱，在国内，没有这样的条件；二是张大千自由主义很强烈，要是让他当人大代表、政协委员、美协理事等职，经常要开会，他肯定吃不消，如什么都不当也会节外生枝。张大千这人，只适宜写画，不适宜开会，他不擅说话，更不擅作大报告。"

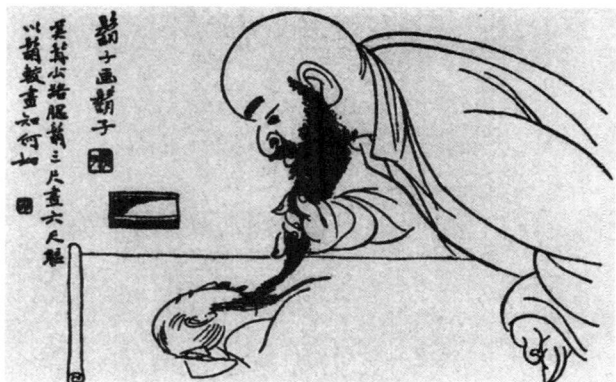

叶浅予画的《张大千作画图》，
用胡子蘸墨画胡子，颇为形象幽默

叶浅予说得更加明了："1949年蒋介石政权已退居西南一隅，作为自由主义的艺术家，又依恋于中国的半封建半殖民地社会关系，对中国即将到来的革命，不但不能理解，并且会有反感。原因很简单，他怕在这个即将来临的新社会，没有他的用武之地，说穿了，他怕戴上反革命帽子，也许活不成。"

不想回大陆很重要的原因是怕"政治运动"，但没想到刻意回避政治的张大千，竟会因政治原因被台湾方面婉拒，因而才有他在阿根廷写给友人的信中所抱怨的那句"到台湾既不易"的话。如果说1949年刚从大陆出来时不想落脚台湾，是怕被台湾对大陆的"三不"政策所束缚，那么之后的几年间经过印度、香港的一番流徙后，张大千已深感身在异乡的种种不方便，因此还是动了留在台湾的念头，却想不到自己此时却又上了国民党的"黑名单"，把他列为"亲共分子"了。这真是落到"姥姥不疼舅舅不爱"的尴尬境地了，让张大千无奈也无语了。

张大千的好友蔡孟坚在一篇回忆文章中披露——

他当时受蒋介石委托特命担任驻日私人代表时，有一次回台向蒋述职，蒋竟特别指示他："在东京，不应与亲北京的张大千往来。"

当时蔡孟坚闻听此言非常惊诧，但又不便多问，只好"诺诺而退"。

蔡孟坚是何等精明的人物，这个国民党的老牌特工，在20世纪20年代任武汉公安局局长时，曾因抓捕到共产党当时在上海租界的领导人顾顺章而为国民党立下大功。顾顺章当时化名黎明，是中共中央政治局

1983年3月6日，中国美协召开"张大千艺术座谈会"，叶浅予（中）在会上发言

的候补委员。当时的公开身份竟然是经常登台表演的魔术师，是一个颇具神秘色彩、怕暴露身份连照片都不肯轻易拍的人。因当时斗争形势的需要，共产党也成立了特工科，由周恩来直接领导，顾顺章是三个负责人之一。他被蔡孟坚抓住后，国共两个同等重量级的特工头子展开了心理较量。蔡孟坚直言不讳地对顾说，你落到我手里，对抗就是死路一条，没有任何别的余地。

此时的顾顺章权衡之后竟妥协而叛变，对蔡说出了所有机密人员的名单和活动地点，此举无疑对共产党精心经营的秘密网点给予致命的打击。幸亏当时打入国民党中统内部的钱壮飞，冒死将顾叛变的消息告知了周恩来，周才幸免一劫，但所有据点却被国民党一举摧毁。蔡孟坚因破获"地下党"有功，从此备受蒋介石夫妇的器重。有如此不平凡政治背景的蔡孟坚，经蒋介石这么一说，着实为张大千捏了一把冷汗。

说起蔡与张大千的交情已算很深，当年张大千去敦煌时，蔡孟坚时任兰州市市长，借着老上级张群与张大千的关系，给张开了不少的方便。回过头来说，张大千以不问政治的艺术家身份竟然能结交下很多权贵政要，并成为至交，不能不说他的确有人格上的魅力。

张大千曾说："作为一个中国画家，一定要有名、有年。有名的话别人才会珍藏你的作品；无名则罢，即使当代有人识货，把你的画挂起来，后人也不会善加珍视，等年深日久，画幅脏了旧了，又不知为何人

张大千与蔡孟坚的合影

所作，自然更不受重视。"

中国画家中，生前即享有盛名的人也许并不少，但享有像张大千这般赫赫之名并与之对应的豪华生活和排场的，恐怕还没有超过张大千的。

而这一切绝不只是单靠鬼斧神工的画技所打拼出来的。

正因有着高超的处世之道，并太过深通和游刃有余，所以也招徕让人惊讶的揣测和非议。著名作家高阳便对张大千有过另一种独到的阐述和看法，他说张大千有一套"过人之术"，"其用心之深之苦"，可比照《红楼梦》中的王熙凤。

高阳的文章，立即招致曾跟随张大千近五年时间的秘书冯幼衡女士的强烈反驳，她以几年来的亲眼所见，激愤地反驳高阳所说之"术"，"如果是指艺术之术、学术之术、心术之术，大千先生都可以得满分，可是若把这个'术'和王熙凤连在一起，那就不知从何说起了。因为王熙凤是个'作风阴狠险毒'之人，这种角色，和大千先生的宅心仁厚、感情丰富、处处为人设想，唯恐伤害别人的菩萨心肠相比，岂但是云泥天壤之别而已！

"当然，了解大千先生的朋友都承认他非常会'做人'，也因此获得朋友们发诸内心的感佩；然而我们要研究他会'做人'之道，必须从他的出身环境和背景去了解；断不可以世俗之心认为其中必有什么'过人之术'……张大千居士拜在曾、李二师门下学艺，让他见识到了真正的大家风范，并学到了许多传统的规矩和礼法……大千先生所以能够在做人方面有一流的火候，这和他传奇性的际遇，以及拜了一流的名师、和一流人物交游有关，因而造就了他传奇性的人格，培养了他过人的气度，但那不是'术'。他的伟大艺术造诣，已和他一流的为人处事心胸合而为一，是那么的自然融洽，没有丝毫斧凿的痕迹。若是现在还以他早年一些成名的传奇性故事为例，说他以'术'成名，这种观察实在是失之主观，论断也欠公正⋯⋯"

的确，张大千为人之大度、慷慨是有目共睹的，甚至不少和张大千并不相熟的朋友，也会因在初见时感受到他的热忱而深受感染。对于钱的作用，他有最明确的理解：金钱是为换心之所爱。并且，他是真正做到了"千金散尽还复来"的大气魄，只要是喜爱的东西，大到古书画的收藏，小到一个盆景、一棵花、一块石头，即使代价再高，也会倾囊而得。这种敢于花钱的气势着实让人咂舌。

他自己也承认，他不算是很有钱的，但他是最敢花钱的。他朋友中有千万富翁、甚至亿万富翁，但绝不会像他这么花钱。他说他们总想着细水长流，而他自己则是活一天就要享受一天，"哪怕明天就要死"，也不想被金钱所奴役。因此他常常是"左手还未进，右手就已出了"。

正像著名画家叶浅予所说的那样："张大千完全是靠举办画展过日子。那时候他家里妻子儿女，连同亲戚学生共有十几个人，他平常就靠借钱过日子，开个展览会，卖了画还债，还完债后又接下去借钱。"

所以，以高阳先生这种著名学者也算智者的思考角度说张大千的"有术"，绝不单单是从简单的世俗层面的得失去评判，他想揭示的也许是更深层的含义，那应该扩展为一个艺术家，如何使自己既保持艺术上的个性，又能融洽于复杂的生存空间中。

当然，做到这种充分实现自己的艺术目的和生活目的，需要很多的综合因素。首先要以高妙绝伦的艺术为轴心，再以善良行事之根本，才能打造出一片理想中的天地。这个人世间，连普通人尚且难以避免是非非，更何况光环如此耀眼的张大千了！

正因为蔡孟坚对张大千的性格和人品非常了解，所以他当然想问个清楚。但因当时的台湾政治局势也很紧张，他不便向有关机构打听内幕，只好一回到日本，就去张大千当时住的公寓含蓄询问。

他先是以"台湾已日渐安定，大有供艺术家施展的空间，何必羁身海外，寄人篱下呢？"开场来试探张大千的想法。

谁知蔡孟坚的"含蓄询问"立刻引出张大千的愁绪来，以他和蔡孟坚的交情，自然不会避讳什么，与蔡张弛有序的政客风度不同，张大千的回答直接而明了。

他当即提到两件事对自己回台很不利，一件是给毛泽东主席画过《荷花图》，另一件便是卖了几幅国宝级的藏画给大陆，所以"如回台湾，是非太多"。

别看张大千虽从不过问政治，但凭艺术家的惊人直觉，把《荷花图》交给何香凝后，便已隐约预感到这幅画会在日后惹些事端，所以他对国民党和共产党都不想靠近，这才选择远赴南美定居。

但随着时间和情况的变化，大陆频繁的政治运动渐渐让他反感，尤其是"文革"的爆发更让他彻底惊骇，这使他开始向台湾靠近，但又被台湾方面婉拒了。

蔡孟坚了解到这些情况后，便安慰张大千，他会想办法帮忙化解此事的。

他专程从日本返回台湾，向蒋介石汇报完些小事后，蒋当时心情很好，对他说："夫人在客厅请你喝茶。"

那时宋美龄正对学画深有兴趣，并已拜黄君璧、郑曼青两位画家为师。蔡孟坚一进客厅，便看见四面墙壁上都挂满了宋美龄的画作。宋饶有兴致地指点他看，并询问："听说日本印制画册的水平一流，是否能找来几本让我看看。"

蔡孟坚突然灵机一动，何不趁此时，通过宋美龄把划入"黑名单"的张大千择出来，于是他故意吞吞吐吐地说："有是有，只怕有所不便……"

宋美龄果然好奇地问："什么有所不便呀，不就是一些画册吗？"于是蔡孟坚说："张大千在日本刚刚出版过一套《大风堂名迹》，一共四本，印刷精美极了，很值得一看。不过，张大千现在……"

"噢——"宋美龄听到"张大千"这几个字，不禁沉吟了片刻。

她的目光盯在墙上的一幅《荷花》上，那是她仿照张大千的一幅荷花临摹的。笔法清秀，一眼就能看出女性特有的细腻笔触。她画得很精致的眉毛轻轻拧着，美丽的大眼睛此刻因渐渐聚拢的威严而让人有些不敢凝视。

蔡孟坚的心跳加快，他在想这时提起张大千是否有些唐突。他听说过抗战期间在重庆时，一贯喜欢书画的宋美龄曾请教过张大千，但张大千似乎并不太买这个第一夫人的账，只是出于礼貌轻描淡写地"指教"了一下宋美龄的画作。后来宋美龄托张群请张大千画几幅妇女礼服的图样，也被张大千给婉拒了。宋美龄当然不是普通女人的胸怀和气度，她明白大艺术家的个性，通常都会有意无意地与权贵保持距离，这也是中国传统知识分子的特质：虽然是以卖诗文字画维生，但又要在这种鬻画的行当中，保持自己的人格和风骨，这就是"有所为""有所不为"的微妙之处吧。

宋美龄虽然受的是西方教育，却更欣赏中国传统文人士大夫这种极具傲骨的个性。对当年张大千给毛泽东赠画这件事，虽是个人行为，但上升到此人在国共两党之间所表现出的倾向性上，却不得不引起关注。加上张大千在选择人生去向时，总是明显想保持不偏不倚的中立态度，的确让人觉得难以捉摸。

于是宋美龄不由向蔡孟坚打听起张大千的近况来，同时也很急切地想看一看《大风堂名迹》。

蔡孟坚赶紧将家中所藏的《大风堂名迹》送给宋美龄，果然宋美龄一见大为倾心，爱不释手。不久，便电令当时的警备总司令黄杰，以"蒋夫人"的名义邀请张大千来台做正式访问。

张大千抵台后的第二天，《中央日报》头版便刊出专访《画圣张大千》，电视台更是全程追踪报导，各类报纸杂志也连篇累牍地报导有关张大千的各种奇闻逸事。历史博物馆特意举办"张大千近作展"，此展轰动异常，每天参观者都络绎不绝，因此展览不得不一延再延。有关评论点评道："画家受到国人如此热烈地欢迎与重视，自中央政府迁台以来，还是罕见的盛事。"

连蒋介石都亲自出面接见张大千长达三个小时，这与以往接见军政要员，都不过短短数句就结束会见的情形相比，真让人大为慨叹了。张大千也很知趣，投桃报李，在蒋介石官邸当场挥毫作了大幅《荷花》，外加一幅重彩《松下高士》，送给蒋介石夫妇。

于是昔日的种种微妙、难言的隔阂，在一片其乐融融的氛围中化解了，为张大千日后回归台湾扫去了满天的乌云，打下牢靠的基础。那时已是 1968 年了，张大千此时已定居巴西，并在异国他乡打造出一座充满中国古典风格、庄重而优美的庄园——八德园。

八德园长年·一切惟心造

大兴土木创建八德园

"八德园"是张大千为自己安置在巴西摩诘子镇郊区的新家所起的名字。

至于"八德"的说法甚多，一为：佛家称西方极乐世界的浴池中有八德功水，因此为八德池（见《无量寿经》）。这水有八德：一甘、二冷、三软、四轻、五清净、六不臭、七不损喉、八不伤腹（见《俱舍论》）。道家将"八德"解为是八州怀德之提炼。"八州"指整个中国的自然山水。"怀德"，以德行召感人（见《诗经》）。儒家将"孝"、"悌"、"忠"、"信"、"礼"、"义"、"廉"、"耻"称为八德。

但张大千取"八德园"之意并没有那么复杂，只是因为这个园子以前种了很多株柿子树，而柿子在唐朝段成式《西阳杂俎》上所记有七德：一长寿，二多荫，三无鸟巢，四无虫，五霜叶可玩，六嘉实，七落叶肥大可临书。最后张大千根据日本新研究出柿叶泡水可降血压助消化这一功能，正好凑成了"八德"。而加一个"园"字则是因为整个占地总面积竟达220亩。这里原是一个意大利人的农场，张大千花了80万巴西

柿树被誉为是八德园的招牌树，招牌树下张大千脸上的表情悠远凝重

币（约合美金 280 万）才买下后安家建园的，"八德园"之名引经据典又颇为大气。

1953 年 3 月，张大千一家及弟子十几口人由阿根廷迁往巴西定居。

如此之快地离开阿根廷对张大千来说也是始料未及，他满怀希望地投奔这个"热情奔放"的国度，却以黯然离开收场，短短一年多的时间，情绪落差如此之大，对一个漂泊觅家之人的打击是可想而知的。

定居遥远的阿根廷本来是想："一来可以避免不必要的应酬烦嚣，能于寂寞之乡，经营深思，多作几幅可以传世的画；再者，我可以将中国画介绍到西方，中国画的深奥，西方人极不易了解，而近年来偶有中国画的展览，多嫌浮浅，并不能给外国人留下深刻的印象，更谈不上震惊西方人的观感。另外，中国的历史名迹，书画墨宝，近几十年来流传海外者甚多，我若能因便访求，虽不一定能合浦珠还，至少我也可以看看，以收观摩之效。"

谁知事与愿违，幸亏澳门好友蔡昌鸾此时定居巴西，觉得那里环境可能会适合张大千，便邀请张大千也去巴西定居。

蔡昌鸾是张大千在澳门举办画展时认识的老友，多年来张大千每去香港必过海再去澳门小住。

蔡毕业于金陵大学，是一位农学博士和药用植物学专家，他的夫人

和夫人徐雯波在八德园内合影

也是四川人，与张大千是同乡。本来已有些心灰意冷的张大千，抱着试试看的心态来到巴西考察，结果令他很满意，又增添了不少安家建园的信心。

巴西是南美洲疆域最大、人口最多的国家，绝大部分领土位于赤道与南回归线之间，北有亚马逊平原，南有巴西高原，属亚热带气候。由于地广人稀，所以特别欢迎移民。首都圣保罗是巴西最大的城市，位于海拔850多公尺的高原上，气候冬暖夏凉，非常宜人。冬天用不着火炉，夏天也用不着扇子。1953年时圣保罗的人口约八百多万，是全国的经济文化中心。其中华侨约有三四千人，主要从事饮食和手工业。手工业中的中国刺绣在巴西最受欢迎，具有中国传统图案的台布刺绣，是当时巴西女孩儿出嫁时最好的嫁妆。

20世纪50年代的巴西民风淳朴善良，没有种族歧视，对华侨特别尊重。当时的巴西还没有与新中国建交，而是与台湾当局的关系很友好，并在里约热内卢设有台湾大使馆。

由于吸取了在阿根廷办居留证心愿未遂的教训，张大千这次决定搬来巴西前，事先办好各种相关手续。有趣的是，就连他和徐雯波的婚姻关系也得在巴西重新注册办理，并由一个牧师做主持举办了一个相关仪式才算合法。事后张大千打趣说："没想到到了巴西还得重做一回巴西新郎。"所有居留手续办妥后，这才踏踏实实地大兴土木，安心定居。

一开始先落脚在一个叫"金边"的城市，住了一阵后，觉得此地不但气候炎热，而且当地没有符合东方人饮食习惯的食品店，吃住都不太方便。于

1956年，张大千夫妇与三个子女：心声、心沛、心印及友人徐祖光、李人迈一行，从日本乘船赴巴西，途经南非登岸游玩时留影

是蔡昌鸾便陪着张大千四处寻找合适的地方。

这一天汽车穿过繁华的圣保罗市内进入郊区的一个小镇，此镇距离圣保罗市有五十多公里，约两个多小时的车程。张大千根据发音把这个小镇译名为"摩诘"（Mogi）。这两个字本是大诗人王维的字号，张大千用在这里颇有创意。他对中国文字有精深的理解，所以在对外国地名的翻译中往往有着别出新裁的使用效果。

由于镇上日本侨民较多，所以小镇上不仅有日本人开的饭店、商店，还有小医院、药店等，配套设施比较全面。日本的生活习惯毕竟与中国接近很多，所以这个小镇让张大千有了些许亲近感。尤其是刚刚从嘈杂的圣保罗市出来，这个摩诘小镇显得宁静而舒适。

车子继续向前开，吹进车里的风越来越凉爽，地域也渐显宽阔起来，张大千注意到沿途多是日本移民开办的农庄、养鸡场、蔬菜园、果树园，每个农场都修建得很整齐。此时已是下午三点多了，由于刚刚下过一阵小雨，郊外的空气显得格外的清新。

张大千情绪好转起来，对蔡昌鸾说："下去看看吧，这里的彩虹很像在内江看到的一样哩！"

两人登上山坡，果然天边有条淡淡的彩虹悬在那儿，隔着层层的细雾不很显眼，不仔细看会一带而过的。蔡昌鸾边看边暗暗佩服张大千观察事物的细致和认真，很多时候都是这样，张大千总会在别人不经意或不留意的事物中发现出端倪来。比如有一次朋友们一起吃大闸蟹，吃过后，张大千竟在一个蟹壳中发现蟹骨的形状颇似观音像，张大千说："这是大闸蟹中罕见的观音骨。"看来他早已知道这种蟹骨并在日常生活中留意去观察。蔡昌鸾从张大千的眼神里看出，他喜欢上了这个地方，作为老朋友，他也很想留住大千，尽力帮助这个半生漂泊的老朋友安个家。

他们坐在山坡上一棵砍倒的树干上，张大千突然叫起来："这里好像我们的川西坝子嘛——"他兴奋地环顾四周，目光登时热辣起来，边看边点头："是的是的，就像川西坝子，就这里了，就这里了！"

蔡昌鸾明白张大千的触景生情，不禁也感喟不已，哪个身在异乡的人会不想念故土啊！

他也顺着张大千的目光望下去，只见山坡底下是一片典型的巴西农场模式的园林，最引人注目的是那一大片郁郁葱葱的柿子树，多达上千株不止。此时还没到结果的时候，翠绿的叶片随微风轻摆，甚是壮观可爱。原来摩诘市的郊区农场多种植柿树，自 1950 年起，每年的 2 月还要举办柿子比赛大会。在那个园林中除了蔚为壮观的柿子林外，还种有很多玫瑰花和其他植物，好一处风景优美的世外桃源！

这里海拔约两千多公尺，平均气温 28℃，与中国云南的昆明气温相似，而地形却与成都平原颇像。因此张大千一见之下不禁心潮起伏，大有贴近故土的亲切感。

他凝望着这片土地发呆，眼神里满是深情带着惆怅，他不由想起了阿根廷，想起了长眠曼多洒的侄子心德。但忧郁只出现片刻，眼神里便重又涌现出平时的坚毅和憧憬。他果断地对蔡昌鸾说："就在这里吧，我要把这里建成和老家金牛坝上的'税牛庵'一样的家！"

于是蔡昌鸾便开始着手与农场主——一个意大利人商谈买这块地的事宜，恰好这位意大利人也要卖农场，所以很痛快地出了 50 万巴西币。园中的一栋农舍、一辆吉普车、200 株新栽的玫瑰与油加利树，另外作价 30 万，这样总价便是 80 万；先交预付款 40 万，余款分 8 年付清，每年 5 万。张大千非常满意买到这么大的一块地儿，能在遥远的异乡，觅到一块酷似家乡的土地真让他感到欣慰。

张大千开始动手打造他心目中的家园了。那将是一个极具中国传统园林特色的精致优美的园子，要有亭台、花木、池塘，林木青翠，曲径通幽，花草馥郁芬芳，处处充满跃然纸上的诗情画意。

建造这样豪华的园子自然是耗资巨大，费时费力。在几年的建园过程中，张大千卖画所挣来的钱几乎都投到建园里了。从开工到搬入就花了整整三年的时间。这三年中，张大千暂住在摩诘市圣达那路264号一栋租来的房子里。在入住这栋房子前，还有一件令人难以置信的神奇事件。

当时张大千在乍一看见这栋房子时吃了一惊，他怔怔地看着它，疑心自己是在梦里。原来这栋房子竟和他在梦中所见的房子一模一样，天下竟有这等巧合的事吗？

他不由慨叹世间因缘是否真是早已注定，就像他一见八德园便仿佛回到了成都老家一样。于是他毫不犹豫就租了这栋房子。

就在迁进租房的第二天黄昏，张大千和蔡昌鸾等人从外面散步回来，张大千突然对蔡昌鸾等人说："不好，那家邻居可能要有变故——"语气凝重，让蔡昌鸾颇为讶异。听这种语气似乎会发生什么不好的事情。蔡昌鸾是个虔诚的教徒，不由在胸前画了个十字，口中喃喃祷告几句，然后问："张先生何以知晓呢？"

张大千面色依旧被那种凝重所笼罩，他看着邻居的那扇窗口说："我刚才忽然看见有一个白衣人从窗口进去，那家人一定有事故要发生。"

蔡昌鸾安慰张大千说："张先生近日一定是十分劳累，所以才会因心事疲倦产生了幻觉，一定要好好休息休息才好。"

张大千脸色慢慢松缓下来，说："是呀，可能是看花了眼了。"

谁知过了几天，那个邻居家忽然办起丧事来，蔡昌鸾想起那天张大千的话，不由怔愕间感慨道：也许当艺术达到一种境界时，真会有常人难以企及的通灵之处吧！

张大千建园真可谓细致入微到了苛刻的程度，任何一处觉得不满意的都会拆毁重做，这种对美的事物过于敏感和执着的精神，大概只有艺术家才具备，所以八德园中总有局部在变化，也使八德园中的风景有很

《八德园》全景图　孙家勤 1993 年作

多处堪称"绝景"。

　　为了把一花一木一石一盆景摆放到最佳位置达到最佳效果，张大千甚至茶饭不思地去琢磨，这样用心的结果当然就会使得八德园风景格外的赏心悦目和令人陶醉。

　　既是建园，各种植物自然是主角，所以把八德园称为一个小型的植

物园都不为过。园中不仅有巴西本土的树种和花卉，还有专门从美国、
日本等地购来的珍贵品种，松、柏、梅、桃、李、梧桐、木槿、杜鹃、
海棠、忍冬、银杏、金边剑兰、银边剑兰、香椿、文殊菊、白茅根、佛手、
天竺红蕉、粉蕉、白兰花、月月桂、名贵的木芙蓉、重瓣变色芙蓉；还
有从阿根廷带来的太平瑞圣花等。而对原农场主栽种的很多玫瑰，张大

千则因为那是洋花而拔掉了。他原想大面积地种植中国的牡丹和梅花，但由于巴西海拔高日照太强，牡丹和梅花都不太适宜当地气候，所以长势并不茁壮，只好作罢。

看得出，张大千这是千方百计在向故土靠近，处处都在传达着他思乡的心情。

其中从阿根廷带来的太平瑞圣花，说来却大有来历。蔡昌鸾以为张大千只是因为喜欢这种花，才从阿根廷带来，并以为这花就是产自阿根廷的。后来无意中看见张目寒的《雪庵随笔》中《渝灌览胜记》一文，才恍然明白，原来这花竟是张大千从故乡四川带到海外，辗转到阿根廷，再带来八德园的。

文中说："山中（青城山）昔有瑞圣花，一名太平花，又名绛华。高寻丈，秋开，四出与桃花类，数十跗共为一花。繁密如缀，先后继开，九月不萎，后移故宫，今殆绝种矣……诗人刘成禺有：'莫笑逃秦人好事，山中难见太平花。'刘诗后又跋曰：'若太平花自故宫移后，今绝迹，北京西山戒坛寺，见百余丛，清恭王由故宫移植也。'"

张大千在时局危急中匆匆飞离大陆，一路走来竟还如此呵护此花，其中一腔深情自是不言而喻，想来这花名取"太平"两字，也是张大千心中所寄予的希望和憧憬吧。

为了布置八德园，张大千雇用了十位巴西工人和一位日本园艺专家，专门伺候盆景的栽培。并专门搭建了一个亭子，摆放这些约有两三百盆之多的各式盆景，其中有几十株珍贵盆景专门从日本空运而来。盆景中的山石轮廓对于一个尤擅山水画的画家来说，不失为一种作画的好素材。

晚年的张大千曾对盆景有过这么一番解释："天地间万物都是我们的老师，岁数大了，爬不动山了，能看看石头、盆景等自然天成的风姿，和盘旋交错的气韵，都对绘画很有帮助。"虽然张大千是中国美术史上难得的一位多面手，山水、花鸟、人物等无所不能、无所不精，但他的山水画还是最为世人所赞叹。

八德园中虽然树种繁多，但还是以松树和竹子最为丰富。松树中有加拿大松、马鞭松、马尾松、宏都拉斯松（取松香种）、尤加利松、三叶松（盘龙松）、五叶松、偃松、落叶松、白松、黑松和赤松。竹子中

在八德园的盆景前

有毛竹、紫竹、实心竹、观音竹、孟宗竹、金镶玉竹、葫芦竹、黄冈竹、刺竹和人面竹。其中有些松树种是美国松和日本松，都价格很高。

张大千觉得巴西本土的尤加利松虽然长得快，是做纸浆的好原料，为巴西人所广泛种植，但却不如美国松漂亮，也没有美国松那么枝叶茂盛浓密，所以，他在一片坡地上专门栽种了一大片美国松，每逢微风吹来就能听到颇为浪漫的阵阵松涛声，意境显得格外悠远。而在湖畔则种植了一大片加拿大水松，因为这种水松松针细密而又盘根错节，在湖光山色朝阳黄昏时，盘根错节中会闪动晶亮光泽，漫步湖畔，颇为惬意，引人遐思。

巴西人普遍认为美国松不易被修剪，不能弯曲做形，张大千却说："我偏不信邪，一定要剪几棵试试看，美国松也要屈服在我的手下。"最后经张大千修剪弯曲后，一些美国松真的被修剪成了具有中国味道的造型，且含义也深刻起来。比如把一棵黑松倒悬过来，置在草坪中几块约一人高的大石头中，便成了黄山悬崖松的缩影，张大千把此景取名为"渐江松石"，也成了八德园的绝景之一。

这棵黑松是从摩诘镇上最有钱的养鸡大王日侨伊藤家买来的，为了买这棵松，张大千好几次专门光顾伊藤家。可伊藤虽很客气，每次去都端茶端点心地招待，但就是不肯卖。有一次张大千实在忍不住，主动开口，伊藤才慢悠悠地说："你喜欢我的树，我喜欢你的画，我可以将这棵松送给你。"张大千不禁笑了，连忙说："那我一定多画几张好画送给你。只是你为何不早说要我的画呢！"伊藤依旧慢悠悠地说："张先生的画太有名气了，岂是别人轻易敢开口求的？实在是因不好张口求画才害张先生白跑了好几次……"

　　张大千还修剪了"卧龙松"和"蟠龙松"，修剪后的松树果然服服帖帖地卧在地面上，向横向伸展着生长。他在松林旁边还修了一个小山冈，是用挖池塘的池泥堆积出来的。张大千起名为"孤松顶"，把"卧龙松"放置在这个山冈上，就成了一处很有诗意的"抚孤松以盘桓"的休闲地方。

　　八德园的围墙采用周围种植的竹林和松树当成天然的屏障。门前的竹林中有一百多株竹子是从附近一个日侨农场高价买来，这片高价竹林后来成了张大千和家人朋友挖笋、烤肉、休憩的好场所。因为张大千很欣赏苏东坡诗中的"宁可食无肉，不可居无竹"一句，所以常说："如既有美食可餐，又可听竹、观竹，岂不更快哉。"

　　张大千家有一位厨娘，人称巴姊，是善做烧烤和挖笋的高手，她最拿手的菜便是烤笋，凡吃过的人都赞不绝口："美味得无以复加。"她的眼力非常厉害，常带领工人来这片竹林挖竹笋，只略略一审视，便用脚踢着某处地面，说"挖这里"，果然便会挖出来一个尚未冒头的嫩笋

这片松林青翠茂盛，风吹过时会有隐隐的松涛之声和袭人的松香气息

五亭湖畔的竹林，修长俏拔，充满迷离的浪漫情致。在竹林中挖笋，是件颇有趣的事情。图为张大千的长子保罗和王之一的太太在挖笋

来。让人称奇的是地面上却看不出有任何痕迹。

园中最费时费力的一件大工程是挖了一个占地面积 33 亩之多的人造湖。为了建这个大湖，蔡昌鸾特地向摩诘市政府城建部门租来一台开山用的挖土机，用了整整三年时间才得以挖成。

张大千用挖出来的泥土在湖中间堆成了一个长堤，并在长堤上修建了一个湖心亭，随后在湖畔四周又建了四个亭子与之互相衬托，分别叫做"见山亭"、"分寒亭"、"夕佳亭"和"双亭"。因此把这个湖命名为"五亭湖"。其中"见山亭"和"夕佳亭"是根据陶渊明的诗句"悠然见南山"和"山气日夕佳"而来，"双亭"和"湖心亭"是因地势得名，"分寒亭"由李弥诗句"人与白鸥分暮寒"而来。

五亭湖旁还另开出一大片荷塘，张大千无论在哪里居住，都少不了要养殖荷花，以便观察和作画。

八德园中的所有建筑都由张大千亲自设计。他的卧室照例要挨着画室，值得一提的是，他画室里的大画台，竟足足有四张榻榻米那么大。采光来自左后方的大玻璃窗，而前方的玻璃窗外，则放有一只大铁丝笼，里面有一只张大千最喜欢的黑猿。每当张大千作画时，那只黑猿都会伏在窗台上看。久而久之，这只黑猿也像是懂了些画，张大千每画好一幅，它都会兴奋地上下蹿跃，惹得张大千开心地大笑。

画室两面的墙壁上挂着张大千所喜爱的古画或自己的新作品，悬挂的目的不仅仅是用于欣赏，而是有其更重要的作用，即要看画面是否"大、亮、曲"。这种视觉效果与摆在桌面上看的效果大不一样，玄妙之处在于那个"亮"字。这可是张大千的一个独创，是他从京剧演员出场一刹那的亮相，所带给观众的瞬间感受而体会出来的。

"亮"即给人眼前一亮，使之被吸引被震撼，"亮"也是漂亮之意，只有漂亮才会有抢眼、愉悦的效果。九百多年前，宋人郭熙论山水画时，曾说山水画最好的境界是"可以观"、"可以游"、"可以居"，这和张大千在创作中总结出的这三个字，是不谋而合的。

"大"不是指画幅的尺寸大小，而是指创作角度要大要开阔，哪怕一张小画也能从小中见大。而"曲"则是指画中内容境界要有深度，不能让人一眼看穿，要余音袅袅，回味无穷。在这三个字概括的境界中充分地表现出了中国画境界的博大精深，韵味的奥妙无穷。难怪即使是像张大千这样的一代大师，还是认为"三分天才，七分人事"了。

盖这栋画室时，张大千刚好出国去办画展，画好图纸后，由儿子保罗（即儿子心一，曾过继给二哥张善子，因善子信教，所以取《圣经》中名字，为纪念张善子之意。）监工建房，待他回来以后房子已经盖好。可张大千却觉得建筑方位有些不对，会影响风水，于是又加建了前门走廊，在房子后面又加建可容纳四、五十人就餐的大饭厅，以扭转风水。其实大千所谓的风水，并不是通常意义上玄而又玄的风水论，只是多从实用性和合理性再加上科学性考虑罢了。

正像他对人解释的那样："我以为风水就是风景。我们中国人有句古话：'盖房子讲究后不开塘，前不开井。'说房子后面开塘是'冷水浇背'，运气会不好。为什么呢？其实道理很简单，因为后边开塘会潮湿嘛，人会生病；至于前边开井，家里有小孩儿会跑到井边玩儿，易生危险。所以，我认为讲风水也是要合乎科学的，并不完全是迷信。"从中看出大千虽遵古理却并不迂腐。

八德园中，还花巨资购来一些造型奇丽的大块巨石，被放立在园中合适的位置，更显出一种别样的奇异气势与美感。这些奇石花草、精致盆景，以及猿、犬等名贵动物，都会给张大千的画纸提供丰富的给养。造园本身并不只是为了看风景，因所有的风景都是为了创作，"画家当以造化为师"是张大千一贯信奉的创作真谛。这种写生观念，从幼年时，便在母亲和姊姊的言传身教下，打好了扎实的基础。幼年时，母亲和姊姊教他画花卉，姊姊常会折下一朵花，先为他细细讲解花朵的构造，然后再讲画花的技巧。

后来张大千在写生时常常向学生们强调：不只要了解生物性结构的"物理"，还要"观察物态"和"体会物情"。画家都应把"格物致知"视为圭臬。

漫步八德园，只见湖光潋滟、竹林清幽、松涛阵阵、花香馥郁，还有天鹅、孔雀、灵猿、雉鸡、瑞士圣彼拿犬等珍禽异兽充满活力地跳跃驰驱，真是一个迷人、难得的人间胜境。

其实中国的文人画家，大部分人都可称得上是业余的园林家，这大概也是一种传统，在优美的园林环境中，从那份清幽中自然会渗出艺术中的那种气韵，然后流动在诗中、流动在画中。

八德园四弟子

这个带有浓郁的中国园林特色的园林，一建成便立即在当地造成轰动，很多人特地赶来参观，看后无不被里面优美精致的设计所感染，对那些珍贵的树木花草、奇石、盆景及难得一见的珍禽走兽啧啧称赞。而张大千长袍长髯，飘然如神仙般的模样，和这图画般的园林风光是如此融洽地结合在一起，不禁更让人称奇。

张大千曾对他的学生孙家勤说："八德园就是我的大画布，所有的树木和花草全是我的素材，我用我的自然画材摆布在我的画布上，实在我是在用功。"

八德园和张大千名气之大，几乎成了当地的一种标志，整个巴西没有不知道八德园的。并且，大有没到过八德园就等于没到过巴西圣保罗的说法。到了摩诘镇，只要一比画大胡子，出租车司机就会直接把客人送到八德园。

其实，八德园所处的地理位置离圣保罗市约七十多公里，开车至少需一个半小时时间，真称得上是荒郊野外了。而且，中途从摩诘镇到八德园的路程中还有十八公里的土路，晴天时尘土飞扬，雨天则泥泞难行。

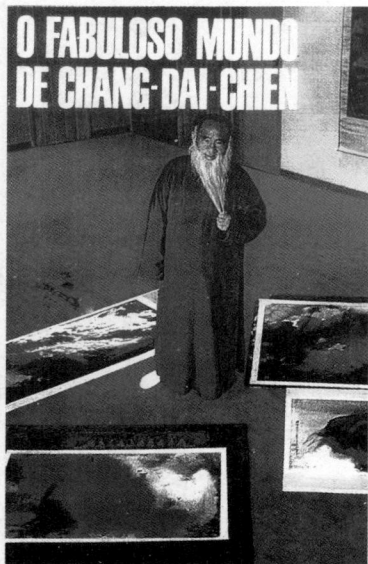

O FABULOSO MUNDO DE CHANG-DAI-CHIEN

1969年，巴西最著名的杂志
Cruzeiro整版刊登张大千在大画室做
泼彩破墨时的风采

但这些都丝毫不影响人们对八德园的兴趣，慕名拜访的人甚至来自世界各地，几乎每天都会有客人参观，当然他们大都是通过各种熟人关系介绍而来，让八德园无法拒绝。

当时在八德园中，除了张大千和家人外，还有陆陆续续前来投奔的学生弟子。加上从香港跟随张大千同来巴西的裱画师黄敏先生，管家沈武侯先生及厨师等，前前后后经常有二十几个人同时在八德园居住。

其中，张大千在八德园期间所收的几个弟子不能不表，因为这也是贯穿张大千艺术生活中很重要的一个环节。如果没有这些门人弟子做助手，他的一生中也就难以完成那么庞大数量的作品了。他的家人包括厨师、园丁、裱画师等，很像一个团队式的工作室，而大千对他们的管理和安排则很像一个善于经营的企业家。这种团队式的工作室，在西方艺术界中有不少，但在中国艺术界中则很少见。在敦煌时，他就采取这种团队式工作方法，雇用那些画僧帮他缝制画布、研磨颜料，在他指导下勾稿、敷色等，他的学生弟子们则事先做了大量的准备工作，然后临摹工作才得以有条不紊地迅速开展起来。

1967年6月27日，张大千与八德园中的四位弟子：孙家勤、张师郑、沈洁和王旦旦一起，在圣保罗艺术馆举办了一次《大风堂门人画展》，这也是张大千师徒在海外的唯一一次联展。展出非常成功，巴西东北部巴拉伊巴州州长，特别收购了每个人的两幅作品，珍藏在该州的康华纳·格兰基博物馆里。可见大风堂门人的艺术水平之高。

这四位弟子可以说都来头不小，各有各的家世渊源，让人不敢小觑。其中以孙家勤的艺术之路最富戏剧性，其艺术成就也最高。

说起孙家勤的父亲，在中国的近代史上可谓显赫一时，更因一起刺杀事件，使他的名字在当时的中国几乎家喻户晓。此人就是国民党统治时期任五省联军总司令的大军阀孙传芳。

闽、浙、苏、皖、赣五省，在当时的中国算最富裕、财力最雄厚的五个省。孙传芳在此任总司令期间，拥兵玩寇，一时呼风唤雨、权豪势要。1934年败给北伐军之后，遂退居到天津租界，心灰意冷拜在"紫竹林"庙中的高僧门下，一心想放下屠刀，立地成佛，找一块净土，了此一生。不料没清静多久，便有仇家找上门来，1935年11月25日下午，他被当年由他下令处决的兖州守备施从宾之女施剑翘连击三枪而毙命。

这起暗杀事件轰动全国的同时，施剑翘之名声也俨如一代女侠横空出世，深为当时老百姓出了一口恶气。施剑翘本来被判有期徒刑七年，后经冯玉祥将军和李烈钧等人的帮助，国民政府鉴于全国舆论的同情和支持，特将施剑翘给释放了。

孙传芳死时，孙家勤刚满四岁，家庭中的骤变，让孙家勤小小年纪便在心灵中投下一抹阴影，懵懂中已洞察出人世间的冷暖无常。这使他日后不由自主地便远离政治尘嚣，亲近于空灵的、能让内心世界宁静纯美的艺术世界。

孙家勤艺术天分很高，早年便拜名家为师，后又入北平辅仁大学美术系、台湾师范学院美术系，进行扎实的系统化基础训练，是难得的可造之才。拜张大千为师前，孙家勤在台湾画坛已颇

张大千和夫人徐雯波在刚刚建好的八德园中

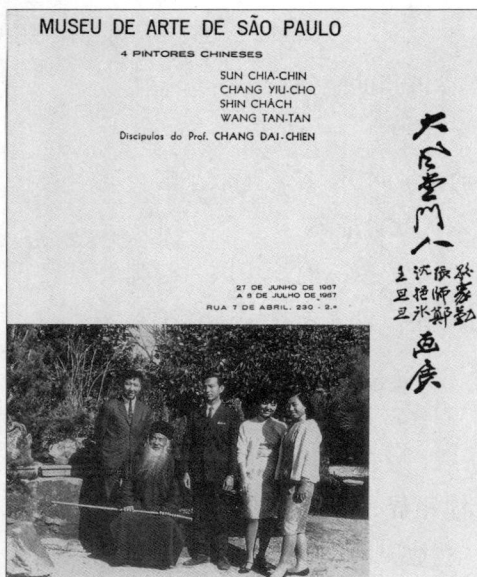

MUSEU DE ARTE DE SÃO PAULO

4 PINTORES CHINESES

SUN CHIA-CHIN
CHANG YIU-CHO
SHIN CHÁCH
WANG TAN-TAN

Discipulos do Prof. CHANG DAI-CHIEN

27 DE JUNHO DE 1967
A 8 DE JULHO DE 1967
RUA 7 DE ABRIL, 230 - 2.ª

张大千和四个弟子在巴西
联手举办画展的请帖

有声望，在师范大学任教。当时黄君璧正任艺术系主任，他很赏识孙家勤，并收孙为学生，学习山水画。

孙家勤是个在艺术追求上孜孜不倦的人，总希望能尽量拓展自己的艺术之路，后经张目寒的引见，决定远赴巴西跟随张大千学画。

从台湾上船奔往巴西，途经香港码头时，又上来一位年轻人，也是去巴西投奔张大千的，名叫张师郑。他早在17岁时便在香港拜张大千为师，其父是香港一个大古董商。

两个学生怀着对艺术大师的景仰之情，在船上经过五十多天的漫长航程，才到达巴西的山多士港码头。

张大千派儿子保罗和裱画师黄敏去码头接孙家勤和张师郑，会合后一起驱车前往八德园，到达时已是半夜时分。

虽是旅途疲惫，可当车驶进八德园竹林形成的篱墙时，车灯闪过的竹叶上，发出幽亮的光辉，竹叶轻轻摇晃，颇有如梦如幻之感。孙家勤和张师郑毫无困意，虽是深夜，但依稀可见八德园里亭台楼榭的优美轮廓，想着马上就能见到老师张大千，顿觉激情澎湃起来。

客厅里灯光明亮，张大千神采奕奕地端坐在宽大的中国旧式雕花木椅上，微笑地迎接学生们的到来。

张大千和八德园四弟子。
右起：孙家勤、王旦旦、张师郑、
张大千、沈洁

    两个弟子立即行跪拜大礼，这也是大风堂的规矩。因"大风堂"是张大千兄弟俩合用的堂名，所以张大千和二哥张善子的学生都同属于"大风堂"门人。因此"大风堂"的弟子究竟有多少，恐怕张大千自己也弄不清。成为"大风堂"门人的条件很高，要有两个以上张家信得过的朋友作为推荐人，不仅学生要有很高的绘画天赋，而且人品也必须可靠，方能接纳。最后经过递门生帖及行磕头拜师大礼，才算正式成为"大风堂"弟子。

    不论是早年在国内，还是晚年在国外，张大千都在经济上无偿供应随侍在旁的门生们，不管是衣食还是各种画具，都不用学生付束（送给老师的报酬）。有的学生若带有妻小，张大千还一并供应其全家大小的生活用度。因此"大风堂"的门人，不仅从老师这里学到如何作画，在待人接物方面也会学到很多"古训"，让他们终生受益。

    据说当年宋美龄也想成为"大风堂"的正式入门弟子，可张大千说："要学画，必得先入'大风堂'拜门。"而宋美龄的第一夫人身份，当然不方便行这种跪拜之礼，加之宋美龄学画只是兴趣所在，也不必太叫真，所以便师从黄君璧、郑曼青等人了。

    张大千特意在五亭湖畔建造了一幢两房两厅的木屋，给孙家勤和张师郑住。

他们来后的第二年，八德园中又收入沈洁和王旦旦两位女弟子。

沈洁的父亲沈德基是巴西著名实业家，早年从大陆到香港，再到日本定居，在日本时与溥心畬相识。因早年从事过美术教育工作，所以想培养女儿学画。1958年移居巴西后，经营调味料生意，事业颇具规模。便把女儿送到了八德园中学画。

王旦旦之父是香港影视界著名的编剧和制片人王植波。不幸死在一次飞机事故中。

张大千对学生采用的是灵活的因材施教方法，使其能扬长避短，最终会在某一方面有所突出建树。

张大千对孙家勤采取的是"求全"的学习方式，他一再对孙家勤强调："身为画家，要什么都会，不可说我只会画人。"

孙家勤在老师的指导下，临摹了大量历代名画，如明代仇英的《沧浪渔笛图》，宋代刘松年的《春山小雪图》和董源、巨然等画家的部分巨作。画好之后，张大千便就这些名家作品的创作过程、画家本人的绘画特点，及此画的流传经过等典故一一道来，使孙家勤印象深刻得以牢记。

孙家勤对张大千的每次讲述都录下音来，回头整理出资料，再将其中没弄懂的问题提出来，直到反复推敲明白。他这种"海绵"式的学习方法使他日后终于继承"大风堂"衣钵精华，成为著名画家。

他因对张大千有高山仰止的崇拜感，所以，在学习过程中时常为自己的"不聪明"感到懊恼，"生也愚驽，悟性很慢，但愿锲而不舍后，能总有一天会懂"。

张大千语重心长地对他说："不要紧，知道自己不敏的人，就不是不敏。"然后又说："我可以骗尽天下人，但对学生无一字虚语。"

张师郑除了极富绘画才能外，还是个喜欢做木匠活的能工巧匠，为人极其干练。八德园中五亭湖上的曲桥便是他的手艺。他和王旦旦后来在台北结婚。

张大千针对王旦旦的特长，有意培养她成为专攻花卉画的名家，他把自己珍藏的许多印刷精美、十分难得的古今植物图画像，传给王旦旦临摹，并结合自己一生中对花卉绘画的理解及各家擅长的画技，"远自唐壁画，五代宋写生直到明清写意，颇有独到之处，可惜未得传人，因此有意将这方面的所知所得，传给王旦旦。"（蔡昌鸾回忆语）

因王旦旦自幼研习书法，所以很有书法功夫，甚得张大千称赞。张大千便将自己收藏的许多石涛真迹，拿出来让王旦旦临摹。

但后来，张大千因怀疑张师郑作自己的伪画，遂不再承认张师郑是"大风堂"的门人，这使张师郑和王旦旦夫妇大受打击，从此夫妇二人在画坛上销声匿迹，也留下了张大千在花卉画技上一直没有嫡系可传的遗憾，最后还是因孙家勤的刻苦得以传袭下来。

孙家勤早年以人物画著称，拜张大千为师后，努力突破自身局限，终于得以成为全能画家，使张大千在为其题写的引文中大有"晚得此才，吾门当大"之感慨。

沈洁因为家住圣保罗，所以也是唯一一个不住在八德园中的走读式"大风堂"弟子。她的优势是对颜色极为敏感，又自小在国外长大，所以张大千有意传授她中西绘画特长融合的泼彩破墨画法。后因她赴美学习服装设计，开办成衣厂做起了生意，画业便只得半途而废，让张大千非常遗憾。

八德园期间，张大千当然不只是收这四个弟子，还有几个先后来去的弟子都各有成就。比如最早来八德园中学习的"大风堂"弟子孙云生，也是很有建树的著名画家，但因太太住不习惯乡下，所以又返回台北教书。

还有一位叫匡仲英的学生，1972 年时来八德园学过一年多时间，据说是"大风堂"的奇才，临摹张大千的书法，几乎可到以假乱真的地步，在工笔仕女和泼墨山水方面，更是深得张大千的绘画精髓，后移居美国在旧金山教中国画，享有很高声誉。

在国外的"大风堂"弟子中，还有一位在美国画坛上相当活跃的女画家叫简文舒。她曾被推选为美国国家艺术学院唯一的华裔女院士，也是该院成立 165 年来的第一位华裔院士。她常举办画展或出英文书来弘扬中国的绘画艺术，并擅长用双手执墨笔示范中国画的玄妙。她说她的很多艺术成就都得益于张大千老师，并专程从纽约来到八德园学艺过一段时间。

美国著名华裔女画家简文舒
也曾向张大千学过画

八德园虽地处荒僻，可有张大千这位画坛神仙在此，即使再山高水远，又怎能抵挡住那些探询艺术真谛的脚步，奔向这里！

孙家勤出来时原本请的是一年的假，因台北师范大学有此校规，执教满九年时，可停薪留职出去进修一年。可一年假满后，孙家勤深感在张大千身边所受的裨益，简直是"咳唾皆珠玉，挥洒成锦绣"，于是又延长了一年学习时间，可两年后却更不忍离去，遂决定干脆跟随老师身边，直到张大千离开巴西去美国定居。

孙家勤非常怀念那段美好的日子：在湖光山色的八德园中，只要张大千没有外出，每日清晨他都陪着张大千漫步湖边，在竹海或松林的叶片沙沙中穿行，聆听张大千即兴而讲的历代画坛中种种名画与名家的典故渊源，以及对深无止境的绘画技巧的钻研和体会。那种感觉真如置身在至纯至美的艺术殿堂之中。

八德园中的美食世界

八德园虽建在遥远的巴西，可无论外在的建筑风格，还是内里的日常生活方式，都是完完全全的中国式，置身其中恍然人在中国，真是减了不少思乡之苦。

而张大千穿了一辈子的长袍马褂，则成为他中国身份的显著象征。来巴西之前，他只穿那种中国老式的双梁鼻布鞋，都是在香港一家老字号鞋店订做的。后来，圣保罗一家华侨皮鞋店老板人很精明，仿照这种布鞋的款式，用皮革面料做了一双梁鼻白底的中国式皮鞋，让张大千无论如何穿上试试，看是否穿着舒服。张大千试穿过后，果然舒服得也如布鞋一般，而皮鞋的优越性肯定要比布鞋多，所以张大千便改在这家订鞋，并且鞋款一定照皮鞋的价格来付。

张大千的长袍马褂，在国外常常是被注目的焦点，为此曾发生过很多有趣的故事。

有时他走在巴西的大街上，常会有人把他当成神父或有关的神职人员，迎面而来单腿跪下，要吻他的手，张大千又不好拒绝，只得伸出手让他们吻一下。徐雯波便打趣说：“有漂亮小姐你就伸手，要是老太太怎么就不伸手了？”

张大千苦笑着说：“太太哦，不是不给老太太们吻我的手，实在是刚才我上街时未曾洗手，满手都是黑墨，让她们吻后满嘴黑墨，多不好意思。太太，你不要冤枉好人嘛！”

徐雯波便忍不住笑了起来，她也觉得这些外国人很有意思，但她更觉张大千有趣，不管到哪里都这身穿着，也难怪这么显眼，这份执拗本身就很可爱。虽然她多数时候都穿旗袍，但偶尔也入乡随俗一下，穿一点儿稍稍时髦的衬衫西裤之类，张大千虽不太干涉她，但还是会说她穿旗袍最漂亮。

张大千把中国的服饰无论是长袍马褂，还是唐装、旗袍等，都统称为“中国装”。“‘中国装’穿起来舒服嘛！”他掀起衣襟示范给别人看，“冬天有各种皮毛货的袍子，夏天有丝绸、麻布做的长衫，穿在身上宽宽大大的冬暖夏凉，一点儿束缚感也没有。从前西方人笑我们后脑袋上挂着一条猪尾巴（辫子），后来我们就剪掉了。而他们却把裤腰带挂在脖子上（领带）到现在还没有改，不知道是我们不合潮流、还是他们不合潮流！”

有一次正好摄影大师郎静山在场，他指着郎静山笑着说：“穿长袍马褂到处跑的不只我一个嘛，郎先生不是也这样！”

郎静山幽默地说：“所以大街上的外国人都会当我们两个是稀有动物哩！”

张大千朗声说：“我就是要让外国人一看就知道我是中国人。”

在八德园中，张大千依旧严格地遵循着中国古礼，家规甚严。每逢中国传统的节日或重要的纪念日，全家都要行跪拜大礼。他的弟子孙云生在回忆老师跪拜时的姿态时感慨地说："那真是娴雅至极！"

他规定子女们在外面可以说外语，但回到家里则一定得说中国话。家里不管有没有客人，作为小辈儿的儿女和学生们，都不能当着老人家的面坐下休息。并且家里绝对禁烟，即使是客人也不例外。尤其是作画时，更不能抽烟、喝茶，因为烟和茶都会对画面有污染。这已成了铁打的规矩，尤其是古画，最怕烟味来熏。当然谁要是背着张大千偷偷地抽几支烟，张大千也并不追究，他甚至明知道谁的烟瘾最大。

有一次，他的学生们聚在一起聊天，其中一个学生说："不抽一支烟，画起画来也没有灵感。"恰巧被张大千听到了，他便生气地对他们说："所以你们老师的画都没有灵感。"立即把学生们吓得噤若寒蝉般，可见张大千的家规之严。

打麻将的声音是张大千最讨厌的噪音，于是喜欢玩麻将的家人，就躲在离他卧室远一点的房间里偷偷地玩。年轻的孩子们喜欢听流行音乐，也是避开他偷偷地去听。好在年轻人的生活作息规律，和张大千老派的早睡早起不同，年轻人都喜欢夜生活，所以也就能各不干扰。

虽然是在异国，但八德园中依旧做着讲究的中国菜，丝毫不被西方

张大千与摄影大师郎静山的友情相交近五十多年，可谓知己

饮食所同化。张大千可是个地道的美食家，行遍世界各地，也遍尝到了世界各地的各种美食。但他认为还是中国的饮食最讲究，也最好吃，可称得上是世界第一。

对于西餐那种注重排场的精致摆设，张大千认为形式已超过美味了。八德园中仍会经常请专业厨师来切磋菜谱，遇有重要客人来访，张大千往往亲自拟订并书写菜单，张贴在厨房里。有几道菜是"大风堂"的保留名菜，让客人们回味无穷。比如"红烧狮子头"，特制的煨鱼翅、鲍鱼等。据说，这些菜的做法都是张家传媳不传女的保留菜目。

"红烧狮子头"原是扬州名菜，这道肉菜虽然好吃，但是太过油腻，"大风堂"做这道菜时便有意先把油加工去掉，使这道菜入口即化，肉味鲜香滑嫩。而对鲍鱼、鱼翅、海参的"发法"，"大风堂"则更有其独到的做法和讲究，张大千曾教别人怎样识别鲍鱼的好坏：如果鲍鱼是缩得皱皱巴巴的，那就证明它在被捕捉时是活的，因为感到痛所以会皱成一团；反之，常人认为好看的肥肥厚厚的那种鲍鱼，则是在死后被抓的，因此味道会相差很大。当然做这些上好的原料价钱自然会很贵，但张大千对饮食的态度也如对作画的态度，都要求讲究到极致。要吃好就不要怕贵，就要用好材料。

"吃"也是门艺术，并且也是"吃无止境"的。"吃"和"穿"比

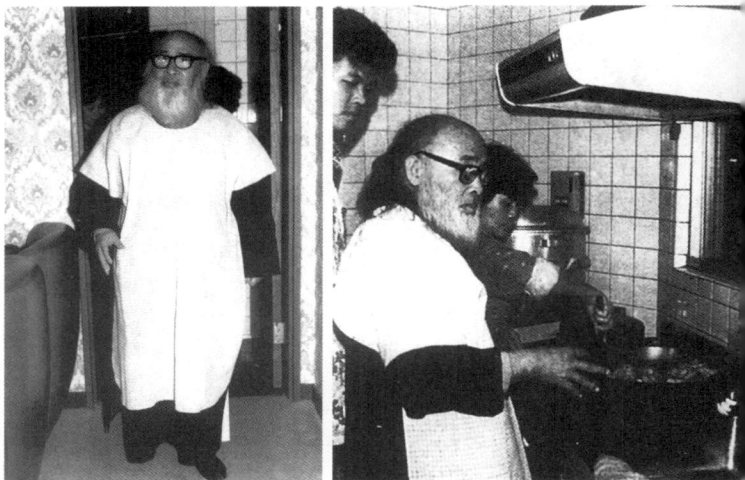

（图左）亲自下厨，也是张大千的兴趣所在
（图右）亲手调配作料，并且全是用手拿捏掌握

起来，张大千认为"吃"更为重要，衣服是穿给别人看的，而"吃"是自己的。

他常对别人讲这样一个小故事：明末清初时的名士冒辟疆要请客，特从北方找来一位名厨娘。这位厨娘来时乘坐四人抬的大轿，跟随的仆人丫鬟竟有十多个人，真是派头不小。她问冒辟疆："你要做上席、还是中席？"冒辟疆不解地问："什么是上席？什么是中席？"厨娘说："上席需要300只羊，中席则需要200只。"冒辟疆大惊，问："为什么需要那么多羊？"厨娘说："珍馐美味，就要用羊嘴上那点羊馐，调汤炖菜都要用它来取味。"冒辟疆想了想，为了面子只好说："那就做中席吧。"

可见中国的饮食文化，对美味包括一切艺术精髓的极致追求，真让整个世界都叹为观止了。孙中山也说过：烹调一道，也是艺术。

与饮食有关，让张大千颇为得意、并引为自豪的是，当年他手下的厨师，现在已有两个成了享誉世界的名厨了。一个是在东京的陈建民，一个是在纽约的娄海云。

陈建民离开张大千后，在东京开设的"四川饭店"生意火爆，其分店几乎遍布全日本，被张大千称为"天下第一厨"。而对陈建民在日本教授"中国料理"，大力传播中国饮食文化，张大千更是赞赏有加。"可

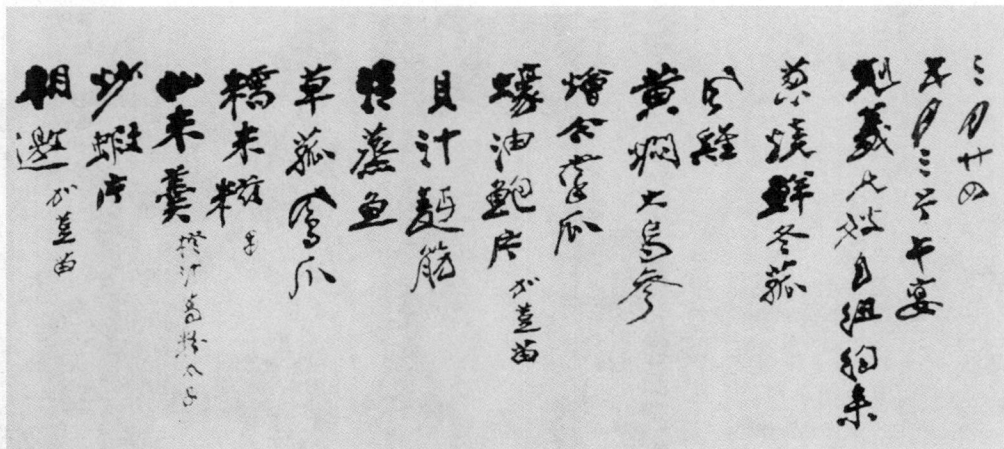

张大千为家宴书写的菜单

张大千培养出来的厨师娄海云（左四），后来成为纽约名厨

惜他娶了个日本妻子"，张大千赞赏之余，又不禁摇头，深表遗憾。

娄海云是纽约京华楼的主厨，据说是个脾气有些古怪的人，自尊心很强。他是个孤儿，其所在的孤儿院是一位翰林学士创办的，因此他从小就接触过很多中国传统文化书籍，所以养成了喜欢读书的好习惯。文化水平也高出一般厨师。他最讨厌别人叫他厨子，"难道厨子就比别人矮一截不成？"

他跟随张大千来到巴西，在八德园内精心钻研厨艺。他尤其擅长做成都小吃，做出来的"棒棒鸡"、"麻辣肉"、"红油抄手"、"担担面"等四川名菜能使人香留满口，味道好极了！后来他在圣保罗开了一家"四川味"饭店，也是大受欢迎，生意兴隆。可过了几个月，他忽然在当地华侨报纸上刊登"歇业广告"，读来让人忍俊不禁：

地势欠佳　天气又热　与君暂别　再见再见
四川味　十一月廿八日休业

可见其直爽个性，真有些像他做的又麻又辣又香的四川菜。

娄海云辞别张大千后去了美国发展，在纽约的京华酒楼做主厨，还以秘制"大千食谱"佳肴而闻名。连当时的美国第一夫人都很欣赏他的手艺。

娄海云非常崇拜和敬重张大千，尊称张大千为老太爷。他认为，若没有跟随张大千多年所见的世面，他就不可能有今天的成功，所以做人行事也自觉向张大千学习，比如轻财重义等。有一年台湾遭台风袭击，为了赈灾他一次性捐款 20 万美金，至今仍为台湾人民所称道。

八德园的厨师中，还有几位厨艺高超的女性，也都各有绝活，因此常常宾客云集，共享在张大千这里特有的"三福"：即眼福、耳福、口福。相信只要在八德园享受过正餐的人，这"三福"一定会让他铭记终生。

八德园从破土、竣工、迁入到离开，历经 17 个年头。张大千在此间也完成了他艺术上一次又一次的飞跃。

"开了梅花我便来"

在八德园生活期间，张大千仍延续老习惯，一年之中，总会有几个月的时间出外游走，身体力行地遵循着这个中国文人的千年传统。

早在大陆时期，张大千便已去过许多名山大川，如：黄山、泰山、华山、雁荡山、衡山、青城山、峨眉山等。并且，仅黄山就去过三次；号称黄山四绝的"奇松、怪石、云海、温泉"让他终生受益，回味无穷。以至于到了国外，游历了全世界，他还是最迷恋中国的山水，他在送给蔡孟坚的一幅山水画上，曾饱含深情地提了一首思乡诗："十年去国吾何说，万里还乡君且听；行遍欧西南北美，看山须看故山青。"

在张大千去过的国家中，日本是去的次数最为频繁、情感上也最有渊源的国度。早在他 18 岁时便与二哥张善子到日本留过学，所以对日本也是非常熟悉的。从 1949 年离开大陆后，张大千几乎每年都要去日本，短则三、五个星期，长则三、五个月。短期住高级旅馆，如果时间长就干脆租下房子住。

他喜欢住的地方也都是日本的几处名园胜地：东京上野的"帆台庄"、横滨的名园"偕乐园"、不忍池的"绿冈客舍"和江户一带的"饮光"。

都是风景优美的好地方。其中"不忍池"的荷花最负盛名，每逢开花时节，花开池半，叶肥枝长，煞是妩媚动人。

"偕乐园"则是横滨临海的名园，是日本书画界名流经常聚会的地方，张大千的老友、台湾驻日记者乐恕人，形容此处的风光为："园外临海，碧波一望无际；园内树树苍松，花畦错落有致，四季花开花落；几幢大大小小的日式房舍，坐落其间，越发显出名园的风光如画，不受红尘半点侵。"难怪张大千常常流连忘返。但在他的心目中，日本的风景再美也美不过中国。

有一次他在东京皇宫前的一片松林里，感叹地对一起来的朋友王之一说："这里的松树风景虽然好，但哪能比得上中国黄山的十分之一、百分之一的雄伟壮观呢？可惜现在不能回去，否则带你到那边去多照些相片回来，那才是真正的仙境如画。日本的风景建筑、有名的庭园都是仿照中国的；唐朝时，日本和尚到中国去留学取经，除了将佛教传到日本来，连京都的街道、庙宇都是根据长安一模一样翻版过来。日本人倒是有精益求精的精神，所以维护保养得好，人民有公德心，爱护周围的环境，才能保护大自然的真善美。"

王之一是当时日本著名的摄影师，日本大学艺术系的博士毕业，其太太是日本人。他在台湾采访张大千时与张大千结为好友，后也听从张大千的话，到了巴西定居，创办了《巴西华侨日报》。每次张大千来日本，他都会尽量陪伴左右，帮忙照顾。

因为日本人也很喜欢中国的古书画作品，并尤其喜欢收藏石涛、八大山人的作品，因此在日本的书店里可以找到很多的中国线装书。在东京汤岛的孔庙，每月还会举行一次古书画展，张大千如正赶上在日本，必去无疑。

张大千来日本除了采购定制一些绘画用品，收购中国古书画外，赏花也是个很重要的目的。日本是个风光格外秀丽的岛国，由于四季分明的气候，所以总有应时的花开花谢，并且花卉的品种繁多。初春的梅花，盛夏的荷花，冬天的水仙都是张大千的最爱，因为这几种花也是中国国画中最常表现的素材。除了荷花外，梅花是张大千最喜欢的花了，他常说自己是"梅痴"。而日本的梅花在全世界都享有盛名，几乎日本各地都有以"梅园"命名的建筑。"偕乐园"中的梅花尤其闻名，令他在"偕乐园"的墙壁上不禁有感而发题过一首诗：

> 饱饮酸香又一回，年年何事若相猜，
>
> 从今不用要盟誓，开了梅花我便来。

1962年他曾对日本记者说："每年到了春天，我一定跑来看梅花，在牡丹花谢的时候便回去（指巴西）。今年直到杜鹃花都落了还留在这里，索性下一站直去巴黎，那里正是芍药花盛开的季节，一个月后，回到巴西，又是圣保罗的樱花怒放的当口。这就是我每年固定的路线了。"

花鸟画是中国画的三大类别之一，张大千是一位具有全面修养的大画家，自然是无所不精、无所不能。但就他个人而言，如果把这三大类的艺术成就相比较的话，著名画家叶浅予曾评价他的山水排第一，花鸟第二，人物第三。

像张大千这种集大成式的画家，从古至今相当罕见。在他每次的画展中所展出的山水、人物、花鸟、走兽，工写样样俱佳。几种不同的画，甚至不像出自一个人的手笔。一个曾主攻花卉的张大千的学生俞致贞就

（图左）张大千在日本常居横槟临海的名园"偕乐园"，引来日本书画界高手经常在此聚会
（图右）张大千与徐雯波在日本

曾被人问过："你是画花卉的，跟张大千学画什么呢？"

中国画自古有"穷山水，富花卉，饿不死的人物画"之说法，张大千自幼受母亲和姐姐的熏陶，首先学的就是花鸟画，并在刚步入画坛时，也是先卖花鸟画。为了画好花鸟，他把中国传统的讲解花卉形态和特性的《广群芳谱》一书背得烂熟，对日常生活中植物学上的知识，连家里聘请的花匠都不得不佩服他，甚至称他是个园艺专家都毫不为过。

但画花卉不仅仅是要画得准确，重要的是画出它们各自不同的习性和神韵来。比如画梅花时，要画出它的不畏严寒和高洁傲然；牡丹则要表现出那种雍容华贵国色天香；兰花则要境界清高；水仙要突出"冷香"二字；而荷花则出污泥而不染。虽然这些花各有不同的神韵，但随着天气环境等变化，便又有不同的曼妙姿态，所以张大千又常对学生讲"画无定法"，"一个成功的画家在技能已达到化境时，就没有固定的画法能约束他、限制他了。所谓'俯拾万物、随心所欲'，画得熟练了，何必墨守成规呢"？

因此他对所画的花卉，因意境的不同而创造出多种表现方法，比如，画风雨中的荷花会用大写意一挥而就，而巨幅荷花则用泼墨泼彩表现出大气磅礴的气势来。包括对色彩的运用、对水墨与色彩的融合、晕染等方式，使他所画的花卉，既来源于生活却又高于生活，别有一番呼之欲出的艺术魅力。

张大千在日本留学期间用了两年时间学习染织技术，并不是绘画。但这两年的学习，却大大提高了他对色彩的感知能力，也算大有收益。

日本当时的大部分寺院和博物馆里都有很多公私收藏的中国画，里面不同画派和画家的作品甚至在中国本土都很少见，这让张氏兄弟很是吃惊。因此兄弟俩在日本期间便临摹了很多作品，当然也少不了会学习和吸收些日本画技法，并收藏过一些日本的浮世绘。

与许多那个时代留日的中国知识分子一样，日本是一个让他们既爱又恨的地方，这种爱恨交融的矛盾心态，无疑是因为日本作为侵略者，给中国人民造成了深重的灾难现实而造成的。但是，日本文化里所蕴含的某种在中国文化中业已消失了的习俗和传统，和日本文化本身所特有的那种于凄美寂寞、迷离幽忧中，却又处处流泻出内在的炽热情怀，这

1931年4月在日本举行《唐宋元明画展》时，张大千和二哥张善子与中国画家王一亭、钱瘦铁、郑曼青等人赴日与日本画家们在横槟郊外的偕乐园中欢聚

种与中国文化颇为相近的东方式含蓄的抒情方式，又使张大千深深为之迷醉。

日本文化中的独特意境是颇能让艺术家产生灵感的地方，著名作家郁达夫如果不是留学日本，大概不会写出《沉沦》这篇令人过目难忘的小说，也就不会因此奠定他在中国文学史上的地位和成就。著名学者周作人的感受似乎更深，他甚至称东京是他的第二故乡，说："我们在日本的感觉，一半是异域，一半却是古昔，而这古昔乃是健全地活在异域的，所以不是梦幻似的虚假。"

的确，日本是个与中国不仅在文化上，甚至连许多风俗习惯都比较接近的国家。毕竟都同属于东方式文化的范畴当中。

张大千也是如此，一方面对日本有着浓厚的欣赏情结，一方面又理智地痛恨这个侵略自己国家的敌国。这种复杂的心态，从他的创作中便很明显地表现出来。比如他画过世界各地的许多名山胜景，但却唯独没画过有着日本象征的富士山和樱花。

富士山是一座巍峨的圆锥形火山，耸立在日本的东海道上，造型极有特征，山顶端终年白雪皑皑，远看很有高贵纯洁之势，并且会因四季的不同景色而有着明显的变化，因此被日本人奉为"天下绝美"的"圣山"。但张大千却对此类赞美不置可否，他的弟子匡仲英第一次来日本

（图左）与夫人徐雯波在日本松下小憩

（图右）张大千与好友黄天才于 20 世纪 60 年代在日本相识。黄时任台北中央日报社社长、驻日特派员、中央通讯社社长、董事长等职

时画了一幅富士山图给他看，他甚至面有愠色地说："画富士山干什么！"而对樱花，他不但从未画过，反而还写诗嘲讽过。比如日本的贤崇寺里梅花的复瓣特大，所以总被误认为是八重樱花，于是张大千在《贤崇寺赏梅》中写道：

> 如此风标绝世无，认桃辨杏忍相诬。
>
> 从君去作樱花看，信是胡儿只识酥。

在《重写横滨偕乐园》中，他写道：

> 隔岁重来别有情，花花叶叶竞相迎。
>
> 老夫爱尚与人异，万卉中无一本樱。

樱花其实很美，但与临风傲雪的梅花比起来，就显得气质不够端庄稳重，有些流于俗艳。也许这是张大千因思想感情上的矛盾而不喜欢樱花并强安的理由罢。

喜欢也罢、排斥也罢，但又不得不来。张大千在日本有很多朋友，比如在横滨领事馆工作的丁经章先生，日语功夫极深，是个全面的日本通，并且古文底子也极深厚，所以是与张大千同游日本的最佳陪伴人选。还有当时台湾的驻日资深记者黄天才先生，与张大千也是多年老友，在张大千不便出游日本时，黄天才更是帮忙打理他在日本方面的各项事宜。

的确，日本像一个缀满了花朵的岛屿，漂浮在大海中，自有它独特的精致含蓄的东方魅力，而那种温婉体现在日本女人柔软的身姿和眉梢眼角的脉脉含情中，更让人难以抗拒。

作为一个唯美主义者的画家，张大千自然不光被日本旖旎的风光所吸引，也曾被异常温柔妩媚的日本女性所征服。在 20 世纪 50 年代初频繁往来日本时，便结识了一位叫山田的日本小姐，并与之展开了一段长达十几年的爱情故事。这个故事也成为画坛上一段颇为动人的传奇。这段情缘可能也是张大千一生中的最后一次艳遇。

说来有趣，中国的许多留日学者，都曾与日本女性有过情感牵缠，比如郭沫若、周作人等，都曾在日本娶妻。郁达夫虽没娶妻，却也对日本女人有着一种难言的情愫。诗人徐志摩的那首著名的《撒扬娜拉》，更是一语道破了日本女性独有的那种柔情和深情：

"最是那一低头的温柔／像一朵水莲花不胜凉风的娇羞／道一声珍重，道一声珍重／那一声珍重里有蜜甜般的忧愁／撒扬娜拉，撒扬娜拉（日语再见之意）……"

春红与山田·两段异国情缘

20 世纪 50 年代初，张大千常来日本时，因经常购买画具而和一家叫"喜屋"的画材店甚熟。"喜屋"的老板夫妇精明能干，虽然这个位于东京上野的店面并不很大，但名气却很响，专门经营各种紧俏的画材画具，并尤以绘画颜料最为齐全。

张大千的购买量自不比寻常画家，并且对各方面的质量要求都很严格，每次都是成套成批的大量采购，是"喜屋"的最大主顾。"喜屋"当然知道张大千是中国最有名气的画家，能经常在本店购买用具、颜料，自然对"喜屋"的名气大有提高。以至于还带动港台两地的中国画家，只要一到东京，就都会来"喜屋"购物和参观。20世纪五、六十年代的中国画材料，即使是在中国本土，也因政治原因和中国画的走下坡路，产品质量远不及日本。

张大千在购买纸张、笔墨等用具时，除去"喜屋"之外，还分别另有专门的购买店，比如买笔或订做画笔时，常在一家叫"玉川堂"的店里买，如买画纸也到专门的纸店。后来，张大千因与"喜屋"熟络，知道精明细致的老板娘是办事非常稳妥之人，便索性把要买的东西都列在单子上，委托"喜屋"一并去办理。因此"喜屋"几乎成了张大千在日本订做购买画具的代理人了。

有时除了买画具外，购物单上还会购买其他东西，黄天才便记得，有次采购单上竟写上了购买雨伞、木屐之类的生活用品，黄天才纳闷地问张大千："这些东西也要托'喜屋'买吗？"张大千笑着说："不托他还托谁？反正要他代买一大堆的书画用品，雨伞、雨鞋也就一起托他好了，他可以一起送交海运。"

"喜屋"对张大千每次托办的事情，无不办得妥妥帖帖，令张大千非常满意。也因"喜屋"是书画行中的名店，所以在行业中能办到别的店里办不到的事情，采购到别的店里采购不到的精品。

（图左）张大千作画，山田小姐侍候笔墨
（图右）和山田小姐同来的伊东小姐，作画时专侍张大千茶水，但不久即被辞退

1955年，在日本东京壶中居的"张大千画展"中，张大千与王之一（左一）、山田小姐（左三）合影

1955年，在壶中居的画展时众人合影。右起：喜屋夫妇、梅先生、朱省斋、张大千、山田、王之一、乐恕人、王时

　　时间长了，张大千已和"喜屋"夫妇处成了很要好的朋友，而那位红颜知己山田小姐，就是"喜屋"夫妇介绍给张大千认识的。

　　据说山田是一位日本庙宇里和尚的女儿（日本和尚允许结婚），不仅聪明伶俐而且温柔美丽。因父亲喜爱书画，所以她从小耳濡目染，也对书画很感兴趣。

　　1953年的仲夏，张大千又偕夫人徐雯波到日本小住，自然来到"喜屋"买东西。老板娘见张大千光顾，忙笑容可掬地殷勤招待，倒茶、拿点心，让张大千夫妇及陪同者都十分愉悦。

　　采购完所需物品后，大家开始闲聊起来。张大千提及，因这一年举家迁移巴西，一直都在忙碌，此时八德园正在大兴土木，他很想借来日本之时，在明艳日光和花团锦簇中画几幅好画。

"喜屋"老板娘便热情地说："何不就住在我这里，把二楼房间腾出来，还有现成的画室，我再找两个侍女服侍您和夫人，岂不更好？"

张大千本就是随遇即兴的人，此时见这里窗明几净，庭园里海棠花开得正艳，不禁爽声答应说："好啊，既然你这里有画室，便在你这里安顿也好，只是打扰你们了！"

老板娘却笑逐颜开地说："请都请不到啊！真是太荣幸了，您要是天天在这儿，那我这里可就天天顾客盈门了！"

张大千哈哈大笑起来："原来老板娘又拿我当广告牌了啊！"

就这样，张大千在"喜屋"的二楼暂住了下来。这里的环境的确很好，紧挨着优美的上野公园，而里面的"不忍池"荷塘正是张大千最喜欢的。张大千在"喜屋"住下后便常常早晨四、五点钟就跑去看荷花。因为赏荷一定要在天亮以前，只有在露水没干时，才能闻得到最浓的荷香。

只是苦了夫人徐雯波，往往睡得正香时，却被张大千叫起来，在天还蒙蒙亮时走出卧室，陪在荷塘前一待就是两三个钟头。

几天后，老板娘果真把两个少女领到了张大千的面前。两个少女一个叫山田，一个叫伊东。

由于张大千的事务确实繁多，往来客人又不断，所以徐雯波一个人忙不过来，倒真希望有人能帮她服侍张大千。

而这两个日本小姐都很勤快能干，穿着漂亮的日本和服，跑前跑后地招呼着客人，为张大千磨墨侍候作画，甚为殷勤。她们的到来真如春风扑面，为周围的空气中注入一股朝气和活力，也使张大千情绪高涨，创作激情陡增。不久，张大千辞去伊东，只留下山田。

山田的性格柔顺乖巧，并且非常聪明，和张大千一家人待了一段时间后，竟把张大千四川味儿的普通话学得惟妙惟肖，很是讨人喜欢。加上青春美颜的感染力，令张大千不久便喜欢上了她。而天生朴厚大度的徐雯波对此事却并不太过问，她与张大千多年伉俪情深，她了解张大千虽然多情，但却是个极负责任的男人，即使是情感之事也并不随意放纵，怎样对人对事，自有分寸。她看出山田非常崇拜和迷恋张大千，而张大千除了在日本才找她，去别处时并不带她，徐雯波便知张大千并不想与

张大千与徐伯郊（左
一）、山田（右一）等人在
东京郊外农庄"牡丹园"中。
身着道袍手里却拿着一个现
代人喜欢玩的照相机，看起
来很有趣

山田发展太近。她觉得只要张大千高兴做的事就由着他做好了，作为贤惠的太太，她一直依顺于张大千，可能也正因她的贤惠，反而以柔克刚，最终反能赢回张大千的心。

但山田年纪轻轻，所思所想与徐雯波但求平稳的生活态度不同，自会有许多难言的苦楚。张大千只有来日本时才来看她，而他不来时，她便只好又回到家里。虽然张大千会定期给她寄来生活费，但这种没有结局的等待却让她寂寞难挨。她也知道自己并无力扭转这种局面，除非她自动放弃这段感情，但又根本做不到。这样的生活，年复一年地过了竟有十几年，对于任何一个陷在情感中的女人，当然都会是精神上的极度折磨，因此也就难免会有情绪失衡的时候。

摄影家王之一在他的一篇文章中曾回忆到：有天夜里12点多时，张大千突然给他打电话，要他立刻到他的住处去，王之一断定有事发生，便马上驾车赶去。只见客厅里张大千、徐雯波和穿着日式睡袍泪流满面的山田都在一起。张大千情绪有些激动，似在解释着什么，而山田却只一味哭泣，徐雯波无奈地站在张大千身边，更是一言不发。

不用问也知道发生了什么事，王之一赶忙去劝说山田回卧室休息，山田抽泣着很不情愿地回屋里去了。徐雯波也扭身回到自己的卧室，剩下已渐渐恢复平静的张大千和来调解的王之一。

张大千对王之一说："我曾有过六个太太（正式娶的应为四位），除了雯波在我身边，其余的都留在大陆了，还有一位是韩国女人，可惜去世得早。其实我是很想再娶山田的，她的性格很好，温柔、服从、善解人意，可就是心胸狭窄些，让我非常失望……"

王之一宽慰张大千说："其实她的处境也不容易，你也应该谅解她。"

张大千说："就是这个原因嘛，所以我一直在用其他的方式补偿她。"

王之一暗暗叹口气，觉得不便再多说什么了，毕竟是张大千的家事，张大千在家里一向说一不二，谁也拗不过他的性子。但他知道，张大千除了没给山田名分外，待山田并不薄。而山田对张大千也确实是尽心尽力地服侍，帮助张大千料理日本方面的事宜。但感情这种事儿真是要看缘分的，并不一定相爱就能结合在一起。大千和山田十几年的情缘最终导致彻底结束，说来却不是因两人间的情感破裂，而是山田受邀大陆有关部门去大陆参观游览一事所导致。因为张大千和大陆方面已逐渐微妙的复杂关系，他不想让身边的人夹杂进去，以免引起不必要的误会，所以这下决心与山田分手。张大千此举也可说是在一种大是大非面前牺牲

张大千、徐伯郊与"牡丹园"园主合影

了个人的情感。

而张大千提到的那个韩国女人，是他早年间曾有过的一段异国之恋，也许是因张大千那时正年轻的关系，所以这段恋情显得浓郁而热烈。

——那是1927年的事儿，张大千的一位日本朋友邀请大千去韩国游玩。他叫江藤涛雄，专门经营日本古董和中国书画文物，早在20世纪20年代初便与张大千私交甚密。江藤在韩国有些朋友，所以几次邀请张大千去韩国，顺便可去朝鲜的金刚山看看，体会一下朝鲜的高丽文化。

28岁的张大千此时在中国画坛已崭露头角，正是精力充沛、渴望四处汲取丰富艺术给养之时，便兴致勃勃地与江藤一起来到韩国汉城。

因为驻韩的日本某大商社负责人是江藤的朋友，因此接待得隆重而热情。

半个月的时间里两人玩遍了韩国的名山大川，每天回到旅社，张大千都会兴奋地伏案作画，竟推迟了两次回国的时间。一晃又一个月过去了，张大千仍无去意。细心的江藤看在眼里，便雇来一位韩国少女伺候笔墨，以便照顾张大千的日常生活。

这位韩国少女名叫池凤君，艺名叫春红，时年15岁的豆蔻年华，真是楚楚动人，如同一枝凝着新鲜露珠的花蕾！张大千原本多情，有这么一位温柔可爱的异国少女终日不离左右，怎可能不动情。

春红原是艺伎身份，自是聪明乖巧，对这位中国大画家的才华崇拜无比，所以伺候笔墨尽心尽力，周到有加。

有时她看张大千作画累了，便主动为大千唱歌跳舞，以缓解他的倦意。两人虽然语言交流不是很顺畅，但每每双目交流时，彼此眼中的无尽情意就不可抑制地奔泻出来。尤其在春红裙裾飘飘地舞蹈旋转时，那绯红的脸蛋，灵巧的手指，无不传递出炽热的情愫。

张大千在这种蜜意重重中不禁创作欲望旺盛，佳作连连。而在写给春红的赠诗中更是淋漓尽致地表达出浓浓的爱意：

《赠春红》

盈盈十五最风流，一朵如花露未收。

只恐重来春事了，绿荫结子似湖州。

闲舒皓腕似柔翰，发叶抽芽取次看。

前辈风流谁可比，金陵唯有马香阑。

《再赠春红》

韩女春娘日来旅邸侍笔砚，语或不能通达，即以画示意，会心处相
与哑然失笑，戏为二绝句赠之。

夷蔡蛮荒语未工，又从异国诉孤衷。

最难猜透寻常话，笔底轻描意已通。

新来上国语初谙，欲笑佯羞亦太憨。

砚角眉纹微蓄愠，厌他俗客乱清谈。

从诗中看出，年幼的春红还不太会掩饰自己热烈的感情，她总是希
望能单独和张大千待在一起，最讨厌有人来拜访张大千，一有人来，她
就只好躲在一边痛苦地忍受失落。

年轻少女的一腔情怀怎能不让人感动，可张大千考虑得比较现实，
如果把春红带回国内，一方面春红暂时会不适应，一方面父母也不会马
上接受春红的身份。何况家里已娶了两位太太，还有了几个孩子。张大
千犹豫再三，还是决定先自己回去，和家人商量妥当之后再回来安置春
红。

临走前他特意带春红去一家照相馆拍了张合影照片，又写了两首诗，
和照片一并寄回了家里。他的心里还是想让母亲和两位太太能够同意并
接纳春红为三太太。

他的诗是这么写的：

与春红合影，寄内子凝素：

依依惜别疾儿女，写入图中未是狂；

欲向天孙问消息，银河可许小星藏。

触讳踌躇怕寄书，异乡花草合欢图；

不逢薄怒还应笑，我见犹怜况老奴。

用夫人徐雯波的眉笔画成的现代时装女的小画，很是罕见。从中看出对西方素描的熟悉和信手拈来的功夫

哪个女人都不会心甘情愿同意深爱的丈夫另娶他人，可黄凝素看到照片上春红那惹人怜爱的娇俏模样时竟也不由喜欢上了这个女孩子，想了想，她还是把信和照片交给张老夫人，如果老人家同意的话，她也就跟着同意。可谁知当她告知张大千母亲后，张老夫人却严命张大千必须立刻回家。

张大千一向事母至孝，哪有半点敢违母命，只好和春红挥泪而别，匆匆回国了。春红终日思念不止，渴盼能再见到张大千，但关山迢递，只有苦饮相思之苦。张大千临走时给春红留下一大笔钱，春红便用这笔钱开了一家"汉药店"，不再做艺伎，专心苦等张大千。

一年之后，春红听说张大千又去了日本，便用日文给江藤写了一封信，信中内容情真意切，诉说自己的满腹相思，希望江藤能转告给张大千。此时，张大千在日本恰巧生病住院，这封信便在医院里读到了，春红的这份情意让病中的张大千不禁深受感动。

于是病好后，张大千便同江藤再次来到韩国，看到春红只一年时间不见，模样虽仍俏丽，可神色间却被抑郁所压而透出凄凉。张大千不禁万分怜爱，任春红在怀里泪湿衣襟。

从这以后，张大千每年都会抽出时间去看春红，两人深厚的情感关系一直持续到1937年中日战争爆发。

抗战期间，国难当头，自是危及到每一

个中国人，张大千还曾因说过对日本侵略者的强烈不满被"朋友"出卖，被日本人软禁在北京好几个月才得以脱身。从北京脱身后，张大千便隐居在四川青城山里，开始筹划去敦煌的计划。

中日宣战后，他和江藤失去音讯，与春红也随之失去了联系。

之后几年，他以苦行僧般的毅力，去敦煌临摹壁画，使自己的事业达到新的顶峰。直到抗战结束，他又见到江藤时，才得知春红在战争期间，由于坚决不从一位日本军官的逼婚，愤然自杀身亡了。

张大千听后不禁悲泪纵横，他想不到春红那花朵般青春动人的年轻生命竟如此短暂，真如昙花一现。

张大千挥泪写下"池凤君之墓"的一纸碑文，委托江藤带去韩国，为春红立碑修坟。

一段凄美的异国之恋就这样葬送在这场战争中，在张大千的心底划下一道深深的痛痕。

话又说回来，张大千的许多朋友到日本时都见过山田，比如溥心畬、黄君璧、张目寒、庄严等，他们都对山田的聪明能干、温柔漂亮留有深刻的印象。当时张大千的另一好友——台湾著名学者和书法家台静农先生因没见过山田，张大千还特意绘了一幅山田的画像放在画册中寄给台

山田在张大千为她绘的
肖像画前留影。神情颇为欣喜

静农，并在画像上题记："画成，既题署，侍儿谓肖余一页，兴已用，手亦倦，无暇构思，即对影为此，是耶？非耶？静农何从而知之耶？"

画册上的山田眉清目秀，非常可人，是一张很好的仕女图。当时被同在台北的溥心畬知道此事，特从台静农那儿借来观阅。画册中所画近作无一不让溥心畬赞赏，当看到最后一页山田的画像时，没等台静农加以解释，溥心畬便兴致勃勃地提笔写下："凝阴覆合，云行雨施，神龙隐见，不知为龙抑为云也，东坡泛舟赤壁，赋水之日，不知其为水日，为东坡也。大千诗画如其人，人如其事其诗，是耶？非耶？谁得则知之耶？"

那时溥心畬还没见到山田，一年之后，也就是1955年，溥心畬从韩国讲学来到日本，住了几个月时间，这段期间正巧著名国画家黄君璧也来日本，于是三个国画大师相聚日本，共同拥有了一段难得的赏诗作画、风花雪月的逍遥时光。

"过海三家"相聚日本

溥心畬和黄君璧当时是台湾画界的两大巨擘，都是1949年从大陆到台湾的，黄君璧时任台湾美术界的最高学府——师大艺术系的教授兼主任，也可说是美术教育的领军人物，为台湾画坛培养了许多精英和人才。早在大陆时，他便和徐悲鸿一起，执教于中央大学美术系长达11年。抗战胜利后，徐悲鸿出任国立北平艺术专科学校校长，黄君璧则仍在已迁往南京的"中大"继续执教，后随国民党政府由南京到上海、广东，最后迁往台湾。

张大千、溥心畬和黄君璧，后来被台湾美术评论家巴东先生称为"过海三家"，因为他们的后半生都与台湾有过密切的关系，给予台湾画坛以巨大的影响。并且因三位大师的创作风格迥异，可说是分别代表了国画的三种不同的理念和方向，在他们所处的中国文化正经受西方文化的强烈冲击、面对世界性新文化转型的背景下，这三种不同的风格及内涵，对台湾画坛几十年间有着深远和重要的象征意义，但溥心畬和黄君璧因遵循传统，缺少开拓精神，最终没能超越自己。而张大千则成为承先启

张大千与山田

后、继往开来，最终得以突破的国画大家。

溥心畲作为传统而优秀的文人画家，对于本民族的传统文化有着顶礼膜拜般强烈的着迷和热爱，加上传统文人的清高自傲，使他不可能像许多留过洋、受过西式教育的画家那样，想要担负起改变和沟通中西文化的责任。溥心畲想要担负的恰恰是继承、保护和延续这种传统，使之发扬光大，他是传统中国画的捍卫者。所以他的画中是完全拒绝接受来自西方文化的改良和冲击的。

在这一点上，黄君璧的理念与他相反，黄君璧主张应给中国画注入一些新的表现形式，即接受西方绘画也就是油画的一些技法，比如提倡写生，重视光影明暗的表现等。

黄君璧的这种加入西方绘画元素的创作方向，与他本人学画时先接受素描等西方绘画入门训练有关。在学西画期间，他结识了几位广州的大鉴赏家和收藏家，有幸在他们那里见到很多古画珍品，并带回家中潜心临摹。加之他出身广东省南海县中的富裕之家，家中古玩字画本来就收藏很多，所以，他的中国画技艺也迅速提高。可以说，他是面临西方文化大潮时的积极投入者，为此他在西方画坛还赢得了"中国新古典派"的称号。

在"过海三家"中，张大千所走的是一条很特殊的创作路线——集中国美术史之大成。这种汲取历代名家精华，融会贯通后再形成自己风格的方法，画史上除了董其昌之外，只有元代著名画家赵孟頫了。

溥心畬为山田小姐画的另一
张肖像并题字

1955年，"过海三家"在
日本东京难得的一次相聚。左起
张大千、山田、黄君璧和溥心畬

　　张大千30岁前以学石涛、八大山人、石溪、清藤、白阳、渐江、
陈老莲为主，兼学董其昌、赵孟頫等。30岁以后，上溯宋元诸家，以王蒙、
米芾、吴镇、牧溪、李龙眠、刘松年、董源、巨然为主，兼学马远、夏珪、
李唐等。如果说他这时临摹的历代大家的作品，还没有超越也是走集
成路线的前几代画家赵孟頫等人的话，那么40岁以后他在敦煌所见的
北魏、隋、唐时期的壁画，所获得的见识，就已超过赵孟頫等人一大截了。
在集聚古今百家的广度和深度上，已经无人能望他项背，他所达到的
这种令人瞠目的"集大成"绘画路线的成就，也奠定了他在中国画界
无与伦比的大师地位。

　　"过海三家"虽创作理念有所不同，但根源却同祖同宗，此时三
位老友相聚日本，都开心不已。尤其是张大千，兴奋之余自是佳作连连。

溥心畬从韩国讲学后来到东京，参加国际艺术学会，先是住在旅馆，后来张大千主动当导游，非拉着溥心畬去日本各处胜景游玩儿，溥心畬乐不思蜀，干脆也租了一幢小房子住了下来。还收了一位东京大学中国文学系三年级的伊藤小姐做学生，跟他学习汉语、书法和绘画。在日本的日子真是充实而快乐。

虽然玩起来很开心，但每当沉浸在作画及回忆起他们在大陆居住在颐和园的日子时，那股浓郁的乡愁，还是不可遏制地会弥漫心头。

20世纪30年代曾是他们交往最密、在北平画坛最活跃最热闹的一段时期。那时他们还成立一个"转转会"，共12个人：溥心畬、张大千、齐白石、陈半丁、陈宝琛（曾当过溥仪的老师）、于非闇、周肇祥、溥雪斋、傅增湘（民初时任过教育总长，曾当过张善子的老师）、俞陛云

1955年，张大千、溥心畬、黄君璧、庄严在日本东京相遇，并即兴挥毫合作书画，其场面难得一见。
①张大千先画飘逸的人物。
②溥心畬加上苍松。
③黄君璧补小桥流水。
④庄严用瘦金体书法题词（中为溥心畬的女弟子伊藤）

（著名学者、红学家俞平伯之父）、徐鼐霖（吉林省长、著名收藏家）、成多禄（著名书法家）。

　　这个"转转会"每个星期日活动，会员轮流做东，聚会时大家写诗作画鉴赏评论，彼此间都会有很大的借鉴和提高。自从于非闇写下《南张北溥》一文发表后，引起画坛上很大的轰动，连北平琉璃厂的一些字画商们也趁此时机，抬高张大千和溥心畬的字画价格，借机大赚一笔。尤其是二人合作的作品价格更是哄抬得很高。一时间求画者蜂拥而至，大有"洛阳纸贵"之势。

　　精明的画商们便给琉璃厂的小伙计们一些小费，让他们去张、溥处求画，而两位大师的表现也各不相同，甚为有趣。张大千为人练达，自是好求些，只要叫一声"八爷，赏一幅画"，他肯定不会为难这些伙计，哪怕画些芋头、青菜类的小画，也能让他们回去向老板有个交代。这些小伙计拿着张大千画完的画再去溥心畬那儿，再喊一声"二爷，求您补石头"之类，溥心畬可就没有张大千那么好的脾气了，他虽然也不会让他们空着手，可态度中便会毫不掩饰地流露出促狭味道。

　　当然这种"合作"只是随便应景罢了，两人真正的合作作品，则张张都是上乘之作，并且内容也都意义深远。

　　比如抗战期间，北平形势危急，有一天张大千到溥心畬家里，一进门便气愤地说："这是啥子世道，我在家里听着那些日本人欺负我们中国人的事，画笔都气得拿不起来了，所以跑到老兄你这儿找你说说话哟……"

　　溥心畬也气愤地说："是呀，国难当头啊！只可惜我们这双手只拿得动画笔，拿不动枪。"

　　张大千摆摆手说："老兄，此言虽有理，可不一定只有拿枪才能打得到他们，我们手里的笔也能击得倒他们。"

　　溥心畬感慨地说："是啊，听说善子兄画的狮子在前线也能鼓舞士气呢！"

　　"是哩是哩——"张大千也充满敬意地点了点头，然后顿了一下，走到了画案旁，拿起一支大毫毛笔只几大笔便画出几根坚实的藤条。溥心畬走过来看了看画，然后神态凝重地也拿起了笔，写下这样的几句题诗：

> 大风吹倒树，树倒根已露。
>
> 尚有树枝藤，清清犹未悟。

然后又题上"秋意图"三个字。此图因此意境格外深远。

当时曾有一个名叫"看云楼主"的画客，在《网师园读画小记》一文中评道："海内以画名者，众矣。求其天分而功力深者，当首推张大千、溥心畬二家……张、溥二家取径不同，未易轩轾。大抵心畬高起，而大千奇古；心畬萧疏，而大千奔放。"

虽然张大千在大陆生活期间战乱频仍，但毕竟能同家人、好友时常团聚在一起，作画之余逛逛北平的琉璃厂，听听梅兰芳、余叔岩、孟小冬等京剧名家们的京戏，下馆子品尝美味等等。可如今"南张北溥"一个远去巴西、一个定居台湾，都与故土分离，不知道哪一天才能再回到大陆相聚。

溥心畬感慨之余不禁挥笔在张大千的一帧照片上写下："滔滔四海风尘日，宇宙难容一大千。"读来不免让人怅然不已！

不管天涯如何奔波，异地重逢，自然还得以画抒情，以诗感怀。"南张北溥"加上黄君璧和著名学者庄严，四大名家当然不会错过这次难得的机会，又开始兴致勃勃合作书画了。

日本处处弥漫着风花雪月的浪漫情致，的确很适合艺术家们身心轻松，悠悠然如在梦中，不觉中已过去了几个月，转眼冬天到了。

一个灰蒙蒙的夜晚，天空中飘起了漫天大雪，鳞次栉比的高楼，在一簇簇飘飞的雪团包拥中显得孤立而清冷。这样的雪夜让离家在外的人最想和朋友在一起，不然真是长夜漫漫、寂寞伤感。

由于张大千此时正在日本其他地方游玩，黄君璧也早已离开日本，偌大的东京里竟一时难寻知己，溥心畬在住所不禁百无聊赖、颇感惆怅。正喝闷酒时，忽然想起摄影家王之一刚回到东京，顿时高兴得站了起来，去给王之一打电话。女佣轻声说："这样的雪夜，王先生能来吗？"溥心畬说："你哪里知道，王先生这人，你别看他很少说笑话，总是一副很端正的模样，其实他是性情中人哩，他是摄影家，平时只顾给别人拍照，很辛苦的。"

果然，王之一接到电话后，冒雪赶来，他的确是个很善解人意也很有绅士风度的男人。溥心畬让女佣赶快温几杯日本清酒。这种酒的度数不高，不像中国白酒那般浓烈，却余味醇厚，颇有后劲。

两人坐定后，溥心畬突然不说话了，像是陷在什么回忆里，神情中有淡淡的伤感。过了一会儿对王之一说："人上了年纪更受不了寂寞啊，我现在动不动就会想起在大陆时的事情。以前在北平时，赶上这样的大雪天，我们一定是一帮好朋友聚在一起吃涮羊肉喝白酒的，热闹极了！可在这里，冬天太冷，一个人睡觉更冷，所以邀请你陪我喝喝酒。"

王之一理解这个"旧王孙"此时的心情，如果因一种单纯的孤独，引发出许多复杂的寂寞，那就会让人很难以自拔的。所以，王之一便一个劲儿地宽慰溥心畬，却因频频敬酒自己先不能支了。溥心畬笑着打趣说："之一蛮有酒量的嘛！"

溥心畬随手抓过一支笔，把纸放在喝酒用的小桌子上，很快画了一张"松下饮酒图"。并题上这样几句："前夕无聊闲作画，今宵作画更无聊，赠君持去点空壁，对此能消酒一瓢。"然后盖上他"旧王孙"的图章，只是因为无聊，图章竟盖倒了头。然后，也倒头睡去了。

两个日本女明星好奇地去摸张大千的长胡子

女佣悄悄告诉王之一，前几天溥心畲也因为无聊，叫来几个日本小姐陪酒，结果闹得不亦乐乎。小姐们洗完澡换上睡袍嚷嚷着要喝花酒，喝到最后把睡袍脱掉不说，把溥心畲的衣服也脱光了。结果溥心畲酩酊大醉，在醉中还画了一幅喝酒场面的小画。王之一很感兴趣，连忙问："在哪里？一定很有意思！"

女佣不禁有些害羞地笑了，说："他扔进纸篓里了。"王之一急忙让她找出来，打开一看，他也不禁噗嗤乐了，只见上面写着五个字，叫"群阴剥阳图"。真是甚为有趣，这张小春宫画虽有些私密，但画中人物表情轻松活泼，并无诱惑，也就使看过的人并无杂念，只当作生活中的一种情趣罢了。难怪后来张大千看过此图竟说："这是绝品，比他的山水楼台亭阁都难能可贵，这张小画不用签名盖章，就凭那五个小字就是溥先生的招牌，别人要学也学不像的真迹。"

日本的这段时光，无疑是溥心畲颇为开心的一段回忆，虽然也有寂寞和惆怅，但融在日本这个充满花香、亦梦亦幻般的岛国，和张大千在一起，那种离乡的伤感是不是会缓解些呢？

溥心畲在日本期间跌伤，由女佣悉心照顾

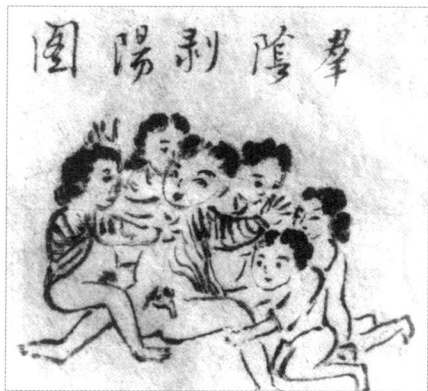

《群阴剥阳图》溥心畲雪夜酒后随手画的小画。颇具情趣

创新中国画失传画技——破墨泼彩

张大千在日本曾举办过多次画展，但 1955 年 11 月和 1956 年 4 月的两次东京画展，则对张大千的艺术走向西方画坛，让中国画不仅被东方观众所喜爱，也让西方人所接受和喜爱起了关键性和推动性作用。

1955 年 11 月，张大千在日本帆台庄居住时，所画的三十几幅最新作品在东京的"壶中居"二楼画廊展出。"壶中居"是日本古董古画店中最有权威的店，也是日本文人时常聚首的场所。

画展引起巨大的轰动，尤其是日本艺术界的一批著名学者，对张大千已入神奇之境般的艺术高度不仅赞不绝口，更认为他的绘画已不仅仅代表中国，而是代表整个东方都不为过。当时日本的西画权威梅原龙三郎看过画展后，力劝张大千应该向欧洲画坛进军，让欧洲人见识一下中国画的神奇魅力。

梅原龙三郎早年曾留学于意大利和法国，在日本画坛的地位，堪比中国美术界的权威徐悲鸿。

梅原的一番诚挚劝导让张大千备受鼓舞，其实，他早就想以一种融进西方绘画元素的中国画，让西方观众所接受和喜爱。他离开大陆避居阿根廷时，就在给张目寒的信中传达出此意。游走海外这么多年，他知道西方现在流行的是以毕加索、马蒂斯等画家的那种抽象派画法，包括此时在巴黎正走红的中国画家赵无极也是这种画路。

对于这种所谓的"抽象派"，张大千自有他自己的理解，他认为"中国画三千年前就是抽象的，不过我们通常是精神上的抽象，而非形态上的抽象，近代西洋名画家所倡导的抽象派，其实就是受中国画的影响"。抽象一定要从具象中而来，没有纯熟优美的具象基础，是不可能获得抽象的空灵感觉的。

张大千在自己的《画说》一文中，充分阐释了他的这种认识："中国画常常被不了解画的人批评说，没有透视。其实中国画何尝没有透视？它的透视是从四方上下各方面着取的，现在抽象画不过得其一斑。如古人所说的'远山无皴'、'远水无波'、'远人无目'这几句话，就得十足的透视抽象的理论。为何'远山无皴'呢？因为人的眼力达不到，

朝日新闻社在东京银座松坂屋百货公司九楼，举办张大千"敦煌壁画摹写展"时的轰动场面

张大千与日本著名画家梅原龙三郎（右一）、上野美术馆副馆长波多野（中）在东京壶中居画廊畅谈

自然看不见山上的脉络；'远水无波'，江河远远望去，哪里还看见波纹呢？'远人无目'也是同理。这是自然的道理。所谓透视，就是自然，不是死板板的。从前没有发明摄影，但是中国画里早已发明这些极合摄影的原理。何以见得呢？譬如画远的场景，色调一字是浅浅的，模模糊糊的；如果画近景，楼台殿阁，就一字画得清清楚楚，色调深浓，一看就如到了跟前一样。石涛还有一种独特的技能，他有时反过来将近景画得模糊而虚，将远景画得清楚而实。这等于摄影机的焦点，对着远处，更像我们眼睛注视远方，近处就看得不清楚了。这是'最高'现代科学的物理透视，他能用在画上，而又能表现出来，真是了不起的。所以中国画的抽象，既合物理，又要包含着美的因素。"

　　基于对中国画有着太过深厚的基础，及对西方抽象画的理解和认识，张大千已经在自己的作品中开始尝试一种新的画法了，那就是"破墨"

画法。有关这个技法，他的学生孙云生曾回忆说：世人常将张大千的破墨画法与泼墨画法弄混，张大千自己曾强调自己的画法是"破墨"而非"泼墨"，至于"泼色"法，则应是老师自己研究出来的。

"破墨"与"泼墨"的分别，清人沈宗骞在《芥舟学画编》卷一"用墨"条里有过解释：

"破墨者，先以淡墨勾定框廓，框廓即定，乃分凹凸，形体已定，渐次加浓，令墨气淹润，常若湿。复以焦墨破其界限廓，或作疏苔于界处。

"泼墨者，先以土笔约定通幅之局，要使山石林木，映照联络，有一气相通之势，于交接虚实处再以淡墨落定，蘸湿墨，一气写出，候干，用少淡湿墨笼其浓处，如主山之顶，峰石之头，及云气掩断之处皆是也。"

张大千在破墨画中，也渗入泼墨画法，在破墨画中又难免会用浓墨作破墨性的增饰，正如他自己所说："如何去'破'这个墨，是作破墨画最难的一层。"

但在具体的作画过程中，无论是"破墨"还是"泼墨"早已被张大千融为一体，运用得当了。如果"泼墨"画法还算是有迹可寻的话，"泼彩"便是张大千的独创了。当然"泼彩"是从"泼墨"中衍生而来，是先有"泼墨"再有"泼彩"。无疑，张大千为中国的艺术史做出了非凡的贡献。

从这次在东京画展中的三十几张最新作品中，已看出这些技法上的运用成熟。熟悉中西方绘画的梅原龙三郎，大概已经预感到这种绘画的辉煌成就，才力劝张大千进军西方画坛吧。

1956年4月，张大千再度在东京举办画展，这次展出的是他的敦煌临摹作品。两次画展截然不同的创作风格，着实让人看出张大千在绘画艺术中清晰的脉络：先是以临摹入手，这是他的临古阶段；然后是仿古阶段，可以说仿古人，尤其是石涛，简直到了以假乱真、为所欲为的地步；现在则要在"集大成"路线上再来一次凌空飞跃，要"变古"了。"领会名作的精神"，不在求"形象之似"，最终目的是要"转变它"，要飞跃，要开创出自己的一番新天地，得以自成一家！

此次画展还引起一个人的强烈关注，这个人就是法国巴黎罗浮宫博物馆的馆长萨尔先生。两次画展萨尔都已看过，两种截然不同的创作风格让萨尔非常惊奇，尤其是张大千在山水画中运用的泼墨画法，使山水画有了一种分外空濛迷离的气息，让人为之心动并有一种妙不可言的感觉。作为一种职业上的敏感，萨尔相信如果把作品拿给西方人看，肯定会引起强烈的震撼和冲击。

于是，他热情地邀请张大千能去巴黎举办画展，并且就把这两种不同风格的敦煌摹品和泼墨画法的新作一起展出。

张大千当即答应，并且坚信自己的中国绘画征服西方观众已经近在咫尺。

巴黎画展·震动欧洲画坛

巴黎——这个自文艺复兴时期以来，便成为云集西方最伟大的艺术家及其作品的繁华浪漫之都，因其艺术宝藏之丰厚，艺术氛围之浓郁，逐渐成为所有艺术家心目中的艺术殿堂。这里的大小博物馆林立，所藏古今画苑的无数珍品，令人叹为观止。从达·芬奇的《蒙娜丽莎》到莫奈的《睡莲》，包含了从古典主义、浪漫主义到现实主义、抽象主义等各种思潮的艺术流派。

因此，对于一个艺术家来说，如果能在巴黎获得肯定和荣誉，那就意味着已经征服了西方画坛，并已达到了某种艺术巅峰。而这个高度的被认可，却像是多少年才能成熟的一枚果实，少之又少，精而又精，难而又难。

尤其是古老的中国绘画，因其蕴含的强烈的中国文化精神和那种只可意会不可言传的玄妙意境，与西方写实或抽象的文化内涵有着太大的不同。如何让西方人被中国画的意境所打动并接受，就必须结合西方观众的欣赏趣味，突破中国画固有的传统创作手法。

20世纪五、六十年代，欧美画坛正盛行抽象表现主义。这种画风，在当时以写实主义为政治服务的大陆美术界来说，不但不为人知，更被冠以"资产阶级的形式主义"而被排斥。而张大千因身在国外，能接触到这种西方绘画的表现形式，并为使中国画早日打入欧洲市场，而在传统的绘画技法上，充分与西方盛行大写意的抽象表现形式加以结合后融会贯通。可以这么说，这是张大千的幸运，也是中国画的幸运。

早在1953年，张大千第一次去美国访问时，便看到当时的美国艺评家罗森伯格的文章中所写的一种叫"自动画法"的抽象画表现技法。这种把颜料泼洒到画布上，产生一种滴流效果的方法，让张大千联想到了中国古代的"泼墨技法"。

"泼墨"一词，据画史记载是唐代著名画家王洽所发明："善泼墨，画山水，时人故亦称为王墨。游江湖间，小生多疏野，好酒，凡欲画障，必先饮，重酣之后，即为泼墨，或笑或吟，脚蹴手抹，或挥或扫，或淡或浓，随其形状，为山为石，为云为水，应手随意，倏若造化。"

这段话可以说把泼墨的特点说得非常透彻，但王洽的画，并无一幅流传下来可以用来借鉴这种技法和效果的。虽然画史记载不仅唐代的王洽，就是宋代的米芾、梁楷和石恪等大画家，也都采用过这种画法，但他们的传世作品极少，因此几乎没有可供参考的样本。若不是张大千"集大成"的绘画功底，使他对历代大家所留下的笔墨画风潜心精研，也未必会在中国画的画法上有如此重大的突破。

张大千的这种超群绝伦的天分和勤奋，使他早在师古临摹历代名画阶段，便已对历代名家均有涉及，除挖掘出"泼墨"这个已近失传的画法外，之前还挖掘出中国画的另一种失传的重要技法，即"没骨山水"画法。没骨山水系梁朝张僧繇所创，唐代的杨升、明代的董其昌等也擅长此画法。此技法在山水画的设色上大有讲究，要求色泽艳丽，层次鲜明，并对色彩的运用和把握有相当深厚的功底，才能做到大胆用色，以达颜色醒目亮丽却并无夸张之效。

张大千在1946年所作《仿董其昌峒关蒲雪图》，和1949年所作《仿张僧繇峒关蒲雪图》两幅没骨山水画，将这种元明以来久已失传的画法再现于世，可以说是为中国画史的研究解开了一个谜团，其学术意义相当深远。而张大千本人也感十分自豪，曾自诩仿张僧繇的没骨山水，是他绘画生涯中一个非常大的成就！

正是基于这种博采众长精华，和无出其右的深厚功底，张大千在修建好的八德园中，漫步于五亭湖边，在波光潋滟或云烟氤氲、雨雾迷蒙中，创作出了第一幅真正意义上的泼墨作品《山园骤雨图》。其画面产生的空灵意境，撼人眼目，心之缥缈。自此泼墨泼彩画风一发不可收，创出了中国画的一片新天地。

所以张大千进军欧洲画坛，可以说是有备而来，机缘成熟。

1956 年 5 月，张大千首次欧洲之行先由意大利开始，在参观了米开朗基罗、拉斐尔等大师的壁画、雕塑作品后，张大千不由再次感慨："艺术是人类共通的，尽管表现的方式有所不同，但艺术家所讲求的不外是意境、功夫与技巧。"

6 月中旬，"张大千临摹敦煌石窟壁画展览"在巴黎的东方博物馆开幕。展出临摹壁画 37 幅，及大风堂所藏 60 幅历代中国珍品，不禁大大震撼了西方画坛。

7 月上旬，"张大千近作展"在巴黎罗浮博物馆东画廊开幕。同展的还有西画廊"马蒂斯遗作展"。马蒂斯死于 1954 年，是西方最早的前卫艺术流派——野兽派的代表人物，画作讲究色彩的对比和谐，突出自我意识，很富有表现力。曾有"色彩像炸药一样具有威力，也像炸药一样要有很好的方法控制它"的名言，是法国著名绘画大师。

两位东西方大画家的作品，在罗浮博物馆分展东西画廊，其作品所表现的深层意境，竟有很多相通之处。张大千汪洋恣肆的泼墨画法，和马蒂斯色彩浓艳欲表现强烈的生命力不谋而合，应了中国文人画之说法："有法而无法，聊表胸中逸气耳。"有趣的是，马蒂斯有一幅自画像，其线条手法竟与中国画画风十分相像，因此张大千看后认为："马蒂斯是学敦煌的，尤其是人物素描的线条。"

两个画展如期所愿，取得了巨大的成功，特别是张大千已变通的中国画大大征服了西方观众及画坛权威们。当张大千依旧穿着他永远不变的中国式长袍，手里挂着精美的、产于故乡四川的竹子做成的手杖，胸前飘拂着长髯，神采奕奕地出现在画展的开幕式上时，他本人的外表和他的画都成了注视的焦点。

"他真像神仙一样好看。"一些巴黎少女兴奋好奇地看着他说。

"你是东方国家的皇帝吗？"还有大胆的少女干脆挤上前去问张大千。

张大千听罢爽声大笑，一捋长髯自豪地说："我是东方画坛上的皇帝哩！"

评论界更是不甘寂寞，纷纷发表文章，一时好评如潮，让张大千颇是欣慰。

著名的塞鲁斯基博物馆馆长艾立西弗撰文评论道："现张大千先生的创作，足知其画法多方，渲染丰富，轮廓精美，趣味深厚，往往数笔点染，即能表现其对自然的敏感及创作的快乐。若非天才画家，何能至此？"

另一位法国著名画家丹尼·耶华利则赞誉："张大千在接受中国传统下，又有独特的风俗，他的画与西方风对照，唯有毕加索堪与比拟。"

但在一片赞扬声中，也有隐隐的微词，即技法虽精湛，但临摹的作品多了些，真正代表艺术家自己个性的独创作品相比少了点儿。

张大千暗自沉思，他知道以后得画一些真正属于自己的作品了，几十年的功力，应该水到渠成了。他决定运用泼墨这个技法，把中国的山水画意境淋漓尽致地表达出来。

纵观当时中国在世界艺坛的地位，由于政治上处于与西方的"冷战"时期，国内专业画家都已不再创作，而是应对各种政治学习，中国画几乎已处于停滞阶段。而张大千此时能在海外展出书画，足迹遍及欧、美、日本及东南亚各国，着实宣扬了中国文化。他那挽袖挥毫、落笔拂须的神态，也堪称是一位表里相符的中国"文化大使"。

在巴黎的中国艺术家们，无不为张大千的画展成功感到振奋和鼓舞，纷纷前来祝贺。其实在旅居海外的现当代中国画家中，能够真正步入世界画坛并占一席之地的画家，不但不多，甚至屈指可数。张大千和赵无极无疑是其中的佼佼者。

赵无极14岁考入杭州艺专，师从林风眠学习西画，对传统的中国画曾不屑一顾，完全醉心于西方的印象派中。当时，教授国画的教授是著名的国画大师潘天寿，有一次在国画考试中，赵无极在纸上随便用墨涂了一团黑，还题上"赵无极画石"的款识，令潘天寿大怒，几乎要开除他。那时中国已经打开了国门，提倡学子们接受西方文化，也难怪赵无极年幼无知。当时艺专里的许多学生，都对老祖宗的中国画不置可否，好像只有穿着长袍，之乎者也的老夫子才去画国画。但当赵无极到了国外，看过许多西方名作时，随着才识的不断提高和丰富，他开始回过头又对中国的民族艺术产生了强烈的兴趣。他意识到，只有民族文化中的瑰宝，才会给他极大的创作灵感。于是，有了他在1961年的自述："如果说在我成为艺术家的过程中，不能否定巴黎的影响。我必须同时指出，随着我的成长和自信的确立，我逐渐发现了中国。中国与生俱来的出现，在我最近所有的作品中，似是而非地说出由于巴黎，我才回归到根深的本源。"

任何一个艺术家如果脱离了本民族的文化积淀，完全借用外来的"潮流"和表现形式，那最终也只能是一朵浮萍，没有土壤的滋养，生命力便不会长久。所幸赵无极找到了自己的给养和慧根，因此才会脱颖而出，功成名就。

在赵无极的家里，张大千看着赵无极带有浓重抽象意味的油画，并没多作评论。在赵无极诚恳地征求意见时，张大千只说了金刚经中的四句偈语："若以色见我，以音声求我，是人行邪道，不能见如来。"令赵无极为之一怔。

张大千见状随即笑着解释："抽象画这种艺术形式，在我看来就是佛曰'不可说，不可说'的境界，唐代司空图所谓'超以象外，得以环中'也是此意罢。"

赵无极微笑地点点头，沉默了一会儿，突然郑重其事地对张大千说："先生所言极是。想我当初年少轻狂，没有扎实地去学好国画，先生可否做我的国画老师？"

张大千急忙谦虚地摇手说："哪里哪里，刚才看你所画的山水及花鸟作品，功力相当之深厚，难得你如此用心，日后必将有更大的成就。"

赵无极也连连说："惭愧，惭愧……"

一旁的潘玉良笑着插话说："两位大师都如此谦虚，那我就要当仁不让喽！"

张大千冲着潘玉良竖起大拇指说："要得，要得哩！"

赵无极也不禁点起头来。三人相对大笑。

在旅法画家中，潘玉良是位身世极特殊的女画家，能跻身巴黎画坛实属不易。

因为她曾是青楼女子，原名张玉良。她和张大千同龄，但其艺术之路却走得曲折坎坷。

　　她幼时便被狠心的亲舅舅卖给妓院，在强颜卖笑中度日。幸而遇见一个好心的男人收留了她，并给她赎了身，才使她离开了魔窟，开始了新生活。这个人便是她的丈夫——当时的芜湖海关监督潘赞化。为了感激这个男人，她甚至把她的姓氏也改成了"潘"。

　　是潘赞化发现了她的绘画天赋，并把她送到上海美专去学习。上海美专是著名画家刘海粟所创办，当时叫"上海图画美术学院"，刘海粟创办该校时年仅17岁。这所学校也是中国美术史上第一所美术专科学校，并仿效欧美国家的美术教育方式，使得上海艺专名声大噪，吸引了许多名家前来授课。

　　当时正值民国时期，在刘海粟的上海艺专中发生的几件"开风气之先"的事件，让当时的国人大为瞠目，并难以接受，认为这几件事乃大逆不道伤风败俗之事。它们是：旅行写生、男女同校和使用裸体模特儿，为此还被人告上了法庭。

　　当上海艺专首次举办成绩展览会时，所陈列的部分人体习作素描引起了轩然大波，并被保守势力以"道德败坏"告到了教育厅。幸亏当时任国民党临时政府教育总长的是北大校长蔡元培，蔡表示支持刘海粟的办学方针，此风波才得以平息。此事也令刘海粟终生感激蔡元培。

　　当潘玉良以妓女出身、为人小妾的身份暴露于学校后，不禁又如一枚炸弹引爆炸响了四周。一些学生竟愤而退学，其中包括刚从宜兴老家来到上海就读该校的年轻的徐悲鸿。但潘玉良以坚忍的毅力咬牙支撑下来，又被潘赞化送出国外，在里昂国立美专、罗马美专继续学画。学成回国后，曾在上海美专、南京中央大学执教。与徐悲鸿共过事，但两人关系并不融洽，其中渊源即涉及到徐悲鸿对刘海粟办学的不满而产生的矛盾，从中看出中国美术家宗派之间的芥蒂之严重。

　　潘玉良是个性格豪爽的女人，作品也很有男性的刚烈之风，作风有些像野兽派。她与张大千早在20世纪30年代，便在上海通过刘海粟引见而相识，是张大千艺术的崇拜者。这次张大千来到巴黎，她正好趁此机会常常去拜会，并萌发了为他塑铜像的想法。后来这尊头像雕塑终于完成，并在两年后即1958年8月时，在巴黎多尔赛画廊随"中国画家——

潘玉良夫人美术作品展览会"展出，获得一致
的好评。

　　这次展出的作品是潘玉良多年创作出的一
系列油画、水彩画和雕塑作品，而这尊"张大
千头像"在所有的雕塑作品中，是最引人注目
的焦点。展会还没闭幕，"张大千头像"和另
一幅水彩画《浴后》就被法国国立现代美术馆
购藏。在国立现代美术馆富丽堂皇的展厅里，
这尊同真人大小相似的半身铜像，同罗丹、布
林代尔等艺术大师的作品一道，被永久地陈列
着，供观众欣赏和赞叹。

潘玉良雕塑作品"张大千头像"

会晤毕加索

　　两个画展在巴黎的巨大成功，以及西方画
坛对中国画的接受和认可，不禁让张大千信心
倍增，兴奋之余，张大千向赵无极等朋友提出
了一个心愿：他要拜访一下西方画坛的泰斗毕
加索。

　　想不到这个想法刚一出口，就立刻遭到了
赵无极等人的强烈反对。赵无极毫不掩饰为难
之色，很干脆地对张大千说："毕加索可是不
可一世、傲慢无比的画家，我劝您还是打消这
个念头罢，以您今天的画坛地位，万一遭他拒绝，
岂不太丢面子，再说西方人和中国人的礼节不
同，西方人见客是要事先预约的。"

　　赵无极可说是言之凿凿，因为在他看来，
张大千已是东方画坛上的代表人物，如果他丢

了面子，岂不是让整个东方画坛和东方的艺术家们都丢了面子。

张大千颇感意外地说："咦，你们怎么把问题看得这么严重，艺术家之间就要相互尊敬和切磋，有什么不能见面的，他的架子虽然大，可我张大千去拜访他，他岂不就更有面子了，即使他谢绝我的约会，也总要说出个理由嘛！"

但赵无极和朋友们还是坚决地摇了摇头，劝张大千不要去找毕加索。

张大千理解他们的心情和处境，一个传统中国画家在法国这种艺术圣地被接受和认可是非常难的。于是张大千不再为难这些中国画家，转而请巴黎罗浮博物馆的馆长萨尔帮忙，但想不到这个堂堂的博物馆馆长、巴黎艺术界的名流竟也拒绝了，理由还是毕加索的名气太大了，他不敢去约。

张大千不禁有点儿气恼了，名气大就可以这么拒人于外？这是哪门子理，他偏不信这个邪。于是他直接把翻译叫来："你帮我给毕加索打个电话，就说中国画家张大千想去拜会他。"

这个翻译姓赵，是一个高大健壮的小伙子，也是办事爽直不畏输的性格。他毫不犹豫便抓起了电话。

徐雯波急忙走过去按下电话，对张大千说："老爷子还是再考虑考虑，既然人人都说这个毕加索架子大，傲慢得很，要是不见你，传出去这个名声真就丢人哩！再说老爷子干吗就非得见他呢？"

张大千一把把徐雯波按在电话上的手拨拉开，气呼呼地说："夫人莫管这事，他即使拒绝见面，也只能说他是个不近情理、不知礼数的人，难道他不见我，我张大千身上会少掉一根毫毛？"

徐雯波知道老爷子又上来那股执拗劲儿，凡事非得有个结果不可，只好不再阻拦，告诉赵翻译说话要婉转些。

此时张大千一行因从报纸上看到消息，毕加索将于 7 月 27 日这天来法国一个叫瓦拉里的小镇上出席一年一度的陶器开幕展，所以已特地从巴黎赶到这个小镇上。这个小镇在法国以拥有悠久的烧陶历史而著称，每年的这个陶器展期间都像过节一样热闹。而毕加索的别墅山庄也离这个小镇不远。

赵翻译给毕加索的别墅打过去电话，接电话的是毕加索的女秘书，

这张照片上徐雯波的手非常漂亮，因此张大千很多幅仕女图都以她为模特

说毕加索不在别墅，有什么事可回来后转达。

赵翻译用不卑不亢的语气说："请您转告毕加索先生，有位中国的画家张大千先生远道而来要去拜会他，请毕加索先生指定时间和地点。"

秘书小姐重复说道："张、大、千、先生？"

"是的，他是中国最有名气的画家。"赵翻译的语气更自豪了。

"好的，好的，请您放心，我一定会转告毕加索先生。请留下你们的电话号码。"秘书小姐的语气也不禁慎重了起来。

赵翻译把旅馆里的电话号码告诉了她。

一个小时后，女秘书打来了电话："毕加索先生明天上午十点要出席陶器展的开幕式，请张大千先生到会场里见面可以吗？"

张大千一抚长髯，开心地笑了，说："就是嘛，我说他不是长着三头六臂的神仙，于情于理他都不该拒绝见我的！"

此时的瓦拉里小镇大街小巷摆满了鲜花和陶器，五颜六色的条幅悬挂在半空，随风飘扬，煞是喜庆和漂亮。

第二天一早，张大千夫妇和赵翻译便和人流一起涌进了会场。其中很多人也是因毕加索的到来而特意赶来一瞻大师风采的，因此当毕加索出现时，立刻引起了人群的骚动，欢呼声和口哨声也随即响了起来。张大千不禁感慨毕加索不愧是西方人心目中具有至尊地位的大艺术家，备

长袍布履尽显大师风采

受狂热似火般的崇拜。

张大千看着远处的毕加索，也是不高的个子，外表平常得像个普通老头。只见他微笑着，很谦和的态度，与传说中不可一世的傲慢样子根本对不上号。

忽然，人群中发出一阵兴奋的尖叫声，原来毕加索竟被热爱他的人群抛举到了半空里。张大千也不禁大笑起来，徐雯波本来一直是抿嘴微笑，此时也像孩子般咯咯笑出了声。这在中国是不可能把一个德高望重的老人扔到半空中的，这和东方人含蓄的表达情感的方式太不一样了，西方人是这般热辣和直露。

狂热的人群终于把毕加索放了下来，毕加索也微笑着，站在那儿，有点儿气喘吁吁的样子，毕竟是 75 岁的老人了。

忽然，他的目光落到了这边一直望着他的张大千身上。

张大千的长袍布履、标志性的一把长髯，在人群中是相当醒目的。

这个形象在近段日子的巴黎报纸上也是频频出现，不知道毕加索注意到没有。其实只要关注巴黎的艺术动态的人，都应该或多或少地知道这个饮誉东方的画坛皇帝的。

张大千微笑地迎接着毕加索的注视。他想毕加索一定该记起昨天的约定，他不是说在会场上见吗？

徐雯波和赵翻译替张大千抵挡着拥挤的人群，向毕加索那边走过去。

可他们没走出几步，毕加索竟转过目光走了，好像根本不想理睬他们。

"咦？这个老头真怪，怎么不打招呼就走了，昨天不是说好的吗？怎么说话这么不算数？"徐雯波气恼地一边搀扶着张大千的胳膊，一边愤愤不平。

赵翻译也气冲冲地说："不行，我得找他问个明白，他不能倚仗自己是大艺术家就可以随心所欲、说话不算数。"

但人群实在是太拥挤了，人们簇拥着毕加索握手、拍照、寒暄，毕加索被人群挤得一副身不由己的样子。幸亏赵翻译年轻高大，硬是挤过人群追上了毕加索，并对毕加索重申了昨天的约会。

毕加索冲着赵翻译歉意地笑了笑，有些疲惫地指了指周围的人山人海，轻声说："对不起，但今天的人实在太多了，根本不能谈话，把约会改在明天中午吧，请张大千先生去我的别墅。"

毕加索又回过头来向张大千这边望了一眼，这次目光中含了些歉意，随后又被人群挤走了。

赵翻译这才穿过人群又跑回到张大千身边，额头上全是汗珠儿，不过却已笑容满面。张大千不用他说，就已知道约会的事情有好转了。当他听赵翻译转述了毕加索的明天约定时，颇为理解地点了点头，感慨地说："也怪不得他，今天的人确实太多了，即使失信也是可以理解的……"

张大千不由联想到自己不也常碰到类似的事儿吗，有时在某种应酬场合里，要是少打一个招呼，少握一次手，都容易让人误解成架子大。所以张大千有一次甚至自嘲地说："我是猴子！"

说起张大千非要拜会毕加索的动机，其实由来已久，起因是那张著名的报纸《大公报》。《大公报》在解放前的中国可说是影响力最大的一家报纸，抗战后由上海转移到了香港。20世纪二、三十年代时，《大公报》对张大千一直是追踪力捧的，经常为张大千的画展出特刊。但是随着政局的变化，对张大千的态度也开始变化，拿张大千自己的话来说：

"……《大公报》骂我最厉害，可以说把我骂得狗血淋头。我住到南美去了以后，有一次一位朋友剪寄一份《大公报》给我，有一篇文章题目是：'代毕加索致函东方某画家'，内容居然是以毕加索的口气大骂我是资本主义的装饰品等等。我的习惯是凡对我捧场奖饰的文章我可以不看，凡对我批评、挖苦、骂我的文章我倒要仔细看看，看人家骂得对不对。这篇代毕加索之名骂我的文章，总是他们报馆里那帮人胡诌的，看后我一点儿也不恼火。可是我却想，有机会倒是要见见毕加索这个人，《大公报》的胡扯，毕加索不会看中文报当然也不会真的致函更正，所以我便萌发了要见一见毕加索的念头。"

毕加索当时在西方画坛雄霸于世，而张大千在中国画坛上也可称为一代宗师，报纸上公然把这两个名字放在一起并攻击张大千，自然激起张大千的不满和对毕加索的好奇。其时细究起来，两人在出身环境及艺术创作的理念上还真有许多相似之处。

毕加索1881年出生于西班牙南部小镇马拉加的一个美术老师之家，早年在马德里和巴塞罗那的正规美术院校接受过学院派的正规训练。1900年第一次到巴黎后，受到了巴黎新艺术思潮和印象派及后期印象派画风的强烈影响，那段期间他的作品属批判现实主义的风格。1907年他的创作风格开始有了转变，成为西方画坛上立体主义的创始人之一。其作品抛弃了西方传统绘画的造型法规，而是追求一种结构上的美，并不要求画中有什么具体的环境和情节。

1915年之后，毕加索的画风又由立体主义转向新古典主义，到了20世纪20年代中期后，又由新古典主义转而迷恋于超现实主义，笔下的人物造型开始夸张、扭曲和变形。

由于反对战争，毕加索于1944年10月5日巴黎解放后，在《人道报》上宣布自己加入法国共产党。之后画了一系列反对战争、追求民主和平的作品，如《朝鲜的屠杀》、《战争》、《和平鸽》等，被称为"艺术中的布尔什维克"。

1950年，毕加索以一幅素描《和平鸽》获得国际和平金奖，赢得了世界性的荣誉。他的极端变形和夸张的艺术表现形式，被人们称为"破坏的形式"。他在自己天才的想象力中融入了现代哲学、心理学及自然科学等学科，使其作品具有深邃的探索意识，为二十世纪的西方及全世界范围内的艺术，都起到了极大的推动作用，并作为艺术革新家永远被载入了世界艺术手册。

毕加索的一生极富传奇和浪漫色彩，且不论其艺术上天马行空、让人难以企及的高度和成就，单就个人生活而言，也是个性上我行我素、举止上怪诞不经，让人难以靠近。

从 1946 年以后，毕加索长期定居在法国南部尼斯港的"加尼福里亚"别墅，这个别墅区依傍着地中海，是当地豪富聚居的地带。毕加索的这个别墅原是一位公爵的城堡，占地庞大，面积约百亩，毕加索斥资百万美金购得后又花了一大笔昂贵的费用进行装修，使别墅既有古代宫殿式的繁复豪华之精致，又具有所有的现代化设施。这幢别墅和毕加索本人都让人感到神秘奢华因此望而却步。

但 1956 年 7 月 28 日的中午 11 点 30 分，这幢别墅的大门为张大千敞开了。

传说中在家里从不穿上衣的毕加索很破例地穿了件条子衬衫，还穿上了很正式的长裤和皮鞋。

别墅里果然布置考究，但当他们进入毕加索的大画室时，里面却显得凌乱不堪，地上四处堆放着未完成的画稿、雕塑以及半成品的陶器等。陶器艺术是毕加索当时正在研究的一个新领域，他把民间的制陶艺术经验吸收进他的雕塑作品中，创造了一大批颇有特色的彩陶雕塑和彩陶器皿。

毕加索请张大千夫妇和赵翻译坐下后，便立刻捧出五大本画册，请张大千观看。每本画册里大概有 30 张画左右。

张大千好奇地翻阅着，吃惊地发现原来里面的画都是临摹的中国画，画的多是花卉虫鸟之类，一看便知是模仿齐白石。并且笔法非常稚嫩，明显是初学者的画作。

毕加索饶有兴趣地问张大千："张先生看这些画画得怎么样？"

张大千马上猜到这些画一定是毕加索画的。果然还没等张大千回答，毕加索便接着说："这些画都是我画的，我最近对中国画画法很感兴趣，正在学习，请您指教一下。"

张大千思忖了一下，然后说："我们中国画不求形似但重写意，毕加索先生还是很得中国画的神韵精神啊！"

以张大千一贯谦和的待人之道，当然得先对毕加索画中国画的认真态度加以充分肯定，然后才能去挑毛病和点评。虽然这么短的时间里只能零星地介绍一些中国画技法知识，但毕加索却听得频频点头，求知若渴的态度很让张大千感慨。一个堂堂的西方画坛领军人物以75岁的高龄还能这么虚心地向相关艺术学习，这种对中国艺术的仰望和学习精神是多么难能可贵啊！

待张大千把画册全部看完，也讲解完毕，毕加索垂下眼帘认真思考了一会儿，似在细细体味张大千所说的中国画艺术的高妙之处。

突然，毕加索抬起头盯住张大千的眼睛，认真地说："我最不懂的，就是你们中国人，何以要跑到巴黎来学习艺术！"

张大千一惊，以为自己听错了，连忙示意赵翻译。此时赵翻译表情颇有自豪之感，他又接着翻译毕加索的话："不要说法国巴黎没有艺术，整个西方，白种人都没有艺术！"

张大千不禁怔住了，但开心的笑容却情不自禁地浮在了脸上，他连忙说："毕加索先生太客气了，我们中国画自然是源远流长，因为我们中国是个历史太古老的民族，但西方也孕育了非常多和非常优秀的艺术！"

毕加索却使劲地摇摇头，很诚恳地强调说："真的！这个世界上谈到艺术，首先是你们中国人有艺术，其次是日本的艺术，当然，日本的艺术又是源自于你们中国，第三是非洲的黑种人有艺术，除此之外，白种人根本无艺术。所以我最莫名其妙的事，就是何以有那么多的中国人、东方人要到巴黎来学艺术？"

毕加索坦诚的一番见解让张大千既惊喜又强烈地被震动了。的确，古老的东方艺术有着无法企及的博大和精深，有着取之不尽需要传承挖掘的宝藏。但令人遗憾的是，有很多东方艺术家偏偏只崇尚西方的艺术。当然，艺术本没有太严格的地域界分，但让人伤感的是这些艺术家心里是根本就在否定自己民族的艺术。张大千想，如果把毕加索的这番话告诉那些学西画的朋友，恐怕会让他们不高兴。可此时他又多想让那些艺术家知道，不为别的，哪怕只为狭义上对自己民族艺术的一种捍卫！

如果不是此时亲眼看见毕加索认真临摹的中国画，可能别人告诉他，他都未必会相信。在艺无止境中也学无止境，当他从另一位艺术巨匠身上清晰地印证到这一点时，他的感慨已从微小的个人升华到对博大浩渺的艺术世界所深深的敬仰了！

严肃的学术探讨终于随着秘书小姐去吃下午茶的催促告一段落了。此时下午的阳光显得宁静而和煦，毕加索的表情也由刚才的严肃和刻板中缓和下来，显出颇有收获似的愉悦起来，举手投足间轻松自然，甚至露出孩童般的顽皮神色来。

餐桌上毕加索很有绅士风度地关照徐雯波喝咖啡，一边夸赞："张夫人很年轻漂亮。"

徐雯波偷偷地冲张大千眨了眨眼睛，好像在说，这个老头真是怪，刚才评画时那么严肃，连看都不看她一眼，此时却像换了个人，很像个慈爱有加的长辈哩！徐雯波乘机提出要给毕加索拍张照片。

毕加索非常爽快地点点头，同时指了指窗外的花园，说："去那里拍，花园里很漂亮。"张大千又不禁暗暗吃惊，因为他来之前听说过毕卡加索由于脾气古怪，是最讨厌别人为他拍照的。

而此时的毕加索兴致勃勃的，倒唯恐别人扫了他的雅兴似的。毕加索草草地吃完，坐在一旁等张大千夫妇，张大千和徐雯波自然也知趣地放下了餐具。

毕加索站起身来，像个要出去玩的孩子似的："走吧，我领你们去花园。"

花园很大，种了很多当地的名贵植物和花卉。颇有趣的是在宽大的草坪和墙边各个角落，堆放了很多毕加索画完或未完的画。

那些抽象画上的人体多是变形、怪异的，肖像上的人脸也是五官奇异，堆在上面的油画色彩奇丽而诡谲，让人过目难忘。还有很多铜铸的奇形怪状说不清是什么动物的怪兽雕刻也摆在其中。

下午的阳光光线温暖而柔和，照在花园里这些瑰丽的花草和奇异的

1956 年 7 月 28 日，东西方画坛两大泰斗——张大千和毕加索，在毕加索的别墅内相见。左立者为徐雯波

油画和雕刻作品上，让人有一种说不清的神奇感觉。花草的柔软衬托着作品的粗硬的线条和色块，搭配出一种像是相悖却又十分和谐的效果，这也许便是抽象世界带给人的强烈感官刺激吧，一种说不出的神秘感觉。

徐雯波好奇地四处看着，这里和八德园里亭台楼榭、布置精致的中国特色完全不同，好像是有意打破着一种正常秩序上的审美搭配，让你不得不在惊骇中慢慢适应并接受。

如果徐雯波知道那些奇形怪状的油画和雕刻作品，在当时就值十几万美金，是画商们求之不得的宝贝，她一定会更加惊呼的。

毕加索拉着张大千夫妇在那些雕刻作品前拍照，拍了几张后突然有所发现似的看了看张大千的脸，然后笑嘻嘻地扭身不知从哪里翻出一个像马戏班里小丑鼻子的道具比画着扣在张大千的鼻子上，自己则顺手用一张报纸剪了三个洞扣在自己的脸上。他把自己和张大千打扮完毕，看了看徐雯波，又去找了一顶船形的小帽子，戴在徐雯波头上。

张大千和徐雯波相视不由都呵呵笑了起来，这分明是个老顽童嘛，哪里像传说中不可接近的大艺术家！

但拍完这张化装照后，毕加索的怪脾气和架子大便让他们看到了。

原来花园里还有两个看样子已等了很久的人，一个是和毕加索很熟的画商，一个是从意大利特意来拜访的画家，他们在一旁默默地看着毕加索和张大千夫妇拍照，却一点儿也不敢靠近，而毕加索更是熟视无睹，对他们甚至连理都不理。

他们用求助的目光看着张大千和徐雯波。

这时赵翻译悄悄过来和张大千说："那两个人想请夫人替他们求求情，和毕加索拍张合影。外国人一向尊重女士，让太太试一试？"

徐雯波本来就有些同情那两个人，觉得毕加索未免太盛气凌人了些，这时便大大方方地和毕加索说了。想不到毕加索果然应允了，同他们合了影。那个意大利画家欣喜若狂，一个劲儿地对徐雯波说："谢谢。"

黄昏悄悄临近，毕加索陪张大千夫妇在花园中散步，此时的感觉颇为温馨，一切感受似都在无言之中。

突然毕加索从地上揪下几朵玫瑰花向徐雯波身上抛去，那些花瓣飘飞，有几片竟沾在了张大千长长的胡子上。三人见状又不禁大笑了起来。

分别时，毕加索拿出几本新画的画册，要送给张大千夫妇几张留做纪念。毕加索向来不太送画于人，对张大千可谓重视有加。

夫妇俩认真地翻阅着，当翻到一张满脸胡子的人脸肖像时，徐雯波不由好奇地脱口而出："这画的是什么？好像是个鬼脸壳子嘛！"

毕加索看徐雯波对此画很有兴趣，以为她很喜欢，便将这张画抽出来，说："这张画画的是西班牙牧神。夫人看画得好不好？"徐雯波当然只能说好。于是毕加索便特意在旁边题上"送张大千"的英文签名，将此画送给了张大千。题名也是毕加索的破例。

徐雯波心里不禁又好笑又懊悔，早知毕加索会送画，她不如挑一张顺眼些的画再说话好了，可她又实在觉得这幅小画很好玩儿。

张大千当然也得赠画给毕加索，想了想，他觉得还是画最具中国画特色的竹子，因为下午谈话时毕加索特意请教张大千，中国画的竹子怎么画？并且说只有中国画才会画得出竹子的那种神韵来。

于是张大千挥笔画了一张颇有特色的双竹图，在这幅双竹图中，张大千充分显示了中国画下笔后墨分五色、互见层次的用笔功夫。只见右边的竹子用浓墨凸现，竹叶向上伸展，姿态昂扬，而左边的竹子却用淡墨衬影，竹叶向下，姿态温柔。双竹之间姿态各异，浓淡层次分明，很好地表现出了中国画的神韵和风采。

本来张大千见毕加索以前，并未想到毕加索会赠画给他，既然送画并题名，张大千自当投桃报李。所以张大千画完双竹图后，也郑重题名："毕加索老法家一笑，丙申之夏，张大千爰。"他还附带送给毕加索几支优良的中国毛笔。

临别时已是夕阳西下，神秘华丽的古堡别墅门口，毕加索的身影却显得有些孤独和苍老。两位大师相互凝视了一会儿，却都不约而同地选择了沉默，然后挥手告别。

这次会晤在欧洲画坛无异于掀起了一股巨浪，巴黎报纸和其他西方媒体第二天便长篇累牍地详细报导了两位艺术大师的会晤过程，并称这

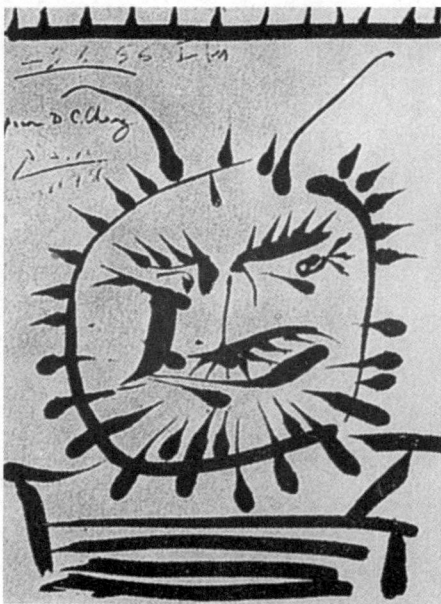

（图左）毕加索送给张大千的画作《牧神》

（图右）1956年，东西方两位画坛大师的历史性会晤

次会晤是"中西艺术史上值得纪念的年代"、"中西方艺术界的高峰会晤";并评价为"这次历史性的会晤,显示了近代中西美术界有相互影响、调和的可能"。

这次会晤六年后,也就是 1962 年,毕加索曾专门通过张大千在巴黎开中国餐馆的表妹费尔曼女士,转交给张大千一幅他最新画的中国画,画的是"草上刀螂",仍是齐白石的画风,但下笔用墨功夫已比六年前有了很大的进步。同年毕加索还给张大千寄来一本他的印刷画册,画册中有 27 幅人物画,有趣的是,每一幅画中都画有张大千。张大千在和他的女秘书林慰君谈到这些画时有过如下对话,颇有意味。

林问:"那些画里,您在做什么?"

张答:"他画我在野餐,那是根据 E.Manct 的《野餐》所改变而成的。"

林问:"画里还有什么人?"

张答:"还有裸体女人。"

林问:"在画中您穿的是什么衣服?"

张答:"在他的画中,我穿的是一件黑袍,头上戴着一顶东坡帽,这顶帽子还是苇窗(沈苇窗,香港《大成》杂志的主编,张大千好友)在香港做了送给我的,身上穿着一件披风。"

林问:"他把您画得怎样,像不像您?"

张答:"头几幅还好,后来越变越难看,越来越怪了。"

林问:"您可否把这本画册找出来,给《大成》登载?"

张答:"可以,我叫保罗找一找,明天给他寄去。"

林问:"您也看过毕加索一些不奇怪的画吗?"

张答:"看过。他年轻时所画的画最好,那时的画真是一点儿也不怪。"

林问:"为什么后来他改变画风了呢?"

张答:"我想是因为他年轻时画得那么好,却卖不出去,那时他也很穷,生活很苦。到后来他出名了,于是就故意乱画,也是表示玩世不恭的意思。"

之后张大千在给好友沈苇窗的信中更直言对毕加索的印象:"弟以

为此公有两点：一玩世不恭，二神经不正常，所以造成那不为世俗所拘的画派。至于我国道家思想，得其环中，超以象外，似有不同，弟不敢做评论，有待于艺术批评专家也。"

在几年后《毕加索晚期创作展序言》中，张大千又做了如下评论："毕氏之作，见于画肆者，与传统西画有异，而其思想内容，实亦基于西方。早期所倡立体主义，仍循塞尚之立论从事理性创作，而吸取黑人雕刻之犷野，突破写实之约束，不过强化其表现而已。其后，立体主义已为欧西现代艺术之里程碑，其影响于后进而导致新风者，固无伦矣，而毕氏颇不以此自矜，日以新构思以试新创作，一变再变，及至于千变万变，曾无稍懈。"

看来让张大千以一个传统中国画家的角度去接受毕加索的那种抽象画派，确实有些困难。好在艺术流派风格的不同并不阻碍各自的发展空间，艺术本身就该多元，艺术家之间更应彼此借鉴与吸收。虽然两位大师都各自持有自己的艺术观点，看似并不相融，但他们的历史性会晤，却留给世间一个精彩的艺术瞬间。

总之，张大千的首次欧洲之行可谓旗开得胜，达到了他将中国画推向世界画坛的目的，这让他信心倍增。

建大画室，画巨幅荷花

欧洲之行的圆满成功，令张大千的创作激情随之高涨。但第二年夏天，也就是1957年，他去美国办画展回到八德园不久，却发生了一件意外，令他情绪顿跌谷底。他在一次搬石头时，由于用力过度，竟导致两眼眼底出血，当即失明。

因为当时八德园还正在建园的过程中，每天园里都是一片忙碌热闹的景象，工人们在挖土、搬石头、栽树等，忙得不亦乐乎。张大千是个精益求精的人，只要没出远门，必得天天在园里亲自指挥布置，以免施工中出错。

这天张大千和工人们搬完一块石头后，刚一站起身来，突然间感觉两眼模糊，面前仿佛有滚滚波涛涌动，依稀间所有的景物都夹在这波涛

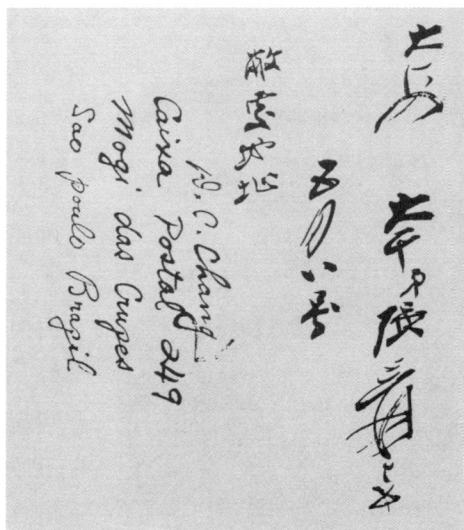

张大千用毛笔书写的巴西地址，看得出有些外文基础，应是在天主教小学学习时的积累

间晃动。他登时吓了一跳，恐惧得闭上了眼睛，过了一会儿再睁开，眼前仍是这番模糊不清的景象，他情不自禁地惊叫了起来："天哪！怎么会这样？我怎么什么都看不见了！"

旁边的人见状赶紧把他搀扶到房间里，徐雯波一见大千这副模样，当即吓呆了，随即便抑制不住哭了起来。

王之一、蔡昌鸾等好友闻讯马上赶到八德园来看望，张大千一俟抓过他们的手，便难过地哭了起来，对他们说："这怎么得了，我就是靠这一双眼睛啊，要是看不见一切就都完了！"

王之一和蔡昌鸾一边安慰大千，一边也难过地流下泪来。

事不宜迟，他们连忙去接洽医院，打听到康必那斯市有一个全巴西最知名的眼科医师，于是第二天便驱车赶去就诊。

检查结果是眼角膜出血，但这眼角膜出血不仅仅是搬石头用力一个原因，还因为张大千的老病根——糖尿病所导致。而治疗好眼病又必须先根治好糖尿病，不然会导致眼病继续恶化。

糖尿病是张大千的老病根了，他在 40 岁出头便得上了，这个病要想彻底治好，非得在饮食上大忌口不可。尤其是肉、糖、面等高脂肪食品，不仅要少吃，而且最好是不吃。可是让号称美食家并且无肉不欢的张大千，整天像吃草似的只吃些蔬菜，岂不难煞他？当然更受累的还是

张大千右眼在搬石时导致眼角膜出血，为治疗所戴的一副特殊眼镜

夫人徐雯波，每次吃饭时都得坐在一边时刻监督，可还总是让张大千钻到空子。

他常常趁徐雯波不注意时夹起一块香喷喷的白肉吃到嘴里，一边吃一边说："哎哟，眼神不好，夹错了，还以为是白菜片呢。"徐雯波急得叫起来："快吐出来，怎么像个小娃子一样让人不放心。"张大千的笑容颇有诡计得逞似的扬扬得意："好好，下次我一定看准了再夹菜，免得吃到嘴里吐不出来。"

由糖尿病引起的眼部不适并不是头一次了，只是每次都没有这么严重。这次张大千只得为治好糖尿病而严格控制饮食，并听从医生的建议，每天吃些冬菇，等糖尿病病情控制好些后，才做眼睛手术。

这段调养的日子真让大千苦不堪言。不能工作不能美食，生活中简直乐趣全无了。本来还有很多创作上的构想，却无奈身体的原因全都得放置一边，这些忧虑深深折磨着张大千。平日热闹的八德园变得安静了许多，连那些小动物们也似少了往日的那些活泼，有些懒洋洋地打不起精神。

漫步湖边、松林，虽依旧波光潋滟、松香阵阵，但这时的眼中山水却分明是四川老家土地的一景一物！是啊，眼睛看得不太清楚，可心里却越发清晰起来。张大千不由感慨连连，惆怅万分！

徐雯波难过得几乎每天都哭，却又不能当着张大千的面去哭，只好在几位好朋友面前倾泻出忧虑，否则长期郁在心里，真怕也生出病来。

这种情形让朋友们着实牵挂，眼睛和双手可

是画家缺一不可的作画武器啊！

有一天下午，王之一突然想起几年前在日本时，张大千的一位老朋友和田先生当时就曾预言张大千的眼睛会发生疾病。但他又断言不至于完全失明，并且张大千的绘画还要更上一层楼，会创造出一种新的画风流传后世。

想不到当时听过却没怎么经意的一句预言却真的应验了，王之一心中不由一颤。说起这位和田先生，可真算是一位旧友了，他不仅是张大千二哥张善子的好友，还是张大千早年留学日本时的入校推荐人。

几年前张大千到日本时曾四处托人打听和田先生的下落，最后终于得知和田先生在北海道的一座庙宇里。时年和田先生已八十多岁了。

张大千当时住在上野，特意和王之一等朋友一起去上野火车站接到和田，并安排在一家高级旅馆里住下，把老人尊为上宾。

和田先生没有家和亲人，一生云游四方，不是和尚却一直寄居在庙宇里，专攻《易经》，是一位民间奇人，也可说是位预测大师。他的打扮颇为奇特，穿着自己设计的道袍，灰白的长发披散在肩头，手上还挂着一根长杖，颇像一位修炼得道的仙人。和张大千在一起，两人在穿着气度上颇有异曲同工之效。

他说他早已推测出张大千到日本会找到他，并断定张大千此后会有一番让世人惊叹的事业作为。

这位仙风道骨的和田老先生给王之一留下了极为深刻的印象，当时和田先生也曾要给王之一推算一番，但王之一觉得自己乃一平凡之人，没有什么可值得预测的命运，还是难得糊涂过一生好些，因此婉言谢绝了。

王之一此时想起和田先生，暗暗称奇时突然想：何不再去拜访一下这位预测大师，说不定能有可化解的偏方呢！哪怕恢复到使眼睛勉强作画的程度也好啊！

于是他偷偷地把想法对徐雯波说了，徐雯波也觉得去日本既可治病又可散心，比待在八德园里忧心忡忡度日要好得多。

于是她把想法对张大千说了，张大千无奈地说："雯波，有时候我是个最不信命的人，比如别人经常说我是天才，好像我做出的这点成绩都是靠天赋得来的，可我从不相信一个人不靠努力就会有收获这种'好'命，所以我总是对别人说'七分人事三分天'；但是有时候我却又'信'命，似乎冥冥之中真的会有主宰人的'命运'存在，由不得你不信。唉，人到了为难时候真的是说不清楚啊！"

徐雯波安慰说："老爷子别太伤感了，命不命的且不管它，但哪一次遇到大事不都是化险为夷、转危为安，比如那年你48岁生日在青城山的事儿，想想真让人害怕，还是老爷子的福大命大！所以你就放心好了，这个坎儿是一定能过去的。和田老先生不是早就替你算准了吗！"

张大千不禁苦笑了一下，他知道徐雯波和朋友们的心情，他是个何等豁达之人。不过徐雯波的一番话倒确实提醒他记起一些往事来，现在说起来让他自己都觉得颇为神奇。

早年在北平时他认识一个叫管冀贤的朋友，这个朋友很相信玄学，认识好几个当时很著名的命相大师。其中一个天津的命相师是位瞽者，叫赵同礼，他在为张大千预测时说的话，张大千听是听倒未置可否，可当他摸到张大千的胡子时，却说了一句让张大千吓了一跳的话："你的胡子在38岁时曾遇火劫。"让张大千一下子叹服他果然厉害。

原来张大千38岁那年常在上海逗留，一个非常寒冷的冬日，他正在作画，因为天寒画便干得慢些，所以他拿到火炉上烘烤。正在这时，

"笔冢"是张大千专门用来埋葬废笔的地方

一位朋友推门进来，他回头之际，画纸被火苗烧到，火焰迅速蹿起，一下子燎到他的胡子上，只一瞬间，胡子就已烧掉了一半。真是骇人的一幕啊！

同年他回到北平，管冀贤又介绍他认识一个叫彭涵锋的相师，这个人一见大千，便直截了当地下了断言：大千先生48岁生日时，将慎防死于非命。听来真大有耸人听闻的架式。张大千却付诸一笑，洒脱地说："自古生死由命，十年后的事儿先不去想它罢。"随后抗战爆发，乱世中迁移流徙，谁还记得这些虚无缥缈的话。

抗战爆发时，张大千本来正住在颐和园中的听鹂馆，当他亲眼看到日本侵略者在中国的种种暴行后，他被强烈地震惊和激怒了。他把他的所见所闻对朋友们诉说，把对日本侵略者的一腔愤怒痛快淋漓地宣泄出来。可谁知祸从口出，这些话被人告密传到日本人的耳朵里，于是他被"请"到了日本宪兵队并被扣押。

因为张大千是中国的名画家，所以日本人很想利用他的名气为"东亚共荣"这一卑劣目的做粉饰，便千方百计地做张大千的游说工作，许以很多名利条件加以诱惑。什么"故宫博物院院长"、"北平艺校校长"兼任"日本艺术画院"名誉职务等等。但张大千的态度也是坚定如铁："我张大千是中国人，绝不会给日本人干事！"他的坚毅态度自然大大

张大千戴着一只眼罩画荷

惹怒日本人，于是严令大千不准离开北京。

这一软禁竟长达一年多。最后在张群和李秋君兄妹的帮助下，才得以逃脱。在出逃时，由于匆忙，张大千兄弟俩多年饲养的一只最喜爱的老虎，不慎从车上掉下来跌死，令兄弟俩非常伤心。先逃到香港，之后去青城山隐居三年多，然后再去敦煌。这一晃又是十年的时间过去。

十年后回到北平时碰巧又见到了那位彭涵锋相士，张大千看见他时才想起那个十年前的预言，猛然想起今年恰巧是预言中的这一年，于是便请彭相士再给自己看看相。哪知彭相士竟仍斩钉截铁地说："我十年前看的没有错，张大师今年生日时要千万小心！最好找个地方避避灾。"

此言一出，让张大千不得不犯些嘀咕，想自己正处在壮年盛名之际，不怕一万也怕万一，还是小心些吧！大画家齐白石不也曾遭遇过"七五"之厄吗？那也是因为有个相师看出齐白石 75 岁生日这一年有可能遭遇不测，让齐白石以"瞒天过海"法把 75 岁生日多增两岁变成 77 岁生日才算化解，因此在齐白石的作品中从没有这两年的日期标注。

张大千想来想去，觉得去寺庙里躲避比较安全，因为佛门净地会祥光普照。于是 48 岁生日这天一大早，他便来到青城山上的著名寺院——昭觉寺，并特别携带了一只从西康带回来的藏獒犬，以对付所谓的"勾魂使者"。

一直待到晚上，一切如常、风平浪静。张大千不禁想也许是相士的危言耸听罢了，如果没遇到这个相士，不也一切照旧地该怎样就怎样吗？想自己一生豁达坦荡，却偏偏听信了这些不着边际的话，不由觉得好笑而自嘲了。加上这一天中好几个门生弟子前来禀告他家里来贺寿的客人不断，都在等着他哩，于是他决定回家。

坐上人力车后往金牛坝家里赶，谁知行到半路刚到一个转弯处，人力车夫正健步赶路，突然前面驶来一辆速度极快的吉普车。张大千正愕然之际，那辆吉普车就像一阵疾风飞来一样，刷地一下便冲到面前来。大千一句"我命休矣"似还没说出，他人便被撞飞了出去。

等他睁开眼睛时，眼前的一切真仿若梦中，好险啊！他艰难地站起身，发现自己只是脸上擦破了皮，身体倒无大碍。但是那个车夫却倒在了一片血泊中，大千的眼泪登时流了下来……

在张大千的一生中，种种奇特的经历和事件实在是太多，只能让人感叹是奇人奇遇，命运非凡！

张大千决定听从王之一和徐雯波的意见，去一趟北海道，看望和田先生并讨教一下治好眼病的偏方。谁知到了日本后方知和田先生不久前已仙逝了，但临终前却已留下遗言："我知道大千要来看我，可惜我等不到那天了，请转告大千不必担心，他的眼睛不会失明，日后将在世界画坛上有一番更大的成就。"并留下一个常年喝茶用的细瓷茶碗送给大千。

张大千捧着茶碗凝视良久，心内不由热浪翻滚。中国古话有"君子之交淡如水"，他和和田老先生虽认识多年，却并未经常谋面，而和田先生能为了他的眼病常常祈祷，这份心意怎不让他感动！他将茶碗小心翼翼地装在一个精致的桐木盒里，又用黄布帛包好带回了八德园。

在此后的几十年间，张大千一直断断续续地治疗眼病，眼病成了他晚年一个最痛苦的心结。他曾前前后后去美国、日本、西德、香港等地的世界第一流医院做过好几次手术，但效果却都不很理想。其间还曾因视力差，把三级台阶当成二级台阶而把右脚趾折断两根，令他气恼万分。

后来他求助于中医倒见了好转。香港著名中医陈养吾先生从报纸上得知他的病情后，"隔山开药"给他寄去一方药单，他服药一个月后竟大见成效，令他大赞"还是中国的中医好"。但中医药方虽见成效，还是得配合西医手术才更好。为了巩固视力，他曾配戴过好几副隐形眼镜，用来调节远近距离。

张大千的四哥张文修是四川省乃至全国都很知名的中医，因此张大千熟知中医的神奇疗效。1965年他被查出患有胆结石后，医生建议手术，他不愿意在"好好的光生生的肚子"上被刀拉出一个大口子，并且四、五千美金的手术费他也觉不值当，因此又是信奉中医治疗，坚持服用龙胆草化石，几个月后再次复查时，发现龙胆草确已将胆结石化掉了。

张大千高兴地说："幸好我坚持，少受这一刀之苦，也免留终身之疤。"

糖尿病和眼病好转后，张大千马上又投入到早就酝酿好的创作计划中。由于眼病的妨碍，早年精细的工笔绘画已很难再画了，恰好有"泼墨泼彩"这一技法仍可尽情地挥洒出更磅礴和更绚丽的山水世界。

运筹帷幄后，他对徐雯波说："我的饭桌大，画桌大，可就是画室还不够大。所以我想要重新盖一座大画室。"

徐雯波不由惊呼道："老爷子，这么大的画桌还嫌不够大？"

张大千踌躇满志地说："夫人有所不知啊，要想称得上一个大画家，必得画几幅大画才能够在画坛上立足。所谓大者，一方面是在面积上讲，一方面却是在题材上讲。一定要在寻丈绢素之上，画出繁复的画来，才能见本领，见魄力。如果没有大的气概、大的心胸，哪里可以画出伟大场面的画来？"

见徐雯波仍是惊讶的神情，张大千回以一个充满自信的笑容，接着说："我就是要试一试，看能否画出这伟大的画来。"

此时张大千的心中早已孕育出一个新的创作计划，他要把"泼墨泼彩"技法运用到他最拿手的画荷上。

他要画一幅中国画史上前所未有的"泼墨巨荷图"。

新建的大画楼又是张大千亲自设计的，画楼共分两层，长20公尺，宽10公尺，楼下两边是卧室，另有间裱画室。楼上除几间储藏室外，便是甚为壮观的大画室了。只见这个大画室里地面全部铺上地毯，除了挨一侧墙边有一张大画桌外，整个画室里毫无装饰，给人的感觉是空旷而大气，像一个小规模的体育场里。"天哪，这个画室也太大了！"几乎每个来过画室的人都不禁咂舌了。要是每个人都有幸看见大师在里面

张大千在给家乡的亲人打电话

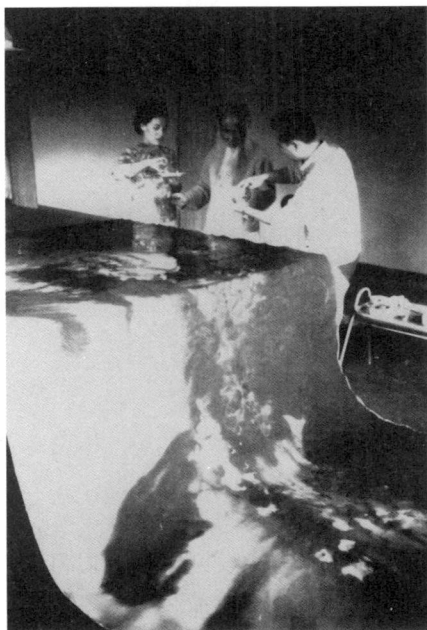

（图左）徐雯波和张保罗为张大千磨墨，多年来，两人一直是张大千的得力助手
（图右）张大千画荷

作画，那情景就更不知让人怎样惊叹了！

张大千一边安排建画室，一边开始打腹稿。每天清早和晚饭后的几个小时，他都会来到荷塘边凝神观察荷花，荷花的种种绰约风姿都已深深地刻进他的脑海里。这时候是绝没有人敢打扰他的。与此同时他的那些门生弟子，包括徐雯波在内也开始做准备工作。他们的任务是磨墨，把这些墨汁磨好后，都倒在了一个大盆里，磨好墨后，又把画纸从储藏室里搬出来在地毯上铺满。这些准备工作都已做好后，张大千挽起袖子，胸有成竹地开始动手了。

只见他把磨好的墨汁一碗碗地倒在纸上，那气势真是让人震撼，直看得旁边的人目瞪口呆。把墨全部泼完后，只用了半个多小时，然后将画室门锁上让墨汁自然风干。第二天把画室的门打开时，只见映在眼中的是一团团的大墨块疙瘩，柔软的宣纸也因水浸而皱缩了起来。

大家看着这些墨块都不言语，不知道张大千接下来会怎么做。大千神情自若，不慌不忙地把每张宣纸整理好之后，又要开始大"泼"特"泼"了。这回泼的是石青颜料，又是一碗一碗地在宣纸上泼满后，又关上门，

张大千为儿子保罗示范

继续风干。就这样一连"泼"了好几天，似也没见出什么眉目来。

直到数日后大千指挥儿子保罗和弟子们，把那些宣纸一张一张抬到画桌上，然后用笔把每个墨团连接起来，又在上面画出一朵朵的荷花加以点缀，最后将画好的宣纸拼在一起，大家这时才惊呼起来："太美了！"

只见一幅大气磅礴、笔墨奔放的荷花图像一个神话般从天而降，巨大的荷叶丛中，一朵朵或盛开或含苞的娉婷花朵似在轻轻摇曳，仿佛使人置身于清新的荷塘，周身都被荷香所围绕，令人心胸舒畅。整幅画面墨色逐次敷染，井然有序，荷叶显得宏伟而有气魄，荷花则显得秀丽而清雅。画幅之大、气派之大，让人叹为观止。

这幅《巨荷图》创作完毕后，张大千才又恢复了昔日摆龙门阵时风趣和轻松的神情，只是胡子又白了不少，体重也至少减轻了 10 斤。

徐雯波看在眼里，自然心疼，眼圈里涌出泪来却硬是吞咽下去，故作轻松地说："老爷子下次再画这样的大画，最好能订做一架磨墨的机器，你一碗一碗地倒下去却一点儿也不心疼，哪里知道我们磨墨人的辛苦哟！磨得两手发酸，心里发毛，这个罪真不好受哩！"

张大千也疼惜地说："夫人受累了！其实墨汁在中国、日本都有制造现成了的，只是不放心他们用的是些什么化学原料。因为有些用墨汁的画经过裱画过程很容易晕开，破坏画面，那不是前功尽弃了吗？所以，我还是要委屈你们辛苦点吧！"

这幅著名的《巨荷图》随后在巴黎等地展出时，强烈地轰动了世界艺坛。1962年巴西圣保罗艺术馆举办第二届"双年艺展"时，特别邀请张大千能将这幅画展出。这幅画原本在巴黎展出后还要在欧洲各地巡回展览，但大千觉得自己在巴西定居，政府有关部门对自己十分关照，遂决定先把画空运到圣保罗参展。

"双年艺展"是巴西从1960年开始举办的一个非常重要的艺展，届时会邀请世界各地的艺术家来参展，展出地点在一幢新型建筑风格的摩天大楼里。艺展风格也多为现代艺术派。在首届艺术展开幕时，组委会还特意邀请到中国著名学者林语堂博士前来参观，馆长马他拉所先生亲自陪林语堂从一楼参观到三楼。但这些抽象的西方作品内容让林语堂却有晕头转向之感，所以当马他拉所馆长问他感受如何时，林语堂用他特有的幽默回答说："你们都知道皇帝的新衣这个故事吧？这就是我唯一的感觉。这些作品是很多头脑不前进的老古董们所不能接受的，因为看不懂是什么。"

当张大千这幅大画空运到会馆后，六个宽2公尺长3公尺，拼接起来就是长3公尺宽12公尺的巨幅荷花图让组委会又惊喜又犯难，因为会场里没有这么大的地方可以挂画。最后大家商讨后决定将画就挂在三楼楼梯口的正面。于是连夜赶制出一个大展板，这才将荷花图挂嵌了进去。

这幅画成了整个会场最受瞩目的作品，也因这幅画让巴西观众改变了以往对中国艺术不够重视的局面，使他们对中国画有了刮目相看的感受。展览结束后，这幅画又被纽约一个著名美术馆相邀空运了去，之后

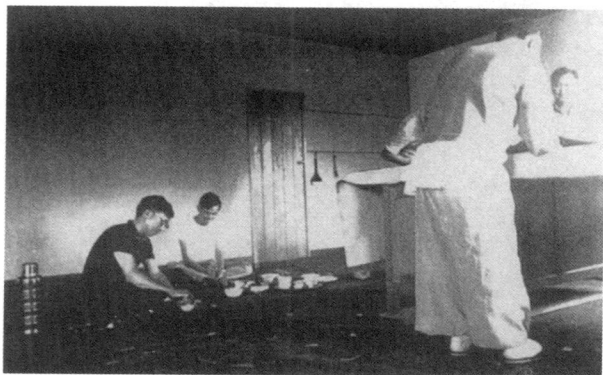

弟子们在磨墨调色。他们对张大千成功的丹青人生贡献颇大

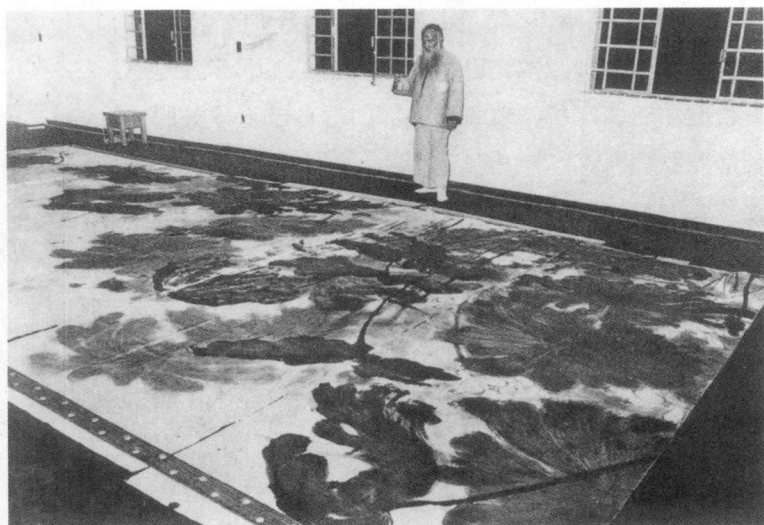

张大千为画这幅
《泼墨荷花通景屏》，
特建一间大画室，此
画作之大也创中国画
的新纪录

《巨荷图》在
巴西圣保罗第二届
双年艺展中独领风
骚！观众络绎不绝

被美国《读者文摘》杂志社以 14 万美金高价收购，创下当时中国画售
价的最高纪录。但张大千本人并没拿到这么多钱，据说是有关方面扣税
之类，对此，张大千只好一笑了之。

张大千一生画过许多大画，仅荷花图就画过几十幅，加上多幅巨型
山水画，这些大画带给观众气贯长虹般的强烈冲击力，也为画家本人赢
得了巨大的荣誉。

1958 年，由纽约国际艺术学会评选，张大千荣获"世界第一大画家"的称号，并被授予金质奖章。这也是中国人第一次获得世界性的最高荣誉。本来按照惯例，纽约国际艺术学会每年都从全世界美术作品中选出一幅最好的画作，只授予金质奖章获得者的"世界画家"称号，但张大千的入选作品《秋海棠》在 1956 年首次在巴黎罗浮宫展出时便轰动世界画坛，于是该学会破例又授予最高荣誉称号——"世界第一大画家"。可以说，这个荣誉是实至名归的。

"送一半，留一半"的难舍亲情

1963 年，张大千离开大陆不觉已十四年，在八德园定居也已十年之久。

这十几年的光阴也是他从壮年步入老年的又一个人生阶段，除了身体上已出现一些老年人常见的病症外，最突出的表现还有他越来越念旧的"思乡病"。每每念及大陆时期的挚友和亲人们，他的眼泪就会情不自禁地流下来，越是思念大陆，便越在八德园中竭尽可能地保持着中国的生活习惯。

在他给三哥张丽诚的家书中，"老年兄弟天各一方，不得相见，惨痛万分"、"老年手足但求同聚，不计贫苦"等句令人读来心颤，身在异乡渴望家人团聚的殷切期盼，但又不能达成愿望的残酷现实，让他几近发出哀鸣："兄之不能出国与弟之不能归同一情况，言念及此，心中如割矣。"

此时的中国大陆正值三年自然灾害时期，连最起码的填饱肚子都成了一件极为奢侈的事情。张大千心急如焚，但又没有办法，只能想方设法给四川的家人寄去一批又一批的财物和食品。

可政治运动却一点儿也不因生活贫瘠到如此不堪的地步而有丝毫地松懈，相反却更加活跃。"文革"前浓重的政治火药味儿充斥在每一处的空气里，令人时刻紧张和不安着。俟到"文革"爆发，"愤怒声讨叛国分子张大千猖狂破坏敦煌壁画的滔天罪行！"等口号已响遍四川省乃至全国。他在国内的家人子女和学生，也都被牵连进去，并在挨斗中遭受皮肉之苦。张大千留在大陆的一些作品已被斥为"封资修的产物"，甚至付之一炬，此种状况下谁还有胆"回归"。

试想，如果张大千此时回到大陆，那么会有什么样的后果！

想当年刚从大陆出来时，在香港遇见老友、著名京剧大师马连良，马当时一边在香港演出，一边也在犹豫是回到大陆、还是离开大陆。因他当时还欠有一笔债务，想靠自家组建的剧团四处演出来偿还这笔欠款。虽然对共产党的领导政策还吃不准，但他也隐约知道共产党的"国营共有"制度下，他这种私自演出赚钱的方式似乎不太可能行得通，但发自内心对故土的眷恋又使他不想因此脱离国家。他问张大千以后怎么安排，张大千很无奈地说："我成都还有一大家子人哩，可是由不得你我所想啊！"

马连良也深叹一口气说："是呀，像你我这样的人，无非就是想好好地画画和唱戏，至于政治上这些事，都不是你我所感兴趣的，可有时就怎么都回避不了哇！"

两人从香港一别后，张大千转道去往印度，不久后他听说周恩来总理特派人去香港请马连良回国，并替其还清了债务。但回国后的马连良

张大千喜爱京剧，这是张大千夫妇粉墨客串京剧"春香闹学"

日子却过得并不安稳，虽做人从艺一贯信奉严谨之风，但仍无法在一次又一次的政治运动中逃脱，最后一代京剧大师竟以自杀方式，结束了自己的生命，令人慨叹不已！

虽然思乡之情浓烈，可眼下回归国内看来却暂时无望，可喜的是，1963年的一年中，张大千的两个女儿竟都来香港探望，让他的一颗思乡之心聊以一慰。

先是这一年的四月，女儿张心庆带着外孙女小咪从成都来到香港探父。这个女儿是张大千与大太太曾正蓉结婚十几年后才有的一个孩子，也是他们之间唯一的一个孩子，因此张大千对她别有一番情愫。

外孙女小咪当时五岁，最愿意黏在姥爷的画桌旁看姥爷作画，有时会捡起地上裁剩下的小白纸条，让姥爷在上边画小鱼。张大千在上面只几笔便画出几条似在水中游动的小鱼，栩栩如生可爱极了。小咪自然爱不释手，甚至别人用玩具也换不下来。并且认真地和对方解释说："叔叔，您的汽车、飞机，百货公司都能买到，我的小鱼是爷爷画给我的，别处买不到，所以我不换。"张大千开心得哈哈大笑，指着小咪说："别看她人小，你还骗不到她所爱的东西。"

当张大千问起家人的情况时，张心庆有些哽咽，停顿片刻才语气沉重地说："母亲已于两年前病逝了。"

张大千闻听一怔，随即黯然神伤。他的面前立刻浮现出大太太曾正蓉那张和善温婉的面庞，记忆中她似乎总是很恬静地不太说话，只是温顺地服从着他所说的话。与二太太黄凝素的性格正

外孙女揪着长胡子

好是截然不同的两种。几个太太中，与她交流算最少的，现在想来真有些愧疚啊！张大千难过地拽过张心庆的一只手，深深地叹了口气。

张心庆接着说："母亲生活一直不宽裕，安葬费还是政府出面由四川省的文化局拨款 300 元才得以安葬的。"说到这儿心庆的眼泪也抑制不住流了出来。

张大千顿时老泪纵横，说："我不在家，让家里人都跟着受连累了！"

张心庆摇了摇头，说："别这么说，爸爸您在外面也不容易……"

张大千擦了擦面颊上的眼泪，说："好了好了，莫说这些事情哩！"

张心庆懂事地不再说下去了，她明白父亲在有意回避回大陆这些问题，虽然打从心底来说，她热切地盼望父亲能够回家，但那种情感上的渴望毕竟代替不了严肃的现实。

此时国内的现状是物质生活贫瘠、政治运动不断，已经六十多岁的老父是否能适应得了这些如火如荼的各种政治运动，这些现实问题的确是很令人担忧。

张心庆和女儿在香港住了一个多月后，这才恋恋不舍地与父亲辞别，张大千特地精心画了几幅画让心庆带给四川省政府的有关人士，以表达

张大千家人合影。右起：张大千、徐雯波、孙女，后立者为女儿心声、儿子保罗

自己对他们关照曾正蓉的感谢之情。

心庆刚走，另一个女儿张心瑞又携外孙女莲莲赶来香港探望，让张大千刚刚失落的心情又不禁喜出望外了起来。

张心瑞是他最疼爱的一个女儿，同时她和夫婿萧建初也是大风堂的门人弟子。尤其是萧建初，曾跟随张大千远赴敦煌临画，是张大千颇为器重的一个弟子，后来在画艺上果然颇有建树。

香港的画展即将结束时，张大千也将返回巴西八德园了。可父女俩谁又忍心分别，张大千流泪挽留心瑞说："跟我回八德园再住些日子吧，心庆是实在走不开，你就去看看那里的'家'是什么样子吧……"

张心瑞连连点头，答应下来。

就这样，原本从香港直接要返回大陆的张心瑞临时决定跟父亲去了八德园，并且在那里住了近一年的时间。这一年里她与父亲朝夕相处，让张大千一颗思乡的心得到了很大的慰藉。

优美的八德园景致让初到巴西的张心瑞感到处处新鲜和有趣，她漫步在园中的树木花草间恍惚是走在家乡的园林中，如果不是她时时提醒

1963 年张大千的女儿张心瑞特地从成都来到八德园探望父亲，心瑞在巴西近一年的时间里，让张大千尽享天伦之乐，心情格外愉快

自己这是在遥远的异国他乡，她会真的忘记自己在什么地方了。

眼前的父亲有些老了，胡子也花白了不少，可那浓浓的乡音却一点儿也没改变，那双睿智富有激情的双眼也似乎更加明亮。她相信父亲不管在哪儿，都会因时刻怀揣故土之情而变得踏踏实实的。

面对女儿在园中观赏时所表现出的种种惊奇，张大千很是有些得意。虽然远在异乡实属无奈，但在异乡能营造出一个如此壮观的中国式的园子，并且能让远道而来的女儿也有一种"回家"的感觉，也算是无奈之中的一点乐趣和补偿吧！

张大千感慨地对女儿说："要论山水，还得讲我们中国的好。外国的山水，人工培植的多，不像我们中国的山水是天然磅礴、气象万千。所以我不管在哪个国家居住，都要建这种中国式的园子，就是要让那些外国人看一看，中国式的山水和园林设计是多么漂亮和别致，因为他们实在是太不了解我们中国了。"

张心瑞本是很有天赋的画家，一直在四川美院当老师，与父亲分别十几年，这次能有机会待在父亲身边聆听父教，既圆了天伦之乐又获得了一次难得的学习机会，真有仿若隔世之感。

6月15日这天恰巧是张心瑞36岁的生日，张大千特意画了一幅山水画《八德园一角》送给心瑞做生日礼物。

看到女儿开心的模样，张大千不禁想起她小时候的样子，那个聪明漂亮的小女孩儿不但已长大，而且自己也有了一个如她小时候一样的小女儿，让人怎不感慨时光如白驹过隙、匆匆如梦呢？

张大千不禁问道："儿今几岁？"张心瑞说："36岁了。"张大千的眼泪不由夺眶而出，颤声说："时光流逝何如是之速！与儿分别竟14年矣！"

言罢，更是伤感难禁、泪难止住。在场的家人无不黯然，徐雯波一边上前给张大千拭泪，一边也给自己擦泪。

心瑞的小女儿莲莲当时只有7岁，看见大人们刚才还是欢声笑语、作画畅谈，转眼间就都流泪了，尤其是姥爷哭得最厉害，胸前的胡子随着身体抽噎而不停地抖动，莲莲觉得此时的姥爷突然变成了一个很可怜的人，就像她丢了玩具时才哭得那么伤心一样。小女孩儿不禁同情起大家来，她想原来大人们要是丢了什么心爱的东西也是要哭的。于是她悄悄地躲到画案旁去看画，猛一抬头，看见窗外笼子里的那只黑猿也像伤心似的静静地看着她，她不由皱起小眉头冲着那只黑猿做了一个小鬼脸。

大家安慰了张大千好一阵，他才止住泪，叹了口气，幽幽地说："我真是老了哟！人一老眼泪就不争气了。"

虽是思乡情切，但是张心瑞看出了父亲虽然难过是难过，但仍无回国的半点意思，任她怎么磨破嘴介绍国内的情况和鼓动他老人家回去，他仍是避而不谈这个问题。

对于父女之间在是否回国这一焦点问题上的论争，作为旁观者的老朋友王之一看得一清二楚。他在一篇文章中曾回忆说：在那段时间他去八德园时，张大千曾提前和他打招呼说，"有大陆来的亲戚，你们见面少谈国事"。后来和张心瑞见了面后，"她主动宣传社会主义新中国的贡献，我只是默默地点头，绝不搭腔……"

当然，王之一理解这时候父女各自的心情，一个劝归，一个劝留，看似矛盾，其实又何尝不是殊途同归！

但相比之下，他认为张心瑞的思想还是过于单纯了些，与父亲分离十几年的时间，不同的生活背景和社会背景，已让双方的沟通和理解都有了一定的隔阂。张心瑞又哪里了解那么多父亲在海外生活的个中艰辛，尤其是国内自然灾害一直到"文革"期间这十几年，巨大的经济压力让张大千身心疲惫。不仅要按时给四川老家的一大家子人寄钱，还得支付八德园一家人的日常开销。而不断动荡的国内形势又直接波及到海外的中国画市场，导致中国画的画价一落千丈，这真让以卖画为生又食指浩繁的张大千苦不堪言。

以致逼得张大千不得不考虑再谋其他生路，以贴补经济上的困窘。哪知做生意投资不但没赚到钱，反倒赔上了很大一笔钱，真如雪上加霜一般。

原来摩诘小镇上有好几位华侨都是张大千的好朋友，其中有两位从大陆过来的王启贤和吕秋心和张大千是四川同乡，因此关系更近一层。这两位同乡在大陆时做的是猪鬃生意，来到巴西后看见猪毛都被当作垃圾扔掉不禁感到很可惜，如果成立一个猪鬃公司，既干了老本行又赚了钱，岂不是一举两得的好事！但因办猪鬃公司属于出口生意，根据巴西有关政策需要有相当大的资产做保证才能获得批准。所以他们找到张大千，请他当董事长，一起投资办公司。按理说，这个生意应该是一本万利又稳操胜券的好项目，于是张大千也就痛快地答应了。

于是他们特从香港请来四位技术熟练的工人，到一些屠宰场里免费收来猪鬃后，便运到八德园附近的河边堆放。头道工序是由蛆虫把皮茹吃掉，再冲洗干净放到瓦面上晒，分出长短后便用香港运来的原材料黄麻绳捆好、包装，出口到美国。以往他们在大陆都是这么做的，中国大陆一直是美国最大的猪鬃供应国，他们把产品取名为凤凰牌。

谁知运不逢时，那些年正值国际上对中国外交的"冷战时期"，尤其是美国，拒绝中国大陆的一切货物进入，猪鬃产品改由向加拿大、德国大量进口。而张大千他们在巴西生产的这些货物因其包装式样和大陆生产的设计完全一样，因此被美国方面当成大陆货冒充巴西货而禁止入关。

这可让公司方面心急如焚，赶紧找有关部门协调此事，美国驻圣保罗领事亲自来到生产现场调查，证明这些货物的确产自巴西，与中国大陆毫无关系。但整个调查过程再加上最后形成公文辗转到美国有关方面已是几个月之后了。而美国这期间已将用做油漆刷子的原料猪鬃改为了塑胶，因此所有生产投资几乎全都白费，并且由于公司资金紧张，把张大千的家用款都挪用了。

正巧那段时间张大千出门没在巴西，待回到八德园后发现家中几乎断粮，不禁很受打击，心情顿时沉至谷底。有一位华侨曾回忆说，他眼中的张大千从来都是待人和气、笑声爽朗，但那段期间却神情异常凝重，而且言辞激烈到令他吃惊的地步，是他们认识三十几年中从未见过的。可见当时张大千的压力之大。同时也看出中国大陆严峻的政治形势对经商的海外华侨们有多么大的影响。

中国画市场卖不上价，投资做生意又赔了很多钱，八德园那段时期确实举步维艰，以至于一位华侨朋友私下对张大千弟子孙家勤说："现在是离开八德园的时候了……"于是，孙家勤便向张大千委婉地禀告说：自己年事已长，不能再牵累于师，还是就近在圣保罗市内谋个职，以图长远追随老师之计。

张大千沉默了一会儿，脸上掠过一丝伤感，说："好吧，来日方长，此亦大佳，但日后如有一切需要，均当鼎力支持，八德园亦随时欢迎归来。"

孙家勤在圣保罗大学执教中文，每周仍去八德园学习两次，但毕竟还是减轻不少张大千的负担。

而八德园中的这些种种细腻为难之处，张大千又怎能对女儿合盘端出，他只希望和女儿在八德园中快乐地过好每一天，一起沉湎于艺术之中，沉湎于亲情的欢乐之中。"天下没有不散的宴席"，不到一年，父女两人又不得不再次承受离别的酸楚和无奈。

张心瑞在八德园住了近十个月后，还是要起程回大陆了。张大千虽万分不舍，但也深知挽留不住，便一直把女儿送到香港。

在与女儿团聚的这段时间里，张大千心情愉悦，给张心瑞画了很多幅画，从一些画的题词中可看出他当时的心情是多么开心。比如他在女儿临摹自己的《岁朝图》上题："小女心瑞，自蜀远来省亲，温凊之余，闲效老夫墨戏，颇窥堂奥，喜为润色之。爰翁并识。"在张心瑞所画的一幅荷花图上题："瑞女初学画荷，颇有韵致，喜为点缀数笔。"

而在给小外孙女莲莲的一幅画上竟写下长达二百多字的题字，又表达出他难舍难分的伤感心境："韶（张大千给莲莲新改的名字）孙远来省亲……平时出入溪涧间，甚快。一旦云归，不知今后能否再见，故画以送之，祝其康强，亦以自祝。"

张大千知道女儿是非走不可的，但他想也许小外孙女可以留下来，于是他又开始千方百计地去哄小莲莲，让小莲莲能够"自作主张"地留下来。小莲莲待在外公身边这些日子，早就对慈祥的外公产生了深厚的感情，她和外公一起在林间玩耍，一起逗弄园子里那些可爱的小动物们；外公还无所不知，给她讲了那么多小故事，外公的家很像一个大大的玩儿不够的儿童乐园，她还真动了心想留下哩！可要是真留下来，她又会想妈妈的，走还是留把这个不谙世事的小女孩也为难住了。于是她一会儿说走，一会儿又说留下来，把妈妈和外公都说得很难过。最后张大千长长地叹口气，挥笔做出一幅画来。画上一只可爱的小鸟站在一块巨石

张大千和其门人弟子孙云生

上，神态有些忧伤地望着前方。

画好后，张大千问小莲莲："这幅画你喜欢吗？喜欢就送给你。"

小莲莲高兴地拍起手来，连声说："好啊！好啊！"

张大千却故意严肃地说："可外公也喜欢这张画，怎么办呢？要不我们一人一半好吗？"

小莲莲纳闷地问："一人一半怎么分哪？"

张大千说："拿剪刀把画裁好两半不就行了吗！"

小莲莲一听连忙摇头说："不行，不行，那这幅画不就坏了吗。外公可千万不要剪开呀！"

张大千不由叹了口气，连忙安慰快要急哭了的外孙女，说："不剪，不剪，小莲莲别害怕……"

张心瑞的心里涌上一股酸楚，她看着天真稚气的孙女，心想等她长大了才会明白这种人世间分离有多么痛苦！

张大千于是又提起笔来，在画上题了几行字：送一半留一半，莲莲莲莲你看看：到底你要哪一半。

千里送君，终有一别。1964 年 3 月中旬，张心瑞终于与父亲告别，回了成都。此后二十多年直到 1983 年张大千去世，她再也没机会重见父亲，父女情深却无以相融，令人仰首长叹！

1964 年 5 月，张心瑞母女离开八德园一个月后，张大千带着分离的怅惘与思念，先来到巴黎停顿，然后，于 5 月 4 日飞赴联邦德国的科隆市举办一个小型的画展。

莱茵河上的 66 岁生日

科隆市是德国一个风景秀丽的文化名城，地处莱茵河畔，也是观光旅游的好去处。著名的科隆大教堂是欧洲哥特式建筑的一座丰碑，因此闻名于全世界。而张大千来这里举办画展，起因很偶然，还是老朋友郭有守牵的线。

论起来两人还有一层远亲关系，张大千还是郭有守的表哥哩！

郭有守是 20 世纪 20 年代的中国留法学生，经济学博士。据说会英、法、德等多国外语，留学期间因与徐悲鸿夫妇、张道藩等人是非常要好的至交，所以他们曾组织"天狗会"，以调剂留学生生活，在当时的巴黎中国留学生中是个极为活跃的人物。20 世纪 40 年代曾任四川省教育厅厅长，50 年代时是台湾国民党政府驻法国巴黎大使馆的文化参事；1964 年 1 月 27 日新中国和法国建交后，郭有守移居比利时，任台湾国民党政府驻比利时大使馆的文化参事。

张大千在大陆时，便和郭有守是非常要好的朋友，郭是个对朋友非常关照的热心人，因此虽然官位并不很大，但却交际甚广，尤以文化圈中的朋友居多。

著名作家沈从文在给一位好友王际真的信中，提起去徐志摩的飞机失事现场时，说当时在场的人除了自己外，还有带着林徽音亲自编制的花圈从北京赶来的梁思成；从上海赶来的张幼仪和大哥张家铸，从南京赶来的郭有守……从中可见郭有守的人缘之好和人脉关系网之密集。

20 世纪 50 年代在巴黎时，郭有守的家简直成了"巴黎的中国艺术家中心，画家、作家、音乐家、演员，住在巴黎的，或路过巴黎的，都到他家去。他是一个爱护艺术家的人，自己又是收藏家、作家。他在巴

与表弟郭有守在八德园笔冢前

黎交际甚广，作为文化官员，可一点官架子也没有，平易近人、助人为乐。他用法文写过一本《珠江夜月》，1963 年在巴黎出版，描写他童年时代在四川老家中经历的一些旧家庭的故事。因为他行四，所以中国艺友都叫他四哥……"（旅德女画家周仲铮之语）

张大千第一次到巴黎成功地举办了画展，也得益于郭有守的多方关照，可以说郭有守是张大千在欧洲最重要的联络接洽人。张大千每次去巴黎都住在郭家，郭有守对张大千的各种艺术活动事务可谓竭尽全力，几乎全程陪伴着张大千。因为他精通法语，又非常熟悉巴黎的环境，所以让张大千很快便融入和适应了巴黎的艺术氛围。

1959 年张大千再次来到欧洲时，郭有守特地陪他游览了许多欧洲国家的重要城市，如斯德哥尔摩、西柏林、汉堡、罗家诺等，对张大千能很快改变画风，以适应欧洲画风和拓宽绘画视野，起到了极大的作用。

1961 年夏天，郭有守又陪张大千去日内瓦举办画展，再次游览瑞士这个如花园般美丽的国家时，张大千精心画了一幅泼彩的瑞士山水画送给郭有守，并题有"庚子与子杰四弟同游瑞士瓦浪湖，写此图留念"。

当时在巴黎的一位叫林霭的女留学生，曾在她的一篇回忆文章中，细述了张大千和郭有守在巴黎的亲密关系：

"郭家是巴黎留学生聚集的地点,因此我常在郭家看到他(张大千)。我在巴黎有部车子代步,有时候张先生和郭有守要去逛古董市场,老是约我同去。与张先生逛巴黎的跳蚤市场,很是有趣,因为他老是戴着宋朝苏东坡式的帽子,穿中国的绸缎长袍,加上一把特长的大胡子,足踏中国布鞋,大摇大摆地走在街上,神气活现,在以时装驰名于世的巴黎,他也算是奇装异服了。所以他一下来,不到五分钟,就聚集三、四十个法国人去看他,跟着他走……"

去科隆举办画展的起因,便是张大千在巴黎郭有守家时认识的一位旅德女画家周仲铮女士而促成的。

周女士与郭有守甚熟,每次来巴黎必先打电话问候郭有守,同时询问有什么艺事活动。1961年她在巴黎办画展时,又照例给郭打电话,正好张大千此时也在巴黎,当周女士听说这个消息时顿时兴奋极了,因为她久仰张大千之名,尤其是对张大千和毕加索两人的会晤,更让他们这些旅外的华人艺术家们感到自豪。

第二天中午,周女士立刻来到郭有守家见到了崇敬已久的张大千,面对这个穿着长袍、胡子长长的艺术大师,周女士感觉新奇极了。她说不出来该怎样形容这种"古风十足"的人物,"活像中国画中的古代哲人、诗人、道人、艺人、画师、隐士"。

在场的还有潘玉良,她也是周女士早就敬重的画家,之前周女士刚刚在法国的一家报纸上,看到过关于潘玉良的一则新闻:有两个美国人来到巴黎,想在当年巴黎著名的艺人区"蒙巴厘阿斯"去找一位能代表巴黎艺人区色彩的特殊人物。他们找了三天,结果发现华裔画家潘玉良是最合适的人选,无论她的生活方式或对艺术的追求都是典型的"蒙巴厘阿斯"艺人风格。周女士因此更加敬重这个具有传奇身世的女画家。

这次聚会给周女士留下了美好的回忆,她感慨两位如此知名的画家竟都是如此谦虚和蔼,让她肃然起敬。

回到德国科隆市后,一个专门经营中国古艺术品兼画廊的女老板找到了她。这个女老板曾在中国待过几年,因此有个中文名字叫李必喜。因为李必喜曾为周女士举办过一次画展,所以两人关系比较熟络。

李必喜问周女士可认识中国画家张大千?周女士说在巴黎时曾见过。

张大千在亲手种植的玉兰花前满意地闻着花香。据说这棵丁香花朵奇大，能飘香数里

李必喜便高兴地叫起来，说："太好了！他可是我最崇拜的中国画家，您如能介绍我认识张大千，在他下次来巴黎时顺便到科隆来，我一定会为他开个画展。那我就太感谢你了，因为这是我最大的愿望。"

周女士迟疑地说："你画廊的这种规模。恐怕还请不动张大千那么大的画家吧……"

李必喜央求说："你试试吧，说不定他愿意来科隆玩玩呢！"

于是周女士便试探地给郭有守写了一封信，托他转告张大千。没想到过了一段时间后，郭有守回信说：张大千在大陆的女儿一直在巴西，所以要等到春天女儿走后，张大千才会来巴黎，并同意去科隆开个小画展。

当周女士把这个消息转告给李必喜时，把李激动坏了，一个劲儿说自己的运气真是太好了！定好画展日期后，李必喜立刻投入到准备工作中，印画册、印请帖，不仅在科隆大教堂对面的一家全市最好的旅馆预订好房间，还特地为张大千一行租了一辆汽车。

5月4日，张大千偕夫人徐雯波，在郭有守的陪同下来到科隆。

画展开幕式上，画廊里几乎挤得水泄不通，很多汉学家、博物馆长和收藏家们纷纷从各地赶来，张大千在世界各地的朋友，也有不少人闻讯赶来观展。如从英国而来的方召麟、凌叔华等。

可以说，这也是张大千每次办画展时的情景，充分展现了一代画坛大师的艺术魅力及人格魅力。

当晚朋友们聚在一起为张大千庆祝，张大千家昔日的一位老厨师陈少泉也从外地赶来，如今他已是著名的烹饪大家，在德国曼海姆开了一家很知名的"北京饭店"，这份水平也与张大千多年的指导是分不开的。

画展一开幕便引起巨大轰动，画展第二天，科隆市长浦若丝先生亲自邀请张大千夫妇，在科隆著名的客船上设午宴招待。由于画展的强烈轰动效应，画展还未结束，便被西德四大银行之一的商业银行和德国航空公司把所有的画作买了去，准备在德国全境内举行巡回展览。

在科隆市所受到的这一系列不同寻常的礼遇，让张大千颇为开心和自豪，更值得一提的是，他66岁的生日竟是在一艘畅游莱茵河的豪华游轮上度过的。对于一向遵循古风的张大千来说，这真是一个颇为浪漫和别开生面的生日纪念。

5月12日恰巧是张大千66岁生日（虚岁，张大千一贯以虚岁纪年），在中国的传统观念中，66岁生日是别有含意因而格外受到重视的一个

张大千送给郭有守的67岁自画像

寿辰。因为人到了这个年纪，已经进入老年，要不可避免地经历些身体上或大或小的疾病困扰，因此便取谐音"六六大顺"而讨个吉利。重视古礼的张大千也就欣然接受了李必喜和朋友们的安排，在船上庆生。

同游的共有 36 人，除郭有守一直陪伴在张大千身边外，还有一位也是张大千在四川的远房亲戚，他叫喻锺烈，他的父亲是我国著名的"黄花岗之役"烈士喻培伦。

按辈分论，喻锺烈也称张大千为表哥。喻当时正留学于德国，刚刚取得博士学位，得知张大千在此地开办画展后，连忙通过郭有守得以再次拜会到张大千。

他和张大千第一次见面是在香港，但那次见面却让喻锺烈感觉有些失望，名震画坛的艺术大师竟是这样一种老派打扮，那长衫、布鞋和浓重的乡音，让这个一直浸染在西方文化并已排斥中国传统文化的青年人，感到压抑和失望。以至于这次初见竟只有短短的十五分钟他便告辞了。而张大千一直送他到大门口，并深深鞠躬告别的身影，更让他觉出中国古风的些许"迂腐"。

这次张大千来到他学习和生活的城市，喻锺烈自然应该前去观展和拜访，这次画展却强烈地震撼教育了他，让他油然生出作为中国人的一种自豪来，使他"一向对中国文化冷漠的态度也逐渐改变，对祖国重新获得了'认同'"。

游艇在美丽的莱茵河上轻快地行驶着，晴朗天空下的科隆市建筑显得精致而优美。

游艇上的张大千靠在甲板的栏杆上，脸上挂满开心的笑容，让那些跟随采访的记者们拍照和采访。此时这身中式长袍的打扮在周围一片西装革履的衬托下，显得那么洒脱和超然，尽显出艺术大师的迷人风采来。喻锺烈此时深为自己是个炎黄子孙而感到自豪，而一向觉得很土的乡音在此时听来也觉那么悦耳和亲切。

对于德国记者来说，眼前这位长髯飘飘的中国画家充满了神秘的色彩，他来自遥远的东方古国，却已用那同样神秘的中国画技法征服了西方画坛，尤其是他已获得的"世界第一大画家"的头衔，和毕加索的会晤并称为"东西方画坛皇帝"等，让这些记者有了很多好奇的问题。当然问得最多的还是围绕中国画本身的各种问题。

张大千耐心地一一解答着，很详细地对这些记者解释中国画的发展脉络和其风骨精髓。张大千知道也许他的解释不足以让这些外国人一下子就能了解中国画，但只要有一点儿机会能传播中国文化，他都觉得是义不容辞的。

一位记者问了一个很敏感的问题："您是中国的画家，为什么要长期居住在巴西呢？"

张大千不假思索地回答说："那又怎么样，我还是中国人嘛！再说我迟早都是要回去的。"

记者又问："听说现在中国的社会秩序很混乱，有一些艺术家都被关了起来，这种环境下您还打算回去吗？"

张大千的脸色有些严肃起来，略略思考后，便沉稳地回答说："中国有句古话，叫'儿不嫌母丑，狗不嫌家贫'。我是中国人，自然得遵循中国的这些古训，所以我还是要回去的。"

张大千的回答让在场的人都鼓起掌来。

又有记者问："听说您去年刚在纽约、新加坡、吉隆坡等地举行过画展，所到之处都引起了强烈反响，这次又在西德掀起了中国画热，您从事绘画艺术几十年，那么您怎么看待艺术的含意呢？"

张大千的面色缓和了过来，非常自信地一捋胡须说："真正的艺术应该是感情的真诚流露，人格的充分体现。"

人群中又响起一阵更热烈的掌声。

这时，李必喜走过来了，问张大千："张大师可否在船上，即兴为大家画一幅画？"

张大千笑了，说："我当然是愿意的啦！可惜没有带纸墨啊！"

李必喜也笑了，没有接张大千的话，扭过头来对身边的工作人员说了句什么，那个工作人员点点头走了。

张大千不禁好奇地问："咦，啥子神神秘秘的，莫非这船上还能变出纸和笔来？"

李必喜不由咯咯地笑了，说："您猜着了，这么浪漫的莱茵河之行，岂能不让您留下宝墨，让我们一饱眼福！"

这时几个工作人员已搬来一张大桌，在上面铺好了宣纸，摆好了笔墨。围观的人见此情景，都不禁兴奋地叫了起来。

看见笔墨，张大千也一下子来了兴致，他笑呵呵地马上拿起了笔，向周围的人看了一眼，除了自己的家人和几个同行的朋友，剩下的便全是高鼻梁深眼眶的外国人了。他们好奇地看着他手中的那根毛笔，对他们来说，中国的那根柔软的毛笔有着神奇般的魔力。

张大千想了想，挥笔划了一幅竹子，因为中国画的竹子对外国人来说最有难言的魅力，具有西画所无法表达的意境。

画完竹子后，张大千又即兴画了几幅中国的花鸟小画，分赠给有关的朋友。

这个生日的祝寿方式可称得上是中西合璧，按照中国传统，给老人祝寿必得跪在地上磕头，于是晚辈和学生辈的人便照规矩叩头祝寿。而船上的其他外国朋友看得新奇有趣，竟也纷纷效仿，令张大千回拜不迭，场面热闹极了，大家都开心地大笑起来。而按照西方习惯，则是要吃生日蛋糕，大家早已为张大千准备了一个高过一码的大生日蛋糕，由张大千切第一块，大家一边分吃蛋糕一边开心地听张大千摆龙门阵。

游艇在莱茵河上足足行驶了一天，舟行数十里才在晚上返回了科隆。张大千对此游非常满意，与女儿心瑞分离的惆怅和伤感也缓解了不少。

离开科隆时，张大千特意邀请喻锺烈和太太能去八德园看一看，并说地方很大，来就是了。喻锺烈则对张大千所描述的"大观园"似的家产生了极大的好奇心，表示来年休假一定去巴西拜访。

这之后，张大千去了台湾，接着又去了日本和香港小游，1965年秋天，喻锺烈果真和太太一起来到八德园。两周的八德园生活不禁让喻锺烈大开眼界。

八德园中的优美景致自不用说，生活水平之高大大超出喻锺烈的想象。在接风洗尘的晚宴上，他居然吃到了"白汁鱼唇"、"红烧大乌参"这样的名菜，让他大有"受宠若惊"之感，不禁感慨"远在万里的海外，能在私人家里吃到如此考究精美的菜肴，恐怕很难再找到第二家吧？"

而张大千身上洋溢的那些中国传统的待人之道之美德更深深感动了喻锺烈。

在他的回忆文章中，笔触深情，饱含眷恋——

"张大千那时已年近七十，但总陪着我们，唯恐因他离去而使我们扫兴。就连去附近小镇上看电影，他也陪着我们去枯坐了两个小时，因那部电影他早已看过了。这种陪客的精神应该列为中国的美德之一，这是在西方的长辈中很少能找到的。

"……1967 年，张大千正在加州克密尔城筹办画展（他极喜欢该城的树木，后来在此处购屋，取名'可以居'）。那次克密尔城一周的相聚想不到是最后的一次。临走时，他为我画了一幅墨荷。在画上写道：'锺烈表弟，分袂三年，顷来访于克密；欢聚数日，又将去西德。别绪不任，写此黯然矣！'最后一句多少带有悲伤之意，不知他是否当时已有预感：此一别，后会无期了……他像千百万真正的中国人那样，总是在平凡中显露出他的崇高与杰出，所以他是让人难忘的……"

告别八德园

1967 年，张大千画出了两幅非常重要的著名泼彩作品，即：《山雨欲来》和《瑞士雪山》。

这两幅气势恢弘的作品虽用的也是传统国画的色彩颜料，但画法却采用了半自动的泼彩技法，将色彩泼在画面上，然后用控制颜料的流动，使色彩间产生重叠或晕合，突出了强调画面中色彩和光影的强烈对比。在构图处理上，也完全摒弃传统国画"以大观小"模式，而是采用摄影中的特写镜头手法，使画面具有强烈的视觉感受，这种效果在传统国画中是前所未有的。

这两幅泼彩作品可以说是在张大千所有的泼彩画作中，最接近于西方抽象表现主义的代表作，也标志着他的作品愈加国际化和世界化。

他自己也说过，到了 1967、1968 这两年，是他泼彩技巧最为成熟的时期，已能将石青、石绿的泼彩技法运用自如、随心所欲，就如同他娴熟的水墨技法一样。

这个画风的创立为他打入欧洲市场起到了极为关键的作用。此时，张大千对于高高立足于世界画坛的各方面准备，应该说都已水到渠成。

但正当他准备大举冲刺进军时，意外的事情却发生了，他在欧洲最得力的联络人、也是他多年的老朋友郭有守出事了！

1968 年末，郭有守在瑞士因"从事间谍活动"，被警方逮捕。同时被捕的还有中国驻法国大使馆的一个秘书。

因郭有守当时是台湾当局驻外官员身份，所以台湾有关部门立即和瑞士警方进行交涉，但中国驻法国大使馆却随后宣布：郭有守已向我使馆求助，希望通过中国大使馆与瑞士警方交涉，帮助他快些回到中国大陆。于是郭很快被中国驻法国大使馆所接收。而当台湾方面向法国政府提出要求与郭见面时，却被中国大使馆拒绝。最后郭有守被北京方面的人带回了大陆。

此事迅速传到八德园，张大千听后惊异万分，简直如晴天霹雳！当即派儿子保罗赶去巴黎了解真相。

保罗赶到巴黎后马上与台湾当局驻法国首席外交官陈雄飞取得联系，了解到一些有关情况——

原来出事前几天，郭有守的同事就发现他一直没来上班，而且到他的住处和可能去的地方都找不到人。大家正奇怪他的"失踪"时，却听到日内瓦警方宣布郭已被逮捕的消息。理由是郭在瑞士开会期间，为中共方面提供情报，所以瑞士警方以从事"间谍活动"为由拘捕了他。但后来警方又说郭只是托人给在大陆的妻子捎带香水和化妆品，拘捕郭是一场"误会"。这当中真实情况究竟如何，真是让人丈二和尚摸不着头脑。但郭被保释后，瑞士警方问他"意欲何往"？郭当时答："到法国。"但不料一入法国境内郭竟再次蒸发又渺无音讯了。直到陈雄飞得知郭将被带往大陆时，立即赶去机场，才看见郭由几个华人壮汉团团围拢着正往飞机上走。郭看见陈后，曾频频回头，似想说什么话，可当站在一旁郭的同事及朋友大声叫他，提醒他如不愿登机，可向法国警方求救时，郭又突然神情沮丧起来，然后充耳不闻，木然地被"挟持"上了飞机。

至今，这个事件仍扑朔迷离，令人费解。

此次巴黎之行，保罗并没获知更多情况，但却取回了张大千在这些年间存放在郭有守处大约七、八十幅的精品画件。看来郭有守此次出走事先并没什么"预谋"，很像是一次临时"出差"，衣物用品等均留在住处，保罗也就很容易取回了这些画。

张大千嘱咐保罗把凡是题有郭有守名字的赠画，全都交给台湾有关部门，由他们转交给台北历史博物馆暂存。

在这些画作中有两本《狂涂册之一》和《狂涂册之二》颇引人注意，因为上面的一些题款读来很有些蹊跷，与张大千素日题款风格很不一样。

这些让人费解的题款，在郭有守所谓"间谍"事件后再重读，倒会浮现出一些耐人寻味的些许内幕来。张大千和郭有守这两个昔日亲如兄弟朋友，为何产生隔阂，个中鲜为人知的隐情便从字里行间中露出端倪，也就可以理解两本画册上的题字前后反差为何如此之大了。

在《狂涂册之一》上，张大千的题款有"现在的人，动辄说以书法来写画，此却有几分醉僧之意，但恐索解人不得，吾子杰定不以我为狂妄也"、"偶同子杰菜市见此，索予图之，时希腊艾娜女士在座，大以为奇笔也"等。

画册中有一幅画是两位古人相对亲切握手的场面，一看便知画的是

张大千在《狂涂册之一》中所画自己与郭有守的亲密握手

张大千和郭有守两人,上题有:"与子成二老,来往亦风流。费幺妹说一个是四哥一个是八哥,子杰你看对不对。"

"费幺妹"指的是张大千在巴黎的表妹费尔曼女士(著名声乐家)。

从这个题词中的表妹语气推断,可以看出当时张大千的心境是非常愉快和清爽的,对待郭有守则如兄弟般熟稔与毫不避讳。

而画于1961年之后的《狂涂册之二》上的题词就与《之一》有了很大的不同了:

"江头一棹尔何人,相对无言迹已陈,乞食投荒谁解得,乘桴浮海海扬尘。——子杰颇以余税居南美为不智也,庚子冬。"

是何原因已到"相对无言"的地步呢?居住南美是"不智",那么居住何处才是"智"呢?

还有"瘦竹枯杨不是春,已无鸡犬自无人,凭谁说与还乡好,留取天荒地老身"。

在一幅画的画面上,张大千画了一个古代高士在一片荒寒地带中踽踽独行,上面的题词是:"如此境界,二老何由从也,大千居士病目四年矣,真可谓瞑童也,子杰岂能留之。"

还有一张只画黑白两色的非常抽象的泼墨画上,题着:"黑者是山白者水,可怜黑白太分明,人间万事云烟过,莫使胸留未了情。——庚子十二月十二日,巴黎与子杰围炉闲话,展阅此册,漫画。"

这些题词中已明显透露出张大千带有凄凉的心绪,与《狂涂册之一》有了鲜明的改变。不难发现这时的两人之间似已有些隔阂。原来郭有守是在劝张大千不要定居南美,应该"还乡",而张大千却执意"凭谁说与还乡好,留取天荒地老身"。并且"子杰岂能留之"?

看来郭有守是凭借着自己与张大千的情谊,一直在力劝张回大陆,使张由反感到恼怒才使两人关系逐渐疏远。中国留法女学生林霭的回忆文章中,记录下了这样一幕:"有一天,我和另一位女学生到郭家,入得门来,感觉到张先生和郭有守刚在争吵之后。张先生忽然没头没脑地问我:'林小姐,你说说,共产党要我回中国去,我欠了十五万美金的债,他们也愿意替我偿还,但我这一大家子人,靠我一人卖画讨生活,在那边又不能卖画,我又不会劳动,将来的日子怎么过……'郭有守不等他说完，就不耐烦地打断他：'他们小孩子家，懂得什么？何必对他们讲这些废话！'我们吓得惶恐不堪，赶忙敷衍几句，溜去看电影了。"

此时大陆正如火如荼地开展着"文化大革命"运动，显然郭有守这时劝张大千回去是很有些不合时宜的。因此，张大千对郭有守开始有了提防也是可以理解的。

郭有守在当时是否真如张大千怀疑的有什么"统战"背景，在今天探究已不重要了，但从林霭的回忆文字中可以得知，郭确有一些令人生疑的行为，比如出手的异常大方和阔绰。这些行为成为周围人的议论焦点并怀疑这些钱是"统战"经费。而郭有守被人如此怀疑和猜测也就难免。"他的生活颇为豪奢，每天花在买古董上的钱，起码六、七十美金（20世纪60年代的这个钱数价值很高），使我们留学生既忌妒又羡慕。"

总之，郭有守被带回大陆一事，让张大千惊异的同时，也深感失落和伤感，多年的情谊让他无法不挂念郭的处境，他怀疑郭有守可能是受了其妻子杨云慧的连累。杨是民国著名的"六君子"之首杨度的女儿。杨度曾因鼓吹帝制而得到过袁世凯的青睐，并赐杨度一块题有"旷代逸才"的匾额。但就是这样一位有着如此特殊身份的民国名人，后来竟在1939年时由周恩来介绍加入了共产党，在上海法租界薛华立路的寓所里，经常与夏衍等人联络，并提供国民党内的有关情报，为共产党秘密工作。

夏衍后来回忆说："最初我不知道他的真名，后来逐渐熟悉了，才知道他是杨度。"

郭有守的妻子杨云慧一直在大陆，并未跟郭有守到国外，在林霭的文中还有这么一段话，似乎也能说明一点儿问题："据说他（郭有守）的太太，奉毛泽东之命回大陆，任东北电影厂厂长，他一天到晚说，跟太太已离了婚，因为政见不同……"

1962年和1965年，郭有守曾两次到八德园中看望张大千，但从张大千此间赠给郭有守的画上题词来看，激烈的矛盾似已归于平淡，如"门对青溪胜盖山，朝看云出暮看远，问云毕竟忙何事，只看老夫尽日闲。——子杰四弟自欧洲远来，视余朝暮坐八德园，东望胜盖丹罗峰，极烟云之处，索为写此。"

八德园长年·一切惟心造

张大千离开八德园时赠给王之一的对联

此题似在暗示郭有守，他只想在八德园中过这种观看朝暮风景的生活，不想再有其他的想法和安排了。

虽然和郭有守在归宿问题上有着不同的观点，但郭有守毕竟是他的知己和兄弟，是竭尽全力帮他打入欧洲市场的最得力的帮手。因此失去了郭有守，张大千也就彻底放弃了进军欧洲画坛的全部计划，并因法国也已与新中国建交，自此张大千再未去过欧洲。

十几年后的 1979 年 7 月，张大千在重题一幅在巴黎时的画作《江妃出浴图》时，题有："三十年前，巴黎赋此，时与子杰同游，今消息隔绝，徒托梦寐也。"

深情旧谊，仍力透纸背。

1969 年秋，巴西政府为发展本国经济，决定修建一座大型水库，以解决日益膨胀的人口饮水问题。当时圣保罗市的人口已增至一千多万，现有的水源已远远不够。而选定的库址恰好要经过八德园，也就是说八德园的整个所在地都得被国家征用。

其实这个计划书早在 1936 年就拟定好了，但因这个水利工程非常巨大，不是短时间就能操作得了的，所以也就一延再延。张大千住进八德园期间，政府曾派有关专家去勘查地貌，当时的勘查结果认为八德园附近一带的地底及河道藏有油质，对饮用水卫生会带来污染，因此使该计划再次延后。当时张大千听说此消息后还挺高兴，特意又兴建了莲花池和观月亭，但政府最后还是决定维持原有兴建计划，张大千不得不面临搬迁问题。

虽然巴西政府愿意补偿一切损失，并欢迎张大千能在巴西其他地方另觅家园，但张大千觉得既然必须搬走，倒不如换一个陌生的有些新意的地方，何必老在一个地方建园呢。

因那两年他已彻底放弃欧洲市场，不再去法国，便转而对美国的艺术市场产生兴趣，因此开始频频接受美国有关方面的邀请，在美国的各大城市举办过多次画展；尤其对美国加州的克密尔城留有良好的印象，遂决定搬去那里定居。

临行前，张大千向蔡昌鸾、王之一等在巴西的老友们告别。送给蔡的画中特意有一幅宗教画《基督是我家之主》。因蔡是个虔诚的教徒，张大千受他的许多帮忙来到巴西定居，有一天蔡刚刚做完礼拜受洗后，对张大千说："我如今已得救了，望主带领你。"当时大千闻听此言，突然泪流满面，似乎被什么深深刺痛到了心底。蔡立刻明白，张大千一定是想到了父母和二哥张善子，因为他们也都是虔诚的教徒。在此时的异国他乡，蔡的这句话无疑使张大千因追忆起亲人，而涌起万千感触。

而送给王之一的则是一幅对联："樵客出来山带雨，渔舟过去水生风。"

王之一看后有些不解，纳闷地说："我是樵客去打柴，山上下雨，那柴不就打不成了吗？渔舟出海打鱼，水上生风，那还打什么鱼？"

张大千叹口气说："你是个小傻瓜，对联上说，你打完了柴离开山地才下雨，你捕完了鱼，海上才生风，那还不好吗？"

王之一这才恍然大悟：大千是否也在提醒他该离开巴西呢？

两人在八德园中漫步，王之一能感觉到张大千的心里起伏着很大的波澜，这里的一草一木，湖光山色，无不浸透着大千十几年的心血。他曾说过，八德园是自己最大的一幅立体画，而大千那些年的卖画所得，也几乎都投在了这个园子里，但这幅立体画却即将被水淹没，消失得不留一丝痕迹。

王之一看见张大千的眼里已隐隐有泪光闪现，他忽然站住，望着五亭湖水面上依旧怡然自得游弋的几只天鹅，神情幽忧地对王之一说："看来我与八德园的缘分是到头哩！"

终于，老人的眼泪凄怆地流了下来……

从"可以居"到"环荜庵"

克密尔是加州位于美国西海岸的一个小城，也是一个著名的休闲胜地。海岸线很长，海边的古松因长期受海风的吹袭所以姿态各异，配上岸边形状各异的礁石，就像天然的大盆景，真是美极了。张大千曾称赞此地为"人间仙境"。

这个小城四处都是奇花异草，整个小城就像一个天然的大花园。

1969 年秋，张大千在克密尔城买下一座普通民宅定居下来，因房子不是很大，所以张大千给这所宅院取名"可以居"。从字面上便可理解出，是勉强可以居住的意思。接着张大千便去洛杉矶、纽约、波士顿等地举办个人画展，同时继续治疗眼病。

因八德园被拆的确切日期未定，所以张大千虽已去美国定居，但仍留下两个儿子心夷和心印照顾八德园。

张大千有九子七女共 16 个孩子，留在大陆的有九位：长子心亮、

张大千夫妇在美国加州"可以居"

大千先生的幺儿子心印在照片
上画上胡子的造型

次子心智、三子心玉、四子心珏、八子心健、长女心瑞、次女心庆、三
女心裕、六女心碧。其中长子心亮在 1940 年还未满 18 岁时，就因肺结
核感染去世，六女儿心碧也因病早夭，八子心健在文革中因受父亲牵连，
不堪受辱卧轨自尽。当中除心智、心瑞继承父业钻研画艺外，其余子女
则分别从事其他行业：三子心玉是音乐编辑，四子心珏是化工工程师，
次女心庆从事教育工作，三女心裕在制药公司做事。

　　和张大千一起生活在国外的七位子女是心一、心澄、心夷、心印、
心娴、心沛和心声。这当中心一（即保罗）和心澄兄弟俩是 1950 年从
大陆赴香港投奔父亲时，听从父亲安排再没回大陆；女儿心沛是张大千
夫妇在离开成都时带走的；其余几个孩子则是张大千和徐雯波在国外所
生。这些子女中因保罗最大，所以承担的事务也最多，不仅随奉在父亲
左右，做父亲绘画时的好助手，还要照顾父亲的日常生活，给父亲开车、
拿东西等，因此养成了非常细致周到的谦谦君子风范，并且画艺颇高，
也成为著名画家。

　　心夷和心印都是在巴西念的大学，心夷从商，心印在圣保罗教育局
担任建筑工程师，后来自己成立建筑师事务所兼做鱼翅生意。最小的女
儿心声也是张大千最为宠爱的一个孩子，小名丑妹，其实是姊妹中最漂
亮的，在美国读完的大学。

　　张大千虽管教子女非常严格，奉行的也是旧式传统教育，但唯独对

张大千与子女、学生等人合影。其中儿子保罗（后排左一）、女儿心声（后排左三）、弟子孙云生（后排右二）、好友徐伯郊（后排右一）

子女的婚姻大事从不干涉，而是任其所愿。因为这当中有一段令张大千痛彻心肺的往事教训，与他情深意笃的六弟张君绶就是当年因不满父母之命、媒妁之言而又无力挣脱，最后才无奈跳海自尽的。

张君绶自幼聪慧过人，长得也眉清目秀，深得师长们喜爱，张大千曾说："倘若君绶不死，他的才气远在我之上，他的成就也在我之上。"但这样一位才华横溢的刚刚 18 岁的青年人，却死于旧中国封建制度下的"父母之命、媒妁之言"下，的确令人扼腕叹息。

君绶死后，极重孝道的张家子女为了不使父母伤心，多年来一直谎称君绶在国外读书，并由张大千模仿君绶笔迹适时给母亲写信以骗过老人家。这一场悲剧让张大千自此不去干涉子女婚姻大事，在这一点上是个极为开通的父亲楷模。

虽然张大千希望子女们都能与中国人结婚，最好是四川人，但他最喜欢的小女心声却与一位西班牙青年结了婚，一个儿子也与一位巴西小姐结了婚，他也笑呵呵地一概接纳。尤其是看到几个混血的孙子、外孙

1979 年，大千先生最小的女儿心声（小名丑妹）在台北圆山饭店与在美国的同学西班牙青年结婚

时，也是笑得合不拢嘴。

张大千曾于第二年（1970 年）7 月，返回过八德园，在那里休养了一段时间，待身体状况好转后，便又返回"可以居"。1975 年巴西正式与中国建交后，张大千便再也没回过八德园。

1971 年的下半年，张大千在朋友的帮忙下，在克密尔国立公园内又觅到比"可以居"面积大出许多的一处房产。因这里是克密尔最高级的住宅区，四周景致更加郁郁葱葱令人赏心悦目，所以张大千给这所新宅命名为"环荜庵"。

因新宅环荜庵地处公园内，所以市政府规定不能随意动园内的一草一木，如想除掉不需要的杂草之类，或要兴建什么建筑，都必须得向市政府申请，等批准后方能动工。

但张大千每到一地，是必得按自己喜欢的模式重新布置修建环境的，并且所种一花一草也皆出于自己喜好。好在这些规定约束没有影响到张大千，因为他修建出来的风景实在太美，所以他只经过一次例行公事的报批后，就获得申请改建的豁免权了。

于是张大千开始他的建园工程了，为了布置好新环境，他和旅美画家侯北人和从台湾前来探望他的好友乐恕人一起四处"寻花问柳"，几乎去遍了附近的所有花园，不惜花重金购买一些奇花异草。在环荜庵内种了许多梅树和松树，还从侯北人家里要了四棵海棠树和两棵梨树；又

这块巨石被命名"梅丘"，在美国加州海岸购买

张大千书写的对联："独自成千古，悠然寄一丘"

专门盖了一个画室和一个小亭。

有一天早晨去海边散步时，突然发现一块高达三公尺余的巨石，张大千一见立刻心动，决定买下。但这块大石头实在太大，得用起重机才能搬动，于是又花钱雇用起重机把石头搬到了环荜庵内，安置在了门前的小土山上。张大千在石面上刻下"梅丘"二字。就这样又一个小桥流水般的，富有中国园林特色的庭园，在克密尔公园内建成了。

1972 年夏天，别具特色的"环荜庵"终于建完，这时，张大千的左眼白内障摘除手术也成功做完；戴上特制的调节远近距离的眼镜后，可以看见东西了，他又能作画了。

"环荜庵"建成后，因其园内非常特别的东方韵味，因此市政府特别希望张大千能同意对外开放一天，让游人参观游览，市政府也好收些门票钱。张大千不好拒绝只得同意了。并笑着对徐雯波说："咱们家倒成了名胜中的名胜了！"

王之一特意从巴西赶过来看望张大千时，张大千不无遗憾地对王之一说："之一，你看这哪能和八德园比哦！我要在这里种一百棵梅花，可是在美国却不容易找到梅花树，八德园里的那棵老梅花树可惜没法搬来，你送给我的那六棵小梅花树倒都搬来了，现在已有成人高了。"

此时张大千已在美国生活了好几年的时间，见到王之一不禁"喋喋不休"起来。王之一看出张大千是由于眼病好转可以作画而心情舒畅不少，便也宽下些心来，兴致勃勃地听张大千摆龙门阵。

张大千感慨地说："美国的法律真是奇怪，我家花园里的花开得好看、水果结得漂亮，隔壁的小孩儿跑过来偷，从树上跌下来受了伤，他们却可以到法院去告我，法官也可以判我赔偿他，因为是我家的花果好看、好吃才引诱得小孩来偷，才受伤的。他们不教育小孩不要偷人家东西，还要我赔偿，你说这是什么法律？真是稀奇古怪。"

而对于美国的人际关系，张大千更是摇头感叹，说："美国的年轻人都不照顾父母，这在我们中国是大逆不道的事情，非得家法处置才行！"

谈完琐事趣事后，张大千又怀念起八德园来，"还是那里的作画环境好！"

王之一深深地点了点头，他理解张大千的心情，可以说八德园17年世外桃源般的生活成就了张大千破墨泼彩的炉火纯青，也成全了张大千在国际画坛的地位，而他本人也因张大千在日本时的一句话"何不去巴西玩玩？"的感召，竟第二天便去办了签证，追随大师的足迹也在巴西生活了这么多年，真是那时情景自是难忘啊！

八德园中几幅名作的故事

八德园时期也可说是张大千的又一个黄金创作期，"泼墨泼彩"从酝酿到成熟全是这一期间的收获，因此其中的五幅名垂画史的杰作必得格外阐述一下，从而领略出张大千不断求变的清晰脉络。它们按作画时间顺序排列，分别是《荷花大通屏》（1963年作）、《幽谷图》（1968年作）、《长江万里图》（1968年作）、《黄山前后图》（1969年作）、《峨眉金顶图》（1969年作）。

这五幅画除《荷花大通屏》创作时间早一些外，其他四幅都是张大千泼彩技法最为圆熟时期的代表作。并且每一幅画作都各有其精彩的背景和故事。

《荷花大通屏》是五幅画当中唯一被出售的作品，当年被专门收藏世界名画的著名杂志《读者文摘》以 14 万美金购下，创下当时国画有史以来的最高售价。而张大千为画这幅前无古人、后无来者的巨作，在八德园专门建造了一个大型画室，其气魄之大令人瞠目。

《幽谷图》描绘的是瑞士深山中的幽谷，只见在两侧高耸峭壁的衬托下，深山幽谷越发显出那种神秘和绝美的梦幻般飘渺气息，美得摄人心魄。1970 年张大千曾亲自携此画来到日本装裱，当时眼病刚动过一个小手术，眼球还未固定，与人握手时，他会低声告诉对方："手臂别太摇晃，使劲的话我的眼球会掉下来。"这也是张大千最后一次来日本。因为当时日本还未和中国建交，与台湾尚保持着外交关系；两年后的 1972 年 9 月，日本与台湾断绝外交关系，而和中国建交。此后张大千即使过境日本，都不肯走出飞机，做任何停留。

1974 年装裱好了的《幽谷图》在日本展出时，日本著名油画家林武曾久久地立在画前不肯离去，并反复地说：只有水墨才能画出这种轻灵意境来，油画与水彩都很难做到。

这幅绝妙之作还深深打动了另一个人，他就是当时日本政坛炙手可热的通商产业大臣、日后成为日本首相的中曾根康弘。

只见他在《幽谷图》画前流连忘返，并婉转地问主办单位可否出售这幅画，工作人员答复：需问画家本人意见。之后有关人员便委托黄天才去询问张大千的意见，但被大千婉拒。其实张大千画过好几幅《幽谷图》，但这一幅却是他一直留在身边的，大概他本人也是很喜欢这幅画吧！

后来中曾根当上日本首相后，其手下找到黄天才，请他向张大千求购一幅画为中曾根祝寿。但当黄天才请他们选画时，来的这两个人意见却不统一，一个看中的是一幅传统山水画，另一个则相中一幅古松图。黄天才建议再加上一张泼彩山水，让他们一并带给中曾根选，结果不出黄天才所料，中曾根果然选择了那幅泼彩山水。看来还是受《幽谷图》的泼彩效果影响太深了。

《长江万里图》是张大千专门祝贺一生至交张群的八十寿辰而精心绘制的一幅长手卷。这幅画高约半公尺、宽约 20 公尺，气势宏伟，是张大千最长的一个手卷。几十年中他曾为张群画过很多幅精品，这幅《长江万里图》是其中最突出的一幅杰作。此画在台湾一露面便引起轰动，当时的台湾副总统严家淦亲自写文章评价该画，其中有"以必传之画，寿必传之人"这一精彩的名句。

张群过完生日后，为了满足各界群众强烈争睹此画的愿望，便把《长江万里图》安排在历史博物馆展出。开展的头两天每天竟有六千多位观众蜂拥而至，因为观众反应太过强烈，所以不得不两次延长展期。

与此同时，《长江万里图》还引起相关的学术上的讨论，有人指出：流水的方向"一向是大江东去，为何此图是由东到西"。甚至有一书法家干脆指责张大千是"颠倒乾坤，万里长江向西流"。据说张大千听到这种议论后很不高兴，专门写文澄清画法："我国传统作手卷画，皆自右至左，坐北向南，将此图展到北壁，致令观者有倒流之疑，请试展此图于南壁，江水岂不东流哉！"

由于张大千名气太大，难免会有人因忌妒捕风捉影、借题发挥，但此画却因此名声更噪，流传更广，最后终于有"国画不能当作地图去看"的公正评论作为学术讨论的收场。因为任何非议在精彩绝伦的艺术魅力前都将黯然失色。

《黄山前后澥图》也是一份寿礼，是张大千为另一多年老友张目寒的七十寿辰所作。据说张目寒为盼此画几乎到了夜不能寐的程度，频频写信催画。黄山是张目寒的老家安徽境内的名山，也是张大千最喜爱的一座山，尤其是黄山的云海，可称得上"天下之有云海者之冠也"。张目寒接到此画后，感动地对记者说："大千先生就是如此的真诚与重情，他永远记得朋友的生日，永远想着朋友们。"

《峨眉金顶》是张大千为老友、船王董浩云（前香港特首董建华之父）的"东方翠华号"首航巴西时所画。峨眉山地处四川省境内，与同是四川境内的青城山有"峨眉天下秀、青城天下幽"之美誉。张大千对家乡的这两座名山再熟悉不过，曾以两山景色为题材画过大量山水画。此幅大画宽 2 公尺、长 6 公尺，当时在首航的酒会游轮上一悬挂出来时，立即让人群惊呼起来。这幅画从此被挂在"翠华号"的大厅里，伴随游轮行遍天下，也让中国画行遍天下。

张大千和董浩云早在 20 世纪 30 年代便相识并成为一生挚友，张大千经常会为收藏古画而"千金散尽"，每每到囊中羞涩时，董浩云常会慷慨接济，马上巨款资助，让张大千感动万分。抗战初期为躲避战火，两人曾一起藏在船上的楼梯间里逃离上海，在茫茫的海面上做了好几天的难兄难弟。

在八德园经济拮据时，董浩云曾想资助张大千把八德园改为"大千鸡园"，由他投资，以帮大千度过困境，但被大千婉拒。事后，董浩云既感慨又敬服地对香港作家南宫博说："看来企业家的目标与艺术家的执着总是截然两异的。"

以上这五幅画因各有其标志性含意，又都是在充溢着松涛和水声的八德园中悉心而作，因此，也就难怪张大千会对八德园恋恋难舍。

1972 年的 11 月 28 日，筹备多时的"张大千四十年回顾展"在美国旧金山砥昂博物馆亚洲文化艺术中心隆重开幕。张大千亲自撰写了序言，对所展出的从 1928-1970 年间各个不同时期的 54 幅代表作品，进行了简明扼要的阐述。画展受到了热烈欢迎。

而就在画展的前一天，也就是 11 月 27 日，张大千的四哥张文修在内江老家病逝。家人没敢把这个不幸的消息告诉给他，怕年事已高又身体有病的他承受不起这个打击。但张大千却似早有预感，那段日子里格外地想念内江的亲人们，以至于会常常从梦中惊醒，泪水涟涟。他在给女儿心庆的信中写到："昨夜，父梦见你，仿佛在内江老家，醒来不觉哭泣长叹！"

应该说，在美国的生活可算得上是诸事顺利，唯有张大千的"思乡病"却日甚一日。近几年来他越来越容易动情和伤感，对亲人和故乡的牵挂，已成了他心中的一个结，并且越来越难以解开了。他越来越渴望过那种全家团圆和踏踏实实的日子，并且这种归宿感日益强烈。

因画展的巨大成功，张大千还被洛杉矶授以"荣誉市民"的称谓。

1974 年 11 月，美国加州太平洋大学又授予张大千"荣誉人文博士学位"。

1975 年 2 月，张大千在台湾举办完画展，因感身体不舒服，便去了台北市最具权威，并且设施也最好的荣民总医院进行体检。检查结果出来，确诊他患有六种疾病：心脏病、糖尿病、十二指肠溃疡及胆结石、重度腰椎退行性关节病、眼病和皮肤病。虽不很严重，却需要格外注意保养才能调节。

对此结果，张大千苦笑地自嘲说："想当年悲鸿兄总说我是健步如飞，我也常笑他是飞毛腿，如今悲鸿兄不在 20 年了，我也变成实实在在的老人了！"

台湾的朋友们早已看出张大千最严重的其实是心病，心病好了，其他的病才会跟着治愈，于是便都苦口婆心地劝他："还是回台湾吧，我们这些'老'朋友也可常常见面说话，免得你在国外总是想家。"

此时张大千早已动心，因为大陆暂时还回不去，而台湾毕竟有些老友，因此在那里定居也算是叶落归根。而且现在年事已高，此时不定，尚待何时？张大千决定说回便回，便随即开始着手办理回台安家之事。

好友徐伯郊自告奋勇地说："我帮你在台湾选地方，安家的事就交给我去办好了。"

张大千回答说："自然得交给你去办，别人办我还不放心哩。只是总是得辛苦你！"

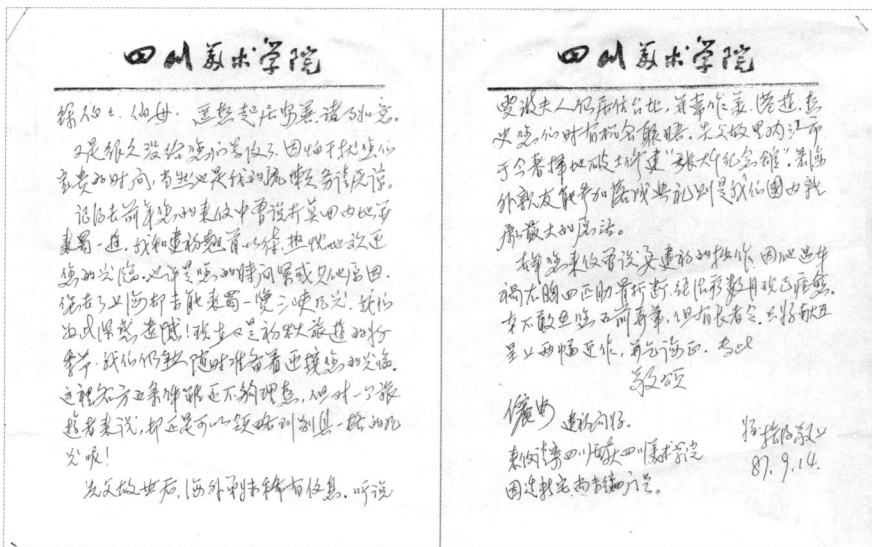

张大千女儿张心瑞写给徐伯郊的信

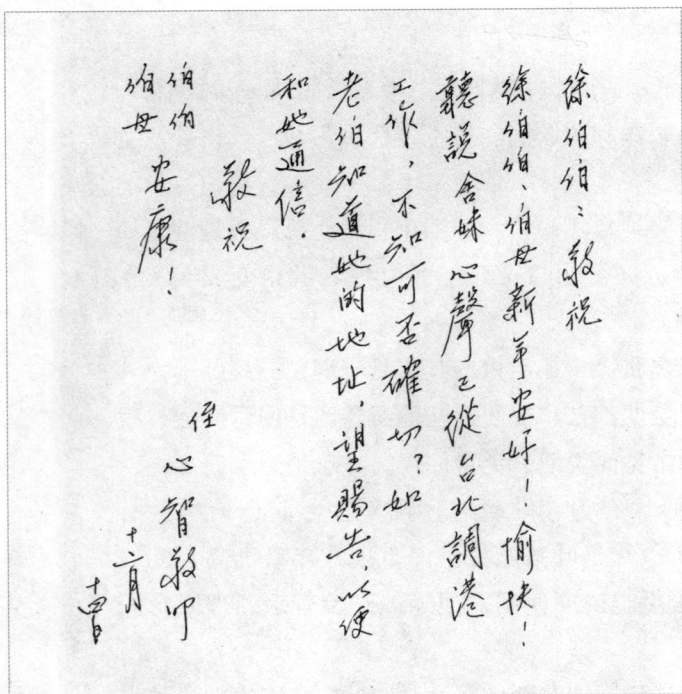

徐伯伯：敬祝

徐伯伯、伯母新年安好！愉快！

听说舍妹心声声已从台北调港工作，不知可否确切？如老伯知道她的地址，望赐告，以便和她通信。

敬祝

伯伯
伯母 安康！

侄 心智敬叩

十月

张大千儿子张心智写给徐伯郊的信

　　徐伯郊爽朗地一笑，说："理当效劳、理当效劳！"

　　张大千感激地说："这么多年总是有劳你帮忙！"

　　徐伯郊连忙摆手，说："哪儿的话，你我之间还用这么客套吗？"

　　是啊，这么多年来，徐伯郊可谓尽心尽力地帮助张大千打理各类事情，包括张大千在大陆的子女，有时也会通过徐伯郊了解和打听父亲在海外的各种情况。每次从八德园出来，都会带出一卷卷尚未裱好的画作，带到香港裱好后再联系卖掉，毕竟张大千得以卖画所得才能营造所需生计。徐伯郊还以自己鉴藏家之所长把看到的有价值的古书画及时告之张大千，往往是用卖画所得直接购买下来。

　　对于回台定居这个决定，张大千是经过一番深思熟虑的，并有许多切身的体会："我住在美国这几年，总觉得身体不舒服，可是一回到台湾，立即精神百倍，就没有这里不舒服那里不爽快的害病感觉。有人说我害的是'思乡病'，我从来不否认。又有人说台湾太热，对我这个怕热不畏寒的人不适合，可我们中国大陆气候，哪一省夏天不热，多是又湿又闷！台北的夏季是较长，可是如今生活水平提高，家家有冷气，我也就感受不到热有什么威胁了。

"我的身体是有病，十多年前患眼疾，又有糖尿病，心脏也有小问题，在美国不断看医生，常做全身健康检查。可每次看医生都要麻烦好朋友翻译，我自己不能与医生直接沟通，洋医生又不肯把检验报告给患者看，……若遇到情况不妙，不答复时，还要琢磨医生的表情，更令人焦虑、紧张、不安，反而加重病情。所以说就是为了看病，维护健康，我也要回台湾。"

而对医术高明的荣总医院，张大千更是赞不绝口："荣总当局及主治医师都对我特别安排，检查都有中文详细报告，让我了解自己的健康情况。有问题可以直接问医生，用药由医生决定，起居饮食由自家小心。我看荣总的设备好，医疗水平高，照顾的服务礼貌更是好过美国医院。或许有人会说我是受特别的照顾，可是我在医院里也曾遇见好多来自国外回来治病、检查的患者，大家都有同感……我晚年的岁月，如能延年益寿，必应归功于荣总医院的照顾！"

当然，除了考虑诸多生活上的种种方便之外，政治因素也是不得不考虑在内的。王之一在他的一篇文章中，曾提及他在张大千即将离开美国前曾去探访，"两人在广场散步时，张大千突然问我：'你看美国会和中共建交吗？'我说：'那是迟早的事。'他说：'那我怎么办？到哪里去？'我说：'回台湾去吧！'这一句话打动了他的心。

张大千在摩耶精舍的画室里

不久，他真的收拾行李准备回台湾了。八德园、环荜庵都在他一挥手之下，不要了！"

其实，纵观张大千人生轨迹，的确是有"躲避"共产党之嫌疑，如果说1949年离开大陆时，还是因不了解而采取观望态度的话，那"文革"中给他扣的各种如"敦煌盗宝"、"反动叛国"之类的帽子则已深深刺伤了他的心。这个心结不是说解就能解得开的，加之他的亲人和学生们为他之"罪名"所累而受到的巨大伤害，更让他伤痛欲绝以至心灰意冷。此时这把年纪"叶落归根"的话，也只有选择台湾了。

于是好友徐伯郊马上着手为他选地盖房，在他1976年11月17日的日记中，记有"与大千看地……小桥流水正合大千意……"之句；在12月3日的日记中有"去外双溪代大千接洽原地主陈德惠，并取得地号，即可向市府查明以做进行"之句。

最后，徐伯郊为张大千选中这块地叫"外双溪"，是在台北市的士林区，这地方让张大千很满意。

徐伯郊日记上有帮张大千在台北选地的有关纪录

未了愁缘·摩耶室主人

修建"摩耶精舍"

1976 年 1 月 25 日，张大千正式申请定居台湾。几天后，在台湾国立历史博物馆举办的"张大千先生归国画展"开幕仪式上，张大千接受了由台湾教育部颁发的"艺坛宗师"的匾额。

至此，张大千从 50 岁离开大陆，在海外开疆辟土二十几年后，终以 78 岁高龄回到了台湾。

张大千此举可谓轰动宝岛，受到了各界人士的热烈欢迎。在机场举行的欢迎仪式上，所有的媒体几乎全部出动，拥挤的人群甚至把张大千的小女儿心声都挤到了圈外，急得心声连忙高喊："我是张大千的女儿，快让我进去。"人们这才挤出条缝隙让她钻了进去。

张群上前紧紧握住了张大千的手，感慨地说："你终于是回来了！"言罢，本是笑呵呵的脸上竟突然眼圈发红，涌出热泪来。张大千嘴唇也微微颤抖起来，说："回来了！再也走不动啦！"当他看到所有的老朋友几乎都来迎接他时，更让他感动和欣慰得再次涌出泪来。真切体会到"回家真好"的滋味来。

其实，这么多年来无论定居何处，台湾和日本是他每年都必去的地方，尤其在中国大陆爆发"文化大革命"之后，眼见归期无望的他，更觉台湾是叶落归根的地方。毕竟这里是炎黄子孙的一部分，又离老家四

每次回台湾定会受到好友们的热烈欢迎

川近些，可以算得上是第二个"故乡"。而这时的台湾政府也对他不再防范，曾因给毛泽东画荷花被列入"亲共"黑名单而"不准入境"的禁令，早已云开雾散。张大千深知这当中自然少不得张群、蔡孟坚等好友的从中斡旋和调解，特别是1968年那次辉煌得几乎受到英雄般礼遇的台湾之行，更让张大千心里明白了朋友们对他的一片苦心。如果没有这群好友，他恐怕还得在外面继续漂泊。

那次台湾之行的高潮部分除了受到蒋介石夫妇近三个小时的隆重接见外，还有一项令人格外瞩目的活动安排，就是前去参观了具有政治象征意义的金门前沿。张大千一行在金门参观了五个小时，并用军事望远镜眺望了对面大陆的港口。

虽然作为一个艺术家来说，这种行为本身并没有什么特殊意义，完全可作为是一种游览活动项目。但在"亲共"还是"亲台"这个敏感的政治问题上，张大千还是向台湾当局表明出他的态度。虽然对于他本人来说，这也是十分无奈甚至是无辜的。以至于回到八德园后，惹来的台湾大量索画信函竟高达近百件。

诚然，张大千在台湾得到方方面面的热情关照，但这也让他在感激之余欠下不少人情画债，使他的晚年台湾生活深为所累，颇感困扰和无奈，只得感叹"画债如山"！

蔡孟坚曾在文中详细记录下张大千那次台湾之行所累下的欠画经过——

　　"1968年大千返台度春节，适我正在台北，照例为他夫妇安排住所种种，并陪游花莲、台中、高雄、澎湖、金门各处。当然难免会打扰朋友，后来又为他夫妇安排过几次宴会，因军政要人多愿与国画大师会晤，无论旧识初会，多数都交换了名片，有的竟不客气，当面提到求画。

　　"大千自台经美返回八德园，一回家即将自台带回的全部名片一一检视，一口气画了58幅，题赠此次返台所见的军政友好，但他不知道他们的住址，认为寄给我转交不会错，于是他分两次寄来。岳公（张群）知道后即打电话嘱我将大千寄来的画要全部先经他过目。画送去数日，某天副官忽来电话，通知我立即到张府取画。当我进门时，岳公已然知道我已到来，他手中拿着一大卷画自楼上下来，在楼梯边见到我即带有怒容，大声责备道：'大千是靠绘画卖钱吃饭，你不应该把他拿来做应酬，你一生为人帮忙做人情，我看你也未得到任何好处。'

　　"我连忙接下来说明，大千是自动凭各界朋友名片所赠的画，上有提款一一对应，我只是受托代为转画等实情……"

　　虽然蔡孟坚在老上级面前自称是"被动转画"，但实际上"赠画名单"却是由他亲手所拟，想来他自己也是在这巨大的人情关系网中难以自拔和无法拒绝。因为这个名单上的人物都是台湾当时的显赫人物，其姓名和职位着实吓人。如时任台湾省主席的黄杰、曾任台湾省主席兼国

张大千虽个子不高，但在人群中的卓然风采却非常显眼

建会主任的周至柔、空军总司令赖名汤、警备总司令刘玉章、曾任国防部长的蒋坚忍、曾任交通部长的袁守谦、曾任财政部长、时任中银董事长的陈庆瑜、总政治部少将主任江海东、总统官邸秘书长秦孝仪等，还包括接待的观光局长、中央日报、中华日报社社长、宋美龄秘书等等。

其中索画关系一栏填写的理由则有："专诚盛宴，并招待看平剧"、"照料出入境，亲访求墨宝"、"安排游金门澎湖"、"夫人接见一向随侍"、"借用轿车"、"协助办赴巴西签证及运行李赴巴的巴西驻华使馆华裔领事岑周顺先生"等等。

张大千本是个处处体恤他人难处的人，因此只能面对如山画债辛苦去还。幸亏有张群这样德高望重的老人家，能够时常出面替大千挡驾和解围。

虽然台湾的人情太多，但从中透出的浓浓情意毕竟还是让张大千很感开心，他本是十分爱热闹的人，尤其是年纪大了更是害怕冷清。

正式获准返台后，张大千暂住在台北市仁爱路的云和大厦，一边选址安家，同时仍往返于美国处理环荜庵的善后事宜，一时间也忙得够呛。

对于安置新家的条件，张大千对徐伯郊说了三条："一是距台北市区二十多里内的郊区；二是山清水秀，有几棵大树最好；三是如果能有个小池塘种荷养鱼最好"。

徐伯郊按照这三个条件，寻觅了一阵后选中了当时算是台北市郊的"外双溪"，这里的大环境非常好，有青山有溪水，原是一处荒废很久的鹿苑，而且距台北故宫博物院和荣总医院都很近。张大千在观看时发现一棵立在乱石墙角旁的白梅树，亭亭玉立、颇有风姿，这棵白梅一下子吸引了他，于是很快便拍板定了下来。联想到自己二十多年的海外漂泊竟有一大半的时间都在"建园"中度过，而今年近八十岁了还要面临重建家园，但愿这是最后一次，恐怕也只能是最后一次了！

据说台湾政府因张大千的回归颇感光彩，为表诚意曾要拨地给张大千建家，但张大千觉得自己"没为国家做过什么，不能白要国家的公地，无功不受禄嘛！"所以才坚持自己花钱买地。谁知当卖主得知买主是张大千后，原来谈好的价格马上上涨了两三倍。但张大千买东西历来只要喜欢，从不问价。

把这块地买下来之后，张大千又开始一次新的建园工程，依旧是种

树种花、搬石挖塘。不同的是这次建房，他没有亲自设计，而是请了台湾的著名建筑设计师杨卓成来设计。

杨卓成在现场悉心考察了一个月后，才把整个设计方案确定下来。

新宅区的整个布局按照中国传统的四合院模式而建，颇有大气典雅之风格。张大千对此设计很满意，而杨卓成则谦虚地调侃说："要是都能碰上像张大师这样不挑剔的业主就好办了。"

整个建筑占地是560坪，建房用了230坪，其他面积均用来布置花园、长亭、池塘等。张大千给这个新家取名"摩耶精舍"，典故出自佛经。"摩邪"是释迦牟尼母亲的名字，传说她腹内有"三千大千"，而"张大千"这个名字本来就是他短暂出家时寺里师傅根据这个典故所起，所以"摩耶精舍"也可理解为"大千精舍"。"精"字又含有精致精巧之意。而"邪"字是"耶"的古字，因此定为"摩耶精舍"。这几个题字是张大千特请老友、也是著名的书法家台静农教授书写的。

这里的占地面积虽然比起八德园来，还不足一个角落，但整个布置完毕，依旧水声淙淙、长亭蜿蜒、绿树茂密、鸟语花香。

进得院门，中央是个天井，天井内有相连的两个小池塘，池塘内养有金鱼，池水清澈，游弋的金鱼越发显得灵动多姿，充满活力。池塘边摆放的是几盆名贵的黄山松盆景，虬枝苍劲、姿态奇绝。在两个池塘间的沟渠旁还种了几棵俏丽挺拔的梅花，我见犹怜。

与徐雯波在刚刚建好的摩耶精舍门口

穿过天井便来到了后园，里面设计了一个似精圆木头为柱、棕皮盖顶，具有原始风味的烤棚，目的是为了方便朋友们来此大啖烤肉、享受美味。烤棚边的绿地上堆有奇石，种有梅花、山茶、紫薇等花树，还有七、八缸美不胜收的荷花。

沿路而上是一个古色古香的别致小亭，叫"双莲亭"，连着此亭的是一条幽静的长廊，用茅草、棕皮和木头柱子盖顶，古朴中情趣却相当浪漫，富有诗意。张大千很喜欢这个亭子和这条长廊，认为在亭子中可以"卧月看梅"或吟哦诗词，甚至打个盹，都是十分惬意和享受的。而这条弯曲静谧的长廊，则可在下雨时漫步，听着风声雨声，往事情思和创作灵感会溢漫胸膛，更觉别有一番滋味在心头。

相比庭园设计的古朴风格，房子的格局及装备则充满了现代化配备。

房子是一座砖砌的二层小楼，一楼设有气派宏大的画室、客厅、餐厅和电视屋等。还专门设有一间防潮、防虫设备的贮画间。画室坐北朝南，四壁悬有经常更换的名画精品，而其中最醒目的一张画，是张大千30岁时的那张自画像。虽然挂画经常更换，但张大千总会保留一两幅曾农髯、李瑞清两位恩师及二哥张善子的画作，以示尊敬和怀念。

二楼设有五间卧室和一个小画室，屋顶还特建了一个空中花园，栽满了奇花异草。小画室是张大千需要静心作画时而必去的地方，因为一楼的大画室里常常高朋满座，他在哪儿客人便会围拢在哪儿，会客厅反而变成了一个冷清的地方。这间小画室位于二楼的一个角落里，极其肃静，并且采光很好。画室窗外依旧挂有一个大铁笼，里面放有两只调皮

摩耶精舍的凉亭与盆栽

张大千与友人在摩耶精舍花圃中观赏他的盆景（右一为徐伯郊）

可爱的乌猿。

　　为了方便上下楼，还特意安装了电梯，房间内则全部安有空调。

　　摩耶精舍中的许多珍贵盆景和巨石花木又得从美国运来，那块在加州海岸买下的"梅丘"巨石，他叮嘱保罗无论如何要运到"摩耶精舍"中。可这笔运费真是耗资巨大啊！有人觉得张大千这么做太过于奢侈，但张大千却觉得："有人认为这样花费太多了，不大合于这里的艰辛精神，不过我以为这都是我的画换来的，所以倒也不觉得心有不安。"

　　摩耶精舍虽已建好，但仍像以前建几个园子一样，个别细节上总在不断改动调整，因此园里总有施工，张大千不顾疲累，又是亲自指点。对此他曾对人说："我自己也不知道能活几天，我经营这个小园，也许有人笑我痴。其实这也像画画一样，是在'遣兴'，我活一天就享受一天，死了就做墓园，将来我的骨灰就埋在'梅丘'下。古人也有生前预做生圹，但很少经营墓园，更少人将墓就建在生前的宅园内。我想，我是一个花钱花惯了的人，我死了之后，别人经营墓园不会像我一样舍得花钱，花了钱也不会如我意。所以我天天想到死，天天在小园中故而乐之，就要天天去经营，这里改建，那里增建，要使它更精更美。石涛就曾自营生圹，画了一幅《墓门图》，上题有'谁将一石春前酒，来洒孤

张大千亲自布建园内景物

山雪后坟。'这两句诗，也当适用于梅丘。"

能把人生看透到此种地步，并能豁达到此种地步，也唯有像石涛、张大千这样少见的大艺术家了！

"三张一王"转转会

定居台湾，最感开心的莫过于老友重逢，并能常常相伴。

艺界同行自不必说，黄君璧、郎静山、台静农、徐伯郊、羊汝德、黄天才等；还有几个在政界中曾权倾一时的好友，张群、张学良、张目寒、于右任等等；他们在任期间张大千还有意与他们保持距离，如今他们都已解甲归田，张大千反而和他们毫无芥蒂，更加相融了。

这些人的确可称得上是"老"朋友了，因为这些友情的时间已跨越了几十年的光阴，从大陆到海外、从海外再回归到台湾。人生到了垂暮之年，尤其是天性敏感、唯情一生的艺术家们，还有什么比这种团聚更让人欣慰的呢！

但毕竟岁月无情，一些好友的相继离去也让张大千好不伤感。比如当年和大千并称为"南张北溥"的溥心畬，早在1963年就病逝了；还有台湾故宫博物院院长庄严、比张大千还小一岁的张目寒……尤其是后面两位，竟都是在张大千已到台定居之后，眼睁睁看着他们离开的。

几年前为张目寒70岁生日所作的那幅《黄山图》上，张大千还特意题写了一首极其温馨感人的诗：

张大千与好友庄严（左一）、张目寒（左三）、台静农（左四）在台北合影

阿兄七十新开一，阿弟今朝亦古稀，
各保闲身斗强健，真成济胜步如飞。
每忆黄山想惠连，曾攀绝岳俯诸天，
收京复国堪狂喜，把臂峰头看彩莲。

在诗中，张大千称自己为"阿兄"，张目寒为"阿弟"，而兄弟俩都盼望的那种"把臂峰头看彩莲"的日子却再也没有了。1976年张目寒突然得了中风一病不起，此时张大千已经回台，但张目寒却已病得丧失记忆。张大千每次拄杖前去探望，张目寒都是处于昏迷不醒中，兄弟俩的这种无望相对，让张大千每每痛哭不已。

由于治疗花费了巨额医药费，张目寒家中已颇显窘迫，张大千当即解囊相助，给张目寒家中很大一笔钱以解困境，让张目寒夫人感念不已。

还有庄严——摩耶精舍距故宫博物院本不太远，离庄严的家则更近，如果没有当中的小山间隔，两家的屋顶甚至都能看得到。

本来庄严一听说张大千所选地段竟能与自家结成近邻，简直高兴极了，一心盼望着能和老友"把酒对月抒怀"，那岂不是晚年一大乐事！谁知张大千搬进摩耶精舍不久，庄严竟也一病不起。

可以说，张大千此时最大的悲哀就是叹息岁月的无情和好友们的离去。以至于有一次当听说又一位老友故去时，一声长叹之后竟悲愤地把眼镜摘下来猛力摔了出去，眼镜被摔得粉碎，而他的双手也颤抖得好一阵无法止住。

好在还有张群、张学良等至交们给他以安慰，尤其是张群，对张大千的关心简直是事无巨细。常为张大千喜欢交游，喜欢应酬，喜欢热闹的生活习惯担忧和不满。甚至亲手书写养生戒条送给张大千，让他挂在墙上以示提醒，并再三告诫张大千："你的生活、习惯和嗜好，必须要注意调整，我虽比你年长十岁，但因为我注重修养，所以健康情况比较好。你再不好好地休息，爱护自己，说不定你比我先走，还要我来为你送葬。"

（图左）朋友们在张大千家中欢聚。左起徐伯郊、黄君璧、纽方雨（台湾著名歌仔戏演员）
张大千、沈苇窗

（图右）张大千和台静农

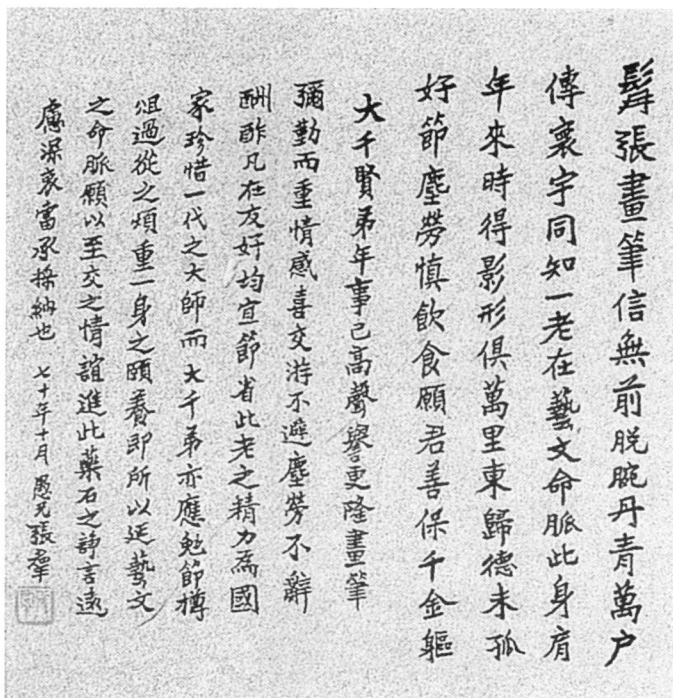

张群为张大千书写的养生告诫书。上有"节尘劳、慎饮食"等句

　　张大千闻听此言，一时怔住，沉默了一会儿，不由伤感地掉下泪来。张群也忍不住落泪，拍着张大千的肩膀哽咽地说："所以呀，你得听进我说的话啊！"

　　张大千点了点头，颇有感触地说："是呀，以前那些年我虽每年也回来与你们这些老友团聚，但那时毕竟是客居，所以总觉得谈不尽兴，现在我彻底回来安家了，可又年纪不饶人，豪情犹在，却有些力不从心啦！所以我是得听你的话注意锻炼身体。你能每天走一千步，我只要坚持走五百步就行了。"

　　张群笑了，回答说："走五百步也行！我平常总说人生从70岁开始，我希望咱们这几个'老家伙'都能共勉，并且以后生日也要在一起过，互相祝寿，你看怎么样？"

　　张大千不由被张群的激情所感染，连忙说："好啊！就这么说定了，到时候就由你这位'老乡长'负责操办吧！"

　　张群所指的这几个"老家伙"，就是台湾高层人所共知的"三张一王"，也就是他本人加上张学良、张大千和王新衡。

他们早就约定好每月一次相互轮流坐庄"聚餐"，这也让很多朋友都津津乐道。因为这些朋友不仅能借光吃到难得的美味，同时更能享受到不可多得的文化大餐；因为这赫赫有名的"三张一王"不仅是美食家，更是收藏方面的大家。因此这几个人的"聚餐"，也被称为"三张一王转转会"，但其实已扩展成文化界的"转转会"了。

这几个人虽然在政治信仰上各有不同，但在生活中的兴趣爱好、尤其是艺术信仰上却非常一致。经过几十年的漂泊沉浮，他们倍加珍惜晚年时能有这么一段谈诗作画、叙酒开怀的美好时光。尤其是对传奇人物张学良来说，几十年被幽禁失去自由的岁月，让他充分体会到这种友情的珍贵。而他和张大千之间书画结缘的过程也颇为有趣，竟是因买了张大千仿石涛的"造假画"开始的。

20世纪20年代末，一个是嗜好古书画如醉如痴，虽年纪轻轻却已大权在握的少将军；一个是以仿石涛到以假乱真、让当时最有名的鉴定家都大跌眼镜的画坛高手。而这个青年军官在得知自己为之陶醉高价购买的石涛作品中，竟有不少是他人的伪作时，惊讶和好奇竟超过了上当后的气愤，他迫切地想见见这个仿石涛的高手。

"三张一王"20世纪70年代初摄于台北。左起：张学良、张群、张大千、王新衡

张大千与张学良的友谊横跨几十年，尤其是他晚年回台湾定居后，与张学良交往更加密切

　　于是 1931 年的秋天，张大千来到北平的第二天，便接到了张学良请他赴宴的帖子。自从 1928 年张作霖在皇姑屯被日本人炸死后，东北军的实权就落在了少帅张学良之手，加上他又是蒋介石的把兄弟，所以在北平可谓呼风唤雨，权势了得！张大千何等机敏，自知张少帅手里肯定有不少他仿石涛的画，心想这顿饭弄不好也许是兴师问罪的"鸿门宴"哩！有心想推辞不去，又知道得罪不起，于是咬牙上了接他的车子。

　　到了少帅府之后，一见嘉宾满座，不少是画坛名流，齐白石、陈半丁等人也在座，不由长吁一口气，放下心来。

　　开场白中，张学良与大家寒暄过后，忽然指着张大千说："这位就是仿石涛的专家、大名鼎鼎的张大千先生，我的收藏中有好多是他的杰作哩！"众人的目光都望向了张大千，这让他很有些发窘，好在直到宴席结束，张学良再没提仿画这个话题。由此张大千看出：张学良虽年轻气盛，却是个很有胸怀和气度的人，他不由对张学良有了几分好印象。

　　不久后，有一次张大千逛琉璃厂，在一家古玩店里突然发现了一幅新罗山人的《红梅图》，张大千一见之下大为喜爱，立刻决定买下。古玩店老板一看买主是张大千，立刻要三百元大洋的高价，张大千毫不犹豫地答应下来，说第二天凑足钱，让古玩店伙计送画取钱便是。巧的是，他前脚刚走，张学良也来到此店，也是一眼相中了这幅画，并要买走。

古玩店老板为难了，只得说："对不起了少帅，这幅画刚刚被客人订下了，不能卖您了！"

张学良问："是谁订的？他出价多少？"

古玩店老板说："是张大千——张八爷订的，出价三百大洋。"

张学良"哦"的沉吟了一下，说："我给你五百大洋，可卖？"

古玩店老板当即内心一喜，本来就不敢不答应，京城里谁能惹得起张少帅啊！更何况出价如此之高，何乐而不为呢！于是，古玩店老板眉开眼笑，赶紧就坡下驴说道："谢谢少帅！我们吃这碗饭的，自然得让客人买得如意。这张画就归您吧！"

张学良当即点下五百大洋，提画便走。

而张大千那边凑足了三百大洋，正高高兴兴地等着店里送画。可等了一天，才见店中小伙计一脸愧疚地空手而来。说明情况后，气冲冲的张大千渐渐平息了怒气。他暗暗思忖，以他对张学良人品上的判断，少帅应该是个心胸大度之人，但为何这次竟做出古玩行中最忌讳的夺人所爱之事？想必一定事出有因。这个"因"恐怕就是买了不少自己仿石涛的伪作而故意为之吧！张大千想想这样也好，就算扯平了，自己也不再欠他什么，以后就可以平等相处了。就算"不打不相识"了！

1935年秋，张大千、黄君璧等一帮好友到陕西华阴的西岳华山游历，时任"西安绥靖公署"主任的杨虎城将军，知道后遂电邀张大千一行到西安小住。张大千正想再去西安游览一下当年慈禧太后避难时的行宫，便高兴地接受了邀请来到了西安。

当时张学良也恰好奉调在西安驻扎，听说张大千在此，连忙派车接到府上款待，并请画一张。张大千因刚从华山下来，便画了一幅《华山山水图》送给张学良。张学良十分高兴，两人这才真正握手言和。

从西安回到北平后，张大千有感于张学良对他的以诚相待和盛情款待，便以石涛画法精心创作了一幅《黄山九龙瀑》，并在画上题上了张学良的字号"汉卿先生"，郑重地送给张学良。

就在张学良收到此画的第二年，也就是1936年的12月，即发生了震惊中外的"西安事变"。张学良接受南京军事法庭的审判后，从此失去了自由，以后长年在监管中颠沛流离、与世隔绝，直到1949年随国民党政府迁到台湾。但让人感动的是，即使是长年处在漂泊不定之中，却始终保存着张大千送给他的画。

而张大千自那年西安一别后，再见到张学良时，已是间隔了整整35年。这几十年中由于政治风云的诡谲莫测，虽然1959年时台湾政府已对外宣布还以张学良自由，但事实上张学良的身边仍旧布满了警卫和便衣，能够见到他的无非是经过蒋介石特批的几个国民党上层人物，如张群、王新衡、何世礼等。其中张群多次向蒋介石和宋美龄直言呼吁，希望给张学良以真正意义上的自由。

1970年，经过多方不断地努力，张学良终于获得一定程度上的自由。这一年张大千正好回台参加"中国古画讨论会"，于是在张群和王新衡的安排下，两位传奇人物终于再度握手。

就在那次离台返美的机场上，张学良偕赵四小姐特来相送，就要登机时，张学良突然交给张大千一卷东西，说："一点小礼物，留做纪念，但你一定等回到家里时再看！"

于是张大千只好忍住了强烈的好奇心，真的等回到了家里才打开那卷东西，竟是几十年前被张学良"豪夺"去的那幅《红梅图》，

在好友围簇下欣然作画。后立者：庄严（左一）、台静农（左二）、张目寒（左三）

张大千登时老泪纵横！事后张大千对朋友们说，他当时看到这幅画时简直呆住了，往事不禁历历在目，自己年轻时仿石涛的那些狡狯顽皮心理，被张学良如此宽厚地包容，而历尽坎坷岁月折磨的一代少帅，竟如此温情地记着这幅画，记着这份朋友间的情意，怎能不让人感动万分！

如今，"三张一王"聚首在台北，四个人中张群最为年长，张学良比张大千小两岁，王新衡相比之下年纪最小，也因此跑腿出力最多。这个原台湾立法委员，早在大陆时便与张大千相识，是个办事很牢靠和严谨的人，深得张大千所信赖。

每月一次在摩耶精舍的欢聚和畅谈，让他们都有历尽风雨沧桑后又重见彩虹之感喟！这种情绪也深深感染着周围的朋友们。当然，大家最由衷的愿望还是希望张大千这个国宝级的艺术大师，在台湾的生活能一切顺利如意！

精致的日常生活

1978 年，已 79 岁高龄的张大千应韩国《东亚日报》社的邀请，前往汉城举办画展，这也是他最后一次在国外举办画展了。此时他的健康状况已明显虚弱，拿他自己的话来说：已是"左耳聋，右腿折，双目内障，配隐形眼镜也无济于事，并且右眼已一瞑不视。患心脏病，服安眠药也有时通宵不寐……"

本来这样的身体状况不宜出远门，但张大千此次却执意前往，原来他是想完成一个多年的心愿，他要到早年恋人春红的墓前去拜谒一下。可以说，这段情也是他多年来心底的一个隐痛，春红之死是对他一片痴情的交代和回报，让他怎能不深深铭刻在心！

这也是他多年来频频在国外穿梭却始终不去韩国的原因，他实在是怕触景伤情啊！但此次他却预感到再不去韩国，今生恐怕就再也没有机会了。

"张大千画展"在汉城共展出十天，轰动异常。就在画展临结束的头一天，一位神态忧戚的老人来到了展厅，只见他细细地浏览完每一件作品后，在一幅画前停住了脚步，那幅画叫《九龙观瀑图》，是几十年前张大千游朝鲜金刚山后所作。有感于这次汉城画展，张大千特在画上补题了一段说明文字：

> 此予五十年前与韩女春娘同游金刚山所作，今重游韩城，物在人亡，恍如隔世，不胜唏嘘。

老人找翻译了解这段跋文后，嘴唇不禁哆嗦起来，片刻眼泪便流了下来。

众人一见不由大吃一惊，上前询问后才得知这位老人竟是画上所题春红的哥哥。张大千闻讯后立即赶过来见面，握住老人仍在颤抖的手，张大千也情不自禁地流下泪来。张大千提出要为春红扫墓，春红的哥哥点头应道："春红也许早就等着这一天呢！"

第二天张大千偕徐雯波在春红哥哥的带领下，来到了春红的墓前。这片墓地位于汉城郊外一个半山腰的松树林里，周围环境肃穆而安静。春红的墓碑上除了韩文的说明文字外，还醒目地刻着五个中国字："池凤君之墓"。这几个字还是当年得知春红噩耗后，张大千亲笔书写托江藤带到韩国的。他一直想着有朝一日能来春红墓前拜谒，可今日真的来到墓前，竟已是垂垂老矣、胡须皆白之时了。

墓地里寂静得仿佛时光都已凝住，恍然间张大千仿佛又回到几十年前，在清风艳阳之下，春红笑靥如花，拎着裙角正冲他调皮地呼唤着。昔日深情尽涌心头，张大千不由哽咽地叫了一声："春红……"然后脚步踉跄，似要向前跌倒。徐雯波连忙搀扶住他，轻轻地招呼他："老爷子别太伤神了，春红会地下有知，知道你来看她，没有忘记她的。"

张大千这才定了定神，然后拍了拍徐雯波的手，低声说："是啊，春红若是知道现在我身边有你这么一位贤惠的太太，她也会放心了！"

徐雯波搀扶着张大千一起向春红的墓碑深深地鞠了三个躬。此时一阵凉风吹过，拂起了张大千胸前的长髯。

张大千轻轻地仰起头，望着头顶上灰蒙蒙的天空，嘴唇嚅动着，似在自言自语地祈祷着什么。此时此刻，周围的人谁都不敢出声，静静地看着这个满脸哀伤的老人，他们都被眼前这种真挚的情感所深深地震撼和感动着。

从韩国回到台湾后,张大千的心中似乎轻松了许多,很快从低沉的情绪中调解出来,摩耶精舍中的气氛仍旧被亲情和友情包围着,处处让人感到其乐融融。这让徐雯波和朋友们都松了一口气,因为老年人的情绪往往最影响到身体健康。

考虑到张大千已是80岁的高龄了,并且身体状况不是太好,徐雯波特意请来四位护士24小时轮流看护,并在每个星期一三五早上,为他作理疗。这四个护士小姐被张大千笑称是"四人帮",并常对朋友们"诉苦"说:"我现在也被'四人帮'管得动弹不得喽!"

徐雯波一听他"诉苦",就不禁苦恼地摇起头来,嗔道:"以前我一个人照顾他时,他还考虑到我要睡觉和休息,便多少有些时间观念,现在可好,他任性得想画到什么时候就画到什么时候,反倒更不容易控制他这个老小孩了。"

每天早上7点钟,张大千在护士的搀扶下,先去用早餐。有些熟知他生活规律的老朋友会特意赶在这个时间同他谈事。

爱好美食的张大千对吃从不马虎,连早餐品种都非常丰富,当然这些早点只限于中国传统特色的小吃,有油条、烧饼、蒸饺(荤素都有)、小笼包、红油抄手、红油饺子、咖哩饺、雪菜火腿面、蛋炒饭、葱油饼、松糕、萝卜丝饼等。而在吃有些油腻的萝卜丝饼、虾饺或烧卖之类的点

张大千回到台湾定居后,每天有三班护士照顾张大千的身体

心时，一定要佐以好茶。

　　每天上午张大千都会在园子里散步，但这种散步可不光是优闲地活动活动腿脚，而是在不断地观察和构思，为作品打着腹稿，也看园子里还有哪里需要重建。

　　午饭多是家人在一起吃，通常是搭配合理的四菜一汤。张府的家常菜多以川菜为主，像蟹黄白菜、棒棒鸡、宫保鸡丁、豆豉蒸鱼、辣子黄鱼、蒜泥白肉、蚝油豆腐等，这些都是平日常见的菜肴。

　　午饭后张大千会睡上两个小时，在睡前有翻阅当天报纸的习惯，主要是看新闻，地方的、国际的，但像娱乐圈逸事、趣闻等他也喜欢看。但老年人的睡眠已不那么安稳了，多思多虑导致多梦，梦的内容多数是画画和家里人的事儿。

　　有一次他梦见斥责小孙女绵绵，绵绵哭泣着说，再没脸见人了，说着就要跳到河水里，张大千急忙去阻拦，吓出一身冷汗，也把自己从梦中惊醒了。醒来后想想，不觉心疼地落泪说：怎么能这么责怪一个小孩子呢！

　　但若是梦见高兴的事情也同样会惊醒过来，有一次他梦见在北京时

张大千在台北摩耶精舍家中宴客。左起：张大千、徐雯波、幼女心声、三公子保罗、弟子孙云生、好友徐伯郊、张群等

张大千夫妇与服务员合影。从中看出张大千的平易近人，从不摆大师架子

听余叔岩的戏，又梦见他俩去"翠花楼"吃饭。这家饭店的名厨叫白永吉，每次不用他俩点菜，白永吉自会配好菜上桌，而配好的菜往往都是最可口的。当时北京城中甚至流传着这样的顺口溜："唱不过余叔岩、画不过张大千、吃不过白永吉。"

有一次一位朋友非要他们三人合张影，并起名为"三绝图"。图中张大千在中间作挥笔作画状，两边的白永吉拿着锅铲作炒菜状，余叔岩则拉着胡琴作自拉自唱状。

这张照片颇为诙谐搞笑，张大千每次提及都忍俊不禁地说："太好笑了嘛，这哪里是啥子《三绝图》，简直是出我们三人的洋相嘛！"

而在梦中张大千又看见了那张《三绝图》，不禁笑着说："咦，这张照片不是早就找不到了吗，作啥子又找到了？"正捧着照片笑着，恍然意识到自己不是早就离开大陆了吗，怎么又回去了？正在又惊又喜之间，一下子惊醒了。

午睡中的梦境越来越多的成为回想故园和亲人的时间，在午后外双溪流水潺潺、风静云舒之时，思绪已漫漫飘飞至思念中的山山水水之中。

午睡后到晚饭前这段时间用来会客，这段时间也是一天中最愉快的一段时间。此时张大千刚刚小睡休息后，精气神很足，谈兴也就很浓。不仅谈画坛上的艺事，还谈知道的各种社会新闻。由于出入的客人多是各界名流、文人雅士，所以来自各个方面的信息特别灵通，各类大小事件都能听得到。让张大千颇有"秀才不出门，便知天下事"的几分得意。但大家更想听的却是张大千自己的种种经历和故事，认为他的经历可比那些新闻有趣多了。到了喝下午茶的时候，他们一边围着张大千尽情谈笑，一边随他走出画室来到饭厅。

茶点是在早餐的那些点心品种外，又添加了一些适合客人口味的面点，比如蚝油捞面、葱丝炒面、永和小烧饼、粽子等。当然最重要的是品茶。张大千自己最喜欢喝铁观音，用紫砂壶泡茶，第一泡倒掉去灰，第二泡、第三泡才细细品味，然后再倒掉。他对喝茶是很有讲究的，虽然他并不太喜欢过于繁琐的茶道，但有些喝茶规矩则是必须遵守的。比如喝日本清茶时，就必须要用白色的瓷杯，方才衬出淡绿的颜色，如果用大玻璃杯冲乌龙茶，那就大败他的茶兴了。

晚饭时张大千喜欢留客，如果客人多，菜便会改用大盘装，只是由于他训练出的厨师厨艺都太好，所以再大的盘子也会空的。如果是特意宴客，张大千会亲自拟菜单交由厨房，菜式也往往昂贵而制作独特，比如花雕酒蒸的酒蒸鸭、煨鱼翅、鲍鱼等。

张大千在台湾的英文秘书冯幼衡女士曾撰文回忆道——

"大风堂客人分布各地，因此全世界的好东西都可以尝到，丹麦的饼干、阿拉伯的石榴、美国的樱桃、无花果、桃李、日本的蜜瓜、南洋的榴莲、韩国的梨、菲律宾的冰淇淋，真是四季不断。有一回正值严冬，大家还吃到了丹麦来的桃子，真是咄咄怪事；香港有名的鹅肠、月饼、粽子也不虞缺乏。总之，各地第一流'吃'的艺术都在此集中了；在此

张大千亲自指导做蒙古烤肉

（图上）张大千先生作画。右为台湾画家黄君璧先生
（图下）张大千和徐雯波在摩耶精舍欣赏亲手栽种的梅花

吃惯的人，口味也就渐渐吃'高'了，吃'刁'了。以我为例，现在在外面吃什么馆子都不满意，别人请我吃什么都不能引起我的兴趣，大概就是这个原因吧。

"孟子曰：'鱼与熊掌不可兼得也。'而在大风堂，两者得兼的情形却变得并不困难。我破天荒第一回尝试的熊掌据说是在缅甸捕获的，第二回尝的是北海道来的熊掌，味道比较鲜，众人都啧啧称赞……

"鱼翅一项更是所费不赀。有回请一个外来客人，问大千先生：'现在鱼翅涨价了，这一道菜总要两千块以上吧？'大千先生笑而不语。一般馆子里的鱼翅总加香菇丝、火腿丝或垫白菜；但大风堂煨的却是纯鱼翅，一点别的都不加，分量十足，而且是上好的排翅，不是散翅；一盘之值总要万元以上，那位先生真太不识货了……"

每天的夜深人静之时，是张大千专心作画的时间，虽然年纪和身体状况已不允许他像以前那样忘我地投入创作，但一旦有创作灵感涌动，仍会不管不顾地支撑着去画，让陪在身边的徐雯波和护士大为头疼。

徐雯波几乎每晚都要等张大千安然入睡再醒来后，自己才去睡觉休息。因此她的睡眠时间常常是凌晨5点以后了。

如果说绘画已像融进张大千身体里的呼吸或是血液一样，那么美食、旅游和听戏这三个爱好，则是除绘画外最重要的活法。可现在不能再出门旅游了，美食和听戏也就愈加不可或缺了。

说起戏曲，张大千可算是最忠实的戏迷。小时候在家乡时就迷上川剧，后来到了北平，又开始迷上京剧。

其实戏曲本是中国最伟大的传统艺术之一，与书画艺术更像是一脉相承的姊妹。而张大千对京剧不仅仅是喜爱和欣赏，更有自己独特的认识和见解。他喜欢有动作的京剧，认为那些动作会很添美感，当然扮相、服装更要美。而在那些脸谱和舞美、服饰中，他会获得很多创作灵感。

早期在大陆时，他结交了当时京剧界的多位顶尖名角如梅兰芳、程砚秋、余叔岩、孟小冬、马连良等，尤其是与余叔岩、孟小冬这对师徒的友谊格外深厚。

余叔岩不但戏功精湛，并且为人正直、不畏权势。1931 年，上海青帮头子杜月笙因新建的家祠落成，特设堂会邀请各大京剧名家前去助兴演出，北京的许多名角都去捧场，只有余叔岩没去。有人替他捏了把汗，说："杜月笙可是得罪不起的人物，当心他找茬儿算账。"余叔岩却坦然地说："那我也不去。"

据说余叔岩在同期艺人中是最有文化的，书法很有功力，学米芾的字很得其精韵。这一点也让张大千对他刮目相看。因他属虎，所以张大千和二哥张善子曾合画过一幅《丹山立虎图》送给余叔岩做生日贺礼。张善子画虎，张大千画丹山碧坡，鲜艳的红绿色越发衬出老虎的威严。余叔岩高兴地说："得此画比唱了全本的《四郎探母》还要过瘾！"并小心翼翼地珍藏此画，只在逢年过节或过生日这天才拿出悬挂和欣赏。

孟小冬是余叔岩的弟子，因此也和张大千由相熟到相知。张大千离开大陆后，只能偶尔在海外碰见去演出的名家们，而孟小冬却一直生活在香港，因此能时常有机会见见面。每次张大千来港小住，只要孟小冬也在香港，便必会偕琴师前往大千住所，为大千唱上几段，大饱他耳福。并曾把唱段录在磁带上，让大千带回八德园里去听。

张大千回台定居后曾为孟小冬画过一幅观世音菩萨像，孟小冬对朋友说："我这小庙哪里容得了这尊大佛呀！"便把这幅画拿到一座庙里去供养。后来张大千知道后，感慨地说："论平剧（早年京剧的称呼）艺术，她是大殿，绝非小庙。至于比喻我为大佛，那就太抬举我了！"

　　台湾的京剧名家们，自然都希望和张大千交上朋友，因此他们也是摩耶精舍中的常客，张大千的盛情款待和对戏曲渊博的见识让他们受益匪浅。当时台湾的三家电视公司，每次安排京剧演出都会请他去，甚至台目也让他定。而对青年表演艺术家们，张大千更是格外鼓励和爱护有加。其中台湾名伶郭小庄是最受他推崇和欣赏的一位佼佼者。

　　1970年，张大千第一次观看郭小庄的演出剧目是名段《拾玉镯》，郭小庄出色的唱腔和身段，让张大千非常欣赏，几天之后，在一位朋友的引见下，郭小庄正式拜见了张大千。

　　1973年郭小庄第一次去美国演出，张大千热情地邀请她和师姊严兰静等人去环荜庵做客，当时环荜庵里极具中国特色的布置给郭小庄留下深刻的印象。张大千说这么鲜明的中国式装饰特点是不想让外国人把他当作日本人。

　　1974年张大千返台小住时，正好台湾的京剧界进行改良，请俞大纲教授把川剧《探情》改编成京剧，剧名叫《王魁负桂英》，由郭小庄主演。剧中"郭小庄演的焦桂英，唱做俱佳，最后饰鬼一场，白衫黑发，演得凄凉冤恨，感人落泪"。看得张大千不由心中叫好，以至于回美国后，仍觉余音绕梁，一再向朋友们谈及。并借用《九歌》中的句子，画了一幅郭小庄饰演焦桂英的鬼魂扮相。之后亲手送给了郭小庄。

　　画此画的同时，张大千也为老友、也就是编剧俞大纲先生画了一幅《钟馗归妹图》，画中女人仍是郭小庄的模样，而钟馗模样则一看便是

张大千亲自赠画给郭小庄

大千本人，让此画很有些趣味和含义。

　　台上的郭小庄姿容艳丽、曼妙迷人，台下则清丽文雅、落落大方。张大千对她的提携和关爱可谓有目共睹。黄天才在驻日工作时就曾遇见过一回。

　　当时张大千要为郭小庄做新戏服，必须要上好的纺绸做水袖，便特委托黄天才去东京最有名的"钟纺"总公司去买两段白纺绸。每段要 6 尺长，并且因登台日期临近，所以要尽快买到。

　　黄天才来到"钟纺"公司商店后，发现白纺绸竟有十几个品种，黄天才不知该如何选择，只好打电话询问。张大千一听，急得不得了，说："要弹性好的，可以抖得开的，不可太厚，也不可太薄，你要抖一抖试试……"

　　黄天才哭笑不得，真想说："我哪里会抖水袖啊！"急忙第二天找了一位青衣票友帮忙选料。那位票友一一抖试后终于选定了一种，黄这才托人送去台北。过了几天，张大千回信儿说，买得非常合适，郭小庄一试之下，高兴极了，把两副水袖都拿走了。可其中一副原本是还要送给另一位演员的，老爷子说话可从来都是算数的。可张大千看郭小庄一副欢欢喜喜的样儿，又实在不忍扫她的兴，只好让黄天才再买一次。

　　张大千亲自打来电话说："天才兄，这次一定要拜托你帮忙，两天之内务必送到，我一定好好地画一幅画报答你……"

　　黄天才不由笑了起来，其实他又何尝不知老爷子对郭小庄的一片苦心栽培与偏爱呢。

张大千和台湾名伶郭小庄

（图左）张大千赠给郭小庄的《九歌图》
（图右）张大千给俞大纲先生绘的《钟馗归妹图》

　　张大千有时还会针对演员不同的气质为她们设计戏服和帷幕，效果常常因独具匠心而让人眼前一亮，为之喝彩。

　　在另一位同样出色的女演员杨莲英的笔下，张大千最令这群青年演员获益的则是做人的品德和修养："张府虽有那么多的京剧演员往来，但却从无清唱的场面。张伯伯认为要欣赏京剧，应该到戏院看完整的演出。一方面那才是艺术，另一方面也是对艺人的尊重……"

绝笔《庐山图》

　　1980 年 5 月，驻日的老朋友黄天才和侨商李海天到摩耶精舍拜望张大千。

　　李海天是日本横滨著名的侨商，原是河北人，从大陆迁到台湾后又去了日本，在横滨落脚后，白手起家，先从餐饮业做起，之后生意越做越大，逐步扩展到房地产、旅游、海运等领域，是一个相当成功的商人。20 世纪 50 年代张大千频繁往来日本时，经常居住在横滨，常去李海天

（图左）左起：徐雯波、张大千、王新衡、郎静山在台北国父纪念馆观赏郭小庄的"雅庄小集"。当晚演出的即是改良川戏《王魁负桂英》。张大千亲自捧场，特地包下第一排

（图右）郭小庄身后的帷幕背景脸谱即是张大千和儿子保罗合作用敦煌图案特为郭小庄设计的

经营的川菜馆"重庆饭店"吃饭，因此结为好友。也就是从那时起，李海天得以收藏到张大千的佳作，并常在自己的饭店和旅馆中悬挂这些画，他认为这样做也是在无形中传播着中国文化。

1980年春，他和美国著名的"假日饭店"合作，在横滨开设了连锁店。在饭店的装潢设计上，李海天可谓精益求精，竟把自己所收藏的张大千的山水画和荷花图等画上图案经过烤漆复制在电梯大门上，并在电梯间及餐厅里悬挂上了张大千的画。这座豪华的大饭店已快竣工，在一楼大厅有一片高1.6公尺、宽近9公尺的大墙壁，李海天想请张大千画一幅大画镶嵌在上面，以作为镇店之宝。

这也是他前来拜访的目的，但以张大千81岁的高龄和近来经常住院的身体状况，他又实在是有所担心，因此才找来黄天才商量此事该怎么办。

熟知张大千各方面状况的黄天才十分慎重地说："我认为此事完全要看大千的态度如何，如果大千答应做，那自然表示他健康没有问题；如果他表示无兴趣，则一切就都不必谈了。"

李海天担忧地说："听说老爷子最近心情不好，不知道是受哪方面的原因所困扰。"

黄天才沉吟着说："是呀，可能是人老了自然忧思就多，但我想以

老爷子的为人和活法，对钱财等身外之物是想得极开的，即使有什么特别不开心的事儿，也是和自己过不去吧！"

李海天很是纳闷地问道："天才兄此话怎讲呢？"

黄天才叹了口气，说："壮士暮年，免不了会有时不予我之感，老爷子一生可都是在风口浪尖笑傲于世的人哪！"

李海天赞同地点点头，说："我明白了，他老人家是个一辈子不服输的人，到了晚年自然会有几分英雄落寞之感。那就一切随老人家的意吧……"

其实，黄天才近年来已隐隐听到一些关于张大千的流言蜚语；由于摩耶精舍中的开销甚大，一家子的生活费暂且不算，仅给在摩耶精舍中工作的人员开支就是一笔不小的费用。这当中的工作人员包括秘书、厨师、园丁、司机、特别护士等，大约得有十一、二个人。而这些支付只靠张大千一支画笔，当然就得不停地多画画，于是"粗制滥造"、"学生代笔"之类的流言蜚语便接踵而至了，令张大千气愤不已。他也因此想找个机会好好向世人证明一下，自己还能不能画得动、画得好！

黄天才和李海天来摩耶精舍的当天，还约了另一位好友——时任台北国语日报社的社长羊汝德。他是个日本通，也是张大千早年去日本时经常接近的老熟人。之前黄李二人曾托羊汝德试探过张大千的想法，羊汝德回信儿说：没想到求画之事老人反应竟非常热烈。

下午三、四点钟，正是张大千午睡起床的时间，三位好友的光临让他非常高兴，兴致也高涨起来，主动问起新建饭店的情况来。

和日本华侨商人李海天合影。
《庐山图》即受李海天之约所画

"墙壁有多大？"张大千问道。

李海天报了尺寸后，很是犹豫了一会儿，又说："这样大，不好画呀！先生这样高龄，身体也不比从前……"

张大千闻听此话后立刻瞪大了眼睛，气冲冲地说："你们都以为我老了，画不动了，是不是？我就画给你们看看，让你们瞧瞧我到底老不老！"

三个人都倒吸了口凉气，面面相觑，谁也不敢吱声了。

过了一会儿，张大千情绪缓和下来，不再谈此事，并留他们当晚吃饭。饭后，张大千把黄天才叫到一边，极认真地托黄天才回日本后马上去买一幅最大尺寸的绢质画布。并说东京如没有，可去京都买，他记得京都早年有一两家老店制造过这类画布。

最后张大千表情严肃且带几分怒气般地说："外界不是传言我画不动所以找人代笔吗？所以我是非画这幅画不可了，你们谁都别想挡住我！"

黄天才不禁又心疼又敬服，于是只好打保票："一定买到！"

虽然答应下来，但买画布的过程却颇费番周折，许多老店答复这么多年来压根就没见过如此大尺寸的画布，无奈之下找到日本最知名的装裱大师目黑三次，在目黑的介绍下才找到一家工厂愿意改装机器以专门加工画布，但改装后的画布尺寸高 1.8 公尺，比预定的要高出 20 公分。本来黄天才提议裁去这多出的二十公分高度，但张大千坚决反对，这无疑又加重了张大千的工作强度。

目黑三次可以说是张大千一手调教出来的装裱师，初识张大千时不过是一位专裱中国水墨画的学徒，因为基础不错，加上本人有极其认真的求艺精神，所以在张大千不厌其烦地指导下，专门着力于古书画的维护修复工作，不出几年，目黑三次便成为很有名气的古画修复专家了。世界各大美术馆及私人收藏家都找他装裱，他的手艺最后让张大千都赞不绝口，说已经不比大陆的老师傅差了。

中国的装裱技术是门很大的学问，张大千历来对装裱师非常重视，并长年会在家里雇有技术精湛的装裱师，所以大风堂的画作及藏品在装裱上都是第一流的。离开大陆后，张大千一直寻找物色好的装裱师，而碰到并培养出目黑这样扬名世界的装裱师来，拿黄天才的话来说，岂不太便宜日本了。但张大千却很豁达地说："我帮忙调教出一个目黑三次，对中国也是有好处的，许多中国古书画文物，都靠目黑的高明整修手艺而得以保存下来，对中国文化也有贡献嘛！"

画布定下来以后，张大千在摩耶精舍也开始了准备工作，为了配合新画的尺寸，首先要重做一张大画案，而要装下这张大画案就必得有间庞大的画室。但原有的大画室面积显然不够。张大千一不做，二不休，索性把大客厅和画室间的墙壁打掉，改装成了一个大画室，并要另做一张庞大的画案。所有人都被吓了一跳，但也只能由着老人家这么做，不然他会像憋着口气一样冲人发火的。

可要想放下这张庞大的画案，原有的两根房间柱子就碍事了，除非把这两根柱子也去掉。可去掉柱子，就要补以横梁和在外边添衬柱等加以固定，这又马上演变成一个大工程了。

张大千坚决果断地下令："那就拆柱子。"

木匠却小心翼翼地提醒他："工程费很高啊！值得吗？"

张大千看都不看工程费报表上的八十万新台币数字，果断地吩咐："赶紧施工，不要啰唆了！"可这个数字却让家人都皱眉了，比起这去柱子的八十万块，买摩耶精舍的地皮钱五百万倒显得不那么贵了！

所有的准备工作做好后，张大千问了一个最关键的问题："画什么呢？"

大家看着张大千，他完全是一副胸有成竹的样子，以他平常驾轻就熟的应该是长江三峡、青城山之类题材，但张大千却说出一句让大家万分吃惊的话来："我要画庐山。"

看见大家瞠目结舌的表情，他显然知道为什么，他索性替大家说出了他们的疑惑："是的，我从未到过庐山！"

张大千在大陆时到过各大名山大川，却独独没去过向以神秘著称的庐山，如今却要在自己人生如此重要的阶段去画根本没见过的庐山，这不能不让大家哑口无言了！不过以张大千一向经常做出些玄虚莫测、石破天惊、我行我素的行事来看，似乎此想法又不足为奇。

张大千最欣赏的诗人苏东坡曾为庐山写下过这样的千古名句："横

看成岭侧成峰，远近高低各不同。不识庐山真面目，只缘身在此山中。"算是道尽了这座山的神奇美妙之处。而从佛家讲求的"缘分"二字来说，张大千是否知道此生再难与庐山结缘，所以要画出他心目中的庐山，以解一生之憾事。是否他已预感这将是他人生中的最后一幅绝笔呢？

画这种陌生的题材无疑会给自己增添很多的难题，万一因年纪和身体情况让此画流产，张大千一生功名岂不受此牵连？这实在是一个太愿意自我挑战的老人，其勇敢的挑战精神真让人敬服得无话可说，哪还敢对他的行动加以劝阻。

有趣的是，还没开始画，报纸上倒先热闹起来。张大千大兴土木扩建画室准备画大画的消息立即招来一大群的新闻记者前来探访。张大千很是得意这种"未画先热"之轰动效果，他有意让自己成为关注的焦点，借机让那些造他谣的小人们看一看，他张大千并非老了就失去威力，而是要再创一次自我挑战的新高。

1981 年 7 月 7 日开笔这一天，张群、张学良和王新衡等一些知己好友，早早来到了摩耶精舍。单看那庞大的画案和铺在上面的长长画布，便先已被震撼了；再看那摆出来的大画笔、大排笔、大盆、大碗等绘画工具，更让大家激动得不敢言声，唯恐影响了张大千的注意力。

徐雯波亲自伺候笔墨，只见张大千先把画布全部打湿后，拿起一支拖把般的大画笔，由徐雯波扶着站上一个小矮凳，开始动笔了——

此作画情景真可谓壮观也，这支大画笔先是在墨盆里蘸过然后落在画布上，在忙碌好一阵儿后，他开始拿起盛满墨汁的瓷钵往画布上连泼带洒。就这样忙活了好几个小时，画布上只是一片片水渍和一片片浓淡不同的墨汁，并未看出什么。但大家都明白，就在这不同的泼洒之处，就是庐山的各个著名的景点名胜。为此，老人家几个月前便开始查阅有关资料，并设计出很多草稿小样了。

当大家看到由于画布太大，中间地方必须被人抬到画案上才能跪伏着画得到时，几位老友的眼睛都湿润了；要知道跪伏在画案上的老人身高还不到 160 公分，年龄已是 82 岁，并且心脏有病、右眼失明、只能依靠左眼，这简直是自己在和自己斗争，为了作画不惜拼命啊！（幸好一年多后，蒋经国的三公子蒋孝勇先生来看望时发现此情况，遂出了个

（图上）张大千以82岁高龄挥毫画庐山

（图下）为画《庐山图》，张大千可算拼力而为

主意，设计出一个长卷筒，钉缝在画布底端，只要转动卷筒，画布就可上下移动，不用再爬上爬下了。但那时已是画了一半之后了。）

开笔后，进展并不顺利，推不掉的应酬，为了维持家计还得赶画其他作品等俗事，占了不少的时间和精力。有时甚至得含着心脏病特效含片支撑下去。就在这种情况下，他还应当时的台湾省主席邱创焕之请，为韩国总统全斗焕画了一幅《峨眉奇峰图》，并且是一幅绝佳的力作。

张群深为他被这些应酬所扰而忧心，后来为了帮大千提高赶画进度，干脆口头通知一些亲朋好友，让他们不要登门打扰，以保证张大千的创作和休息。甚至还以大十岁的老大哥口吻说出了这样的体己话："不好好赶工，要打屁股的哟！"

1982年4月，李海天和黄天才去看望张大千，这时《庐山图》已画了八个多月，但由于张大千没画完前不大想让别人观看，所以好友们都不知道已画到什么程度。参照他以往的作画速度，这幅画的进度实在是太慢了。但这天张大千竟主动对两位说："去画室看看吧！"

进得画室，他们顿时惊呆了："但见眼前一片青绿，真把我怔住了！我曾参观过无数次的中外画家展览，更曾观赏过大千数百幅的大小画作，但从来没有像初见《庐山图》那样被画面完全震慑住的……"（黄天才语）

张大千画《庐山图》的开笔之日，夫人徐雯波伺候笔墨，张群、张学良、王新衡等特地前来观看

　　《庐山图》已颇具规模，呈现出一派山峦叠嶂、云雾缥缈之清新意境，让人目夺神移。

　　当晚，黄天才去《中央日报》社，得知摩洛哥国王和王妃要来台湾访问，而且在他们的预定行程中，有到摩耶精舍参观这一项，并希望看一看《庐山图》。只是不知此画是否已到了可让人观看的地步，报社同仁正为此事犯难。

　　黄天才开心地告诉大家说："没问题，虽然只画完一半，但已是颇具规模了，非常好！"

　　第二天，黄天才前去摩耶精舍报信，张大千显然已经知道了此事，园子里已一片忙碌热闹的场面，所有人都兴高采烈的。对张大千来说，这当然是个好消息，因为国王和王妃的驾到，必然身后得跟拥大批新闻记者，会使《庐山图》热上加热，这让他大有扬眉吐气之畅快！

　　1982年4月22日，摩洛哥国王和王妃一行来到摩耶精舍，在观看了《庐山图》后，不禁啧啧赞叹，认为非常神奇与伟大！张大千非常高兴，又引领贵宾们参观了园内的奇石盆景，之后画了一幅墨荷图赠送给国王和王妃。

　　两天后，即4月24日，是张大千84岁生日，蒋经国先生在总统府亲自颁发给张大千"中正勋章"。

　　之后张大千又开始奋力赶画，终于在1983年年初时把画画完。1月15日张大千在大画末端的左上角空白处题上了两首诗，本来还有一块空白地方可题首长诗，但因与台北历史博物馆定好的要在1月20日

1982 年摩洛哥国王尼尔及王妃来台湾时，特地到摩耶精舍欣赏《庐山图》。右起：徐伯郊、徐雯波、王飞景、张大千、陈雄飞（驻法国大使）、国王及王妃、著名影星卢燕女士、张大千幼女心声

展出，所以只好先去裱画。

1 月 20 日，在台北历史博物馆举行"张大千书画展"，同时举行《庐山图》特展，张大千亲自光临会场，尽展大师风采。会上人山人海，轰动异常。

至此，历经两年半工夫完成的《庐山图》终于露出了庐山真面目，让张大千再展雄威，又创奇迹。他终于可以骄傲地对世人说：他无愧于自我的挑战！

魂归梅丘

就在《庐山图》收笔一个半月后的 3 月 8 日，张大千病发入院。

几年前他就已先立好了遗嘱，将他的全部遗产分为三块：自作书画分为 16 份，留给徐雯波和所有子女；所收藏的珍贵书画文物全部遗赠给台湾故宫；摩耶精舍将捐献给台湾政府。

经清点，这些年来耗巨资所收藏的古书画中，隋唐五代时期作品有十余件、宋画有二十余件，均为难得的精品。其他还有法书、古砚、奇石、古绢等文物十九件，当时估价已有一亿元以上的新台币价值，是迄今为止私人捐赠藏品最多的一位。

冥冥中似也有预兆：早在三个月前张大千派儿子保罗去日本买三十株梅花和三棵海棠时，便让保罗带了八幅画赠送日本的老朋友，其中包括已十几年没有联系的"喜屋"文具店老板，让人不禁联想是在告别之意。

而那买来的梅花竟不合气候地盛开了，大为稀罕。张大千当时特意把好友们都唤来赏花，但清幽梅香中，张大千却喃喃地说："不知道明年还能不能再看得到梅花盛开……"

他还一直记着一位老朋友说过的一句话，其实那位老朋友是在他生病住院时为了安慰他："不妨事的，我已在香港找人为你算过的，如果能过 85 岁就会没事的……"

他虽然深为此话忧心忡忡，但他牵挂最多的却并不是自己的生命，而是把《庐山图》画完，因为那时还没完稿。还有一件，就是：他知道他至死也不可能再回到魂牵梦绕的故土了！如果说他会留有遗憾，那么这可能就是他此生最大的遗憾了！

发病住院的前几天，他突然极为兴奋、难以自抑，行动举止颇有些失常。就在徐雯波和家人好不容易哄他去医院检查后，他虽然同意住院，但却坚决要回家一次，似有急事要办的样子。家人无奈只好送他回家。

回到家里后，他的亢奋情绪突然恢复了平静。他有些伤感地对徐雯波说："唉，没有给你留下什么东西，你陪我这些年在国外漂泊不定，我心里其实是很不忍的……"徐雯波眼泪早已直流，根本说不出话来。

张大千走到画桌旁坐下，对徐雯波说："拿些画册来，我要题赠给朋友们一点东西，这次进院，恐怕就出不来了……"

他说的画册是指历史博物馆刚刚给他出版的《张大千书画集》第四集。他要赠送的全是大陆的故友和学生。

他虽胸闷乏力，但却文思泉涌，下笔很快。竟一气题给了十二个人，他们是：著名画家李苦禅、李可染和王个簃，"大风堂"门生——北京的田世光、刘力上和俞致贞夫妇、上海的糜耕云、潘贞则、王智圆、苏州的曹逸如、常熟的曹大铁、西安的何海霞、天津的慕凌飞。如今这些学生都早已成为著名的画家了！

这些题词写得都很感性和动情，其中给王个簃的题词最长也最为感人："个簃吾兄赐正：承赐先农髯师偕兄与弟造像，拜倒九叩首。六十年前，兄弟俱在英年，西门路寒舍，兄自安梯升墙，舔弟所藏六如画仕女。弟大惊。兄莞尔曰：'试他究竟甜否。'今俱老矣，尚能为此狡狯否？弟已年重眼花，行步须扶杖，且患心腹之疾，奈何！弟爰叩首。"

王个簃是大画家吴昌硕的弟子，吴昌硕和张大千的老师曾农髯是至交，因为老师的关系，张大千和王个簃也结成好友。从题词中可看出当年两个意气勃发的青年人，相处时不拘形迹、调侃戏谑的情景，张大千对大陆朋友那一片深情怀念让人心悸！

写完这十二个题词后，张大千已筋疲力尽，再难支撑，当即被送往荣总医院。

在路途中，张大千神情恍惚，一直喃喃自语，却又听不清他在说什么。徐雯波等人大声叫着他，他却只是怔怔地看着他们，一副浑然不觉的表情。可到了医院被担架车推往电梯口要去病房时，恰巧碰见也去看病的张学良夫妇。奇怪的是，张大千一见到张学良，神智马上恢复了似的，和张学良有说有笑地打起招呼来，以致张学良认为不会有什么大事，便放心地离开了。

张学良一走，张大千又开始喃喃自语起来，在病床上躺下，待他的学生张效愚进门，竟发现老师盘腿端坐在床上，在低声唱着川戏。张效愚不禁大惊，他跟着老师几十年，还是第一次听见老师唱川戏。他的额头不禁冒出冷汗来，张大千严重反常的举止，让所有人都掠过不祥之预感。

入院第三天，张大千胸口胀闷，并伴有呕吐出现，经检查是脑部血管破裂导致。其实之前一系列反常现象都与这个原因有关。当晚张大千突然大吵大闹要回家，医生无奈，只好给他打了一针镇静剂，他安静地睡着了。但心脏却也紧跟着停跳了一分钟，就是因停跳的这一分钟，让脑部因突然停血而极大受损，使张大千进入了昏迷状态。

虽然医院采用了最新的设备和最好的医药，全力以赴地进行抢救治疗，但他还是在昏迷了 22 天后，安然离开了这个世界，终年 84 岁。

94 岁的张群含泪主持了张大千的葬礼。他想不到自己竟一语成谶，这让他的心如撕裂般疼痛!

张大千的葬礼几乎是"国葬"级别,蒋经国先生亲自题赠"亮节高风"之匾额,参加者更人潮如海。在遗体火葬时,王新衡号啕痛哭,台静农则大哀无声。

台北《联合报》著名女记者陈长华当时这样记录:"……同样是刻骨铭心的死别,同样是对老友生命远走的悲戚。一位是英雄落泪,一位是文人泣血……"

这也是所有至亲好友们纵有千言万语也难表述出哀痛的两种最典型的表现形式吧!火葬结束后,遵照张大千的遗愿,将他的骨灰埋在了摩

1983年4月2日,张大千在台北逝世。4月16日,台北举行国葬级公祭。灵堂上方的三块匾额中间一块由蒋经国题赠,左为台湾高层谢东闵题赠,右为台湾高层严家淦题赠

张大千去世后，李海天将《庐山图》赠给台湾故宫博物院。此照片为张学良（左）、李海天（左二）、秦孝仪（右）等人在赠画仪式上

耶精舍的梅丘大石碑下。

张群的挽联道出了张大千在海峡两岸所有挚爱亲朋们的心声：

　　五百年国画大师，阅览之博，造诣之深，规范轶群伦，
无忝邦家称国宝。

　　半世纪知交莫逆，忧患共尝，艺文共赏，仓皇成永诀，
空余涕泪对梅丘。

　　一颗巨星就此陨落，其无与伦比的艺术光芒曾照亮过整个世界，并将永远耀眼地闪亮下去……

　　只是他没能安睡在故乡的泥土里……

后　记

　　这本书的写作缘起是因为认识了徐伯郊先生和香港收藏家陆海天先生，因此才得以创作完成。

　　先是 2000 年的春天，在杭州，我的一个画家朋友徐康特地陪徐老从香港来杭州玩，在西湖边的楼外楼饭店，我有幸拜见了这位颇有些神秘色彩的大名鼎鼎的收藏家。那年他已 89 岁高龄了。

　　之所以用"神秘"二字，是因为之前我早已听徐康讲过关于徐老"香港秘密收购小组"的故事，并感慨这么一段很是应该大书一笔的历史怎么这么多年来竟毫不为人所知，鲜有宣传呢？就那么平平淡淡地被湮没着，所以才让我有神秘之感。

　　但那天徐老还是没有多谈自己，据说这是他一惯的行事作风，多年来他无论生活在哪儿，都平静低调，从不轻易谈自己的事儿。但这天他看着西湖里的大片水灵灵的荷花，却感慨地说了两次："张大千的荷花是画得最好的"。早就从徐康那里知道徐老一生都是这样淡泊的个性，做出什么惊天动地的事情也认为是自己该做的，至于别人怎么看并不以为然。这可能与他的出身、学养、历练有关吧，所以那些普通人眼里再波澜壮阔的大事他也不屑一顾。

　　当他知道我要写张大千传时，特别叮嘱要认真研究张大千在国外的后半生。他说他也看到一些国内作家写的张大千传，很少涉及他在国外的经历，有也不详细，甚至有很多是胡编乱造。说这番话时，老人一向和蔼的脸上显得有些激动。

他告诉我，关于张大千的很多资料和他自己几十年的日记都放在了陆海天那里，于是隔年我专程去了香港，拜会了陆海天先生。

其实陆先生也是很有故事的人物，八十年代从商做企业，一度也做得风声水起，作为优秀企业家还曾受到过重量级国家领导人的接见，后来他因为实在太喜欢书画，便专职做起了收藏事业，收藏了大批名家墨宝。

在他那里，我见到了十几幅张大千的真迹，其中的几幅泼墨山水，一见之下真是心神被震撼了，艺术感染力之强，意境之辽阔幽远，真是令人陶醉。这种泼墨技法的恢弘，渲染之强烈，真达到了中国画可观、可游、可居的境界。

在二十世纪的中国画坛上，张大千的确是个绝无仅有的传奇人物，让人高山仰止无法超越，因为出现"五百年来一大千"的条件，不仅是他自身的天份、才气，还有个重要的前提，就是时代的大背景，那个时

（图左）2004 年 8 月在香港著名收藏家陆海天先生处有幸一睹数十幅张大千的真迹

（图右）在陆海天先生办公室查阅资料。"诗外簃"即张大千为徐伯郊所题的堂号

2006 年 3 月，著名鉴赏家、书法家杨仁恺先生在沈阳家中为本书提写书名

代毕竟已经过去了。

又过了一年，当我已通读完全部资料准备动笔时，闻听徐老已在香港逝世了，一代鉴定大家，走得同样如此淡然，没有豪华的追悼仪式，也没有任何报道，就如普通人的离去。但他应该是被人记住的，因为他为中国的文博事业曾做出过那么大的贡献。

又是几年之后，想不到各种"鉴宝"节目突然火爆得一发不可收，各种各样的"档案"、"揭秘"之类栏目也开始红火，当下好像全民都在关注和参与这种"鉴宝"和"收藏"了，连带着各种鉴宝专家也纷纷登场露面，我想如果徐老还在的话，他肯定会一笑了之，更不可能参与其中。

2010 年春，张大千的泼墨作品《爱痕湖》在中国嘉德拍卖会上，以 1 亿零 80 万成交，创下中国近代书画首次突破亿元大关的新纪录。

有人说张大千"远走他乡，不辞艰辛"是用毕生精力弘扬中国绘画艺术，是"最大的爱国"，且不论他辗转海外是无奈还是进取，作为一个艺术家，他胸中之爱应是超越一切束缚的爱，是单纯的爱，就如他把画中的瑞士亚琛湖译为"爱痕湖",并提有"湖水悠悠漾爱痕"之句一样,说明一切"留情之地"(此画上的题诗中句)皆有爱。

还原一个艺术家的真情实感,诠释读者最想知道的艺术家的真实心路历程,才是我写作此书的真实目的。

在此非常感谢已故去的徐伯郊先生,收藏家陆海天先生,画家徐康先生,他们提供了很多非常有价值的史料;还要特别感谢著名鉴赏家、书法家杨仁恺先生,当年以 92 岁高龄为本书提写书名并答疑。

2013 年 7 月,于北京。

张大千生平提要

张大千（1899～1983），原名：张正权。

又名：张爰、蝯、爰、季爰。字：大千。别号：大千居士。

1899 年 5 月 10 日诞生于四川内江县，排行第八，二哥张正兰，即中外有名的画虎大师张善子。九岁时，开始随母、姊、兄学习绘画，十二岁时就能画一些花卉、人物。

1917 年 随兄张善子到日本京都学习染织。课余仍习绘画。

1919 年 从日本回国，在上海拜当时著名的书法家曾农髯为师，学习书法。旋因对佛学产生兴趣，去松江禅定寺出家，由主持逸琳法师为其取法号"大千"。三个月后，因不愿烧戒而逃禅。还俗回四川结婚。

1920 年 在上海复拜著名书法家李瑞清为师。在二位老师的悉心指导下，大千不仅学到了一手漂亮的书法，而且由书法通之画法，从临摹石涛入手，兼习八大山人、石溪等多家画法，成为仿石涛的高手，掌握了文人水墨画的创作特色。李瑞清老师逝世、回四川。

1924 年 父逝世，大千始蓄须。扬名上海"秋英会"书画雅集。

1925 年　在上海举办第一次个人画展，所展出的一百幅画全部售出。

1926 年　与兄善子合用"大风堂"名号。

1927 年　5 月，受石涛"搜尽奇峰打草稿"这一名言的影响，第一次游黄山。自此以后，他开始遍游祖国的名山大川。游朝鲜金刚山。

1933 年　徐悲鸿携带中国名画家的作品赴欧洲进行展览，其中张大千的《金荷》被巴黎市政府购藏。《江南景色》由莫斯科国立博物馆收藏。

1934 年　南京中央大学艺术系聘请大千为国画教授。北平画展，与溥心畬并称"南张北溥"。

1937 年　抗日战争爆发，大千被日本人困在北平。

1938 年　逃离北京回到四川，在成都郊区青城山上清宫借居，潜心诗画。

1941 年　率门人子侄前往敦煌考察临摹石窟壁画，前后历时二年零七个月，共临摹壁画二百七十六件。

1944 年　在成都重庆举办临摹敦煌壁画展览，引起世人对敦煌的重视。

1949 年　香港画展。绘《荷花图》赠润之先生（毛泽东）由何香凝带返北京。

1950 年　赴印度举行画展，并去阿旃陀石窟考察印度佛教艺术，与敦煌石窟艺术进行比较。后在印度风景胜地大吉岭居住年余。

1952 年　举家移居南美阿根廷。先后经老友徐伯郊之手，将大风堂珍藏顾闳中《韩熙载夜宴图》、董源《潇湘图》、北宋王居正《纺车图卷》等一大批国宝、半卖半赠送回北京，入藏故宫博物院。

1953 年　迁居巴西，在圣保罗郊区购地营建了中国式的家园"八德园"，在此居住了十六年之久。大千居士授权杨宛君将留川临摹敦煌壁画一百二十五幅捐赠给四川省博物馆。绘《散花天女图》赠贺老友徐伯郊四十岁生日。

1956 年　首次赴欧洲游历，先后到意大利罗马、法国巴黎、瑞士日内瓦等地观光，并在巴黎举办画展。在法国期间，还和西方著名的画家毕加索会面。

1958 年　作品《秋海棠》获美国纽约"国际艺术学会"金奖。

1960 年　雅典画展。绘巨幅《临董源江堤晚景图》赠老友徐伯郊。

1968 年　为给老朋友张群祝寿，绘长卷《长江万里图》。

1969 年　率家移往美国加利福尼亚州卡米尔城。新宅取名"可以居"。

1971 年　迁往美国克密尔国立公园新宅"环荜庵"。

1976 年　回台湾定居，并在台北市郊外双溪畔购地建屋。

1978 年　8 月，新居建成，定名为"摩耶精舍"，全家迁入。

1981 年　7 月 7 日，巨幅画《庐山图》开笔。

1983 年　1 月，《庐山图》完成。在台北历史博物馆展出。

1983 年　4 月 2 日，病逝于台北，骨灰安放在"摩耶精舍"中的巨石"梅丘"之下。

张大千遗嘱中将其住所"摩耶精舍"赠台湾有关文化部门。将所收藏之古人书画共七十五件（其中一件为日本书），文房用品等文物捐赠台北故宫博物院。现在台湾有关部门将张大千故居"摩耶精舍"辟为张大千先生纪念馆。将自己作品分为十六份与夫人及其十四名子女。